EDUCAÇÃO FÍSICA E JOGOS ESCOLARES
EXPERIÊNCIAS, CONTRADIÇÕES E POSSIBILIDADES

Editora Appris Ltda.
1.ª Edição - Copyright© 2024 do autor
Direitos de Edição Reservados à Editora Appris Ltda.

Nenhuma parte desta obra poderá ser utilizada indevidamente, sem estar de acordo com a Lei nº
9.610/98. Se incorreções forem encontradas, serão de exclusiva responsabilidade de seus organizadores. Foi realizado o Depósito Legal na Fundação Biblioteca Nacional, de acordo com as Leis nos
10.994, de 14/12/2004, e 12.192, de 14/01/2010.

Catalogação na Fonte
Elaborado por: Dayanne Leal Souza
Bibliotecária CRB 9/2162

S478e
2024
	Senra, Felipe dos Santos
	   Educação física e jogos escolares: experiências, contradições e possibilidades /
	Felipe dos Santos Senra. – 1. ed. – Curitiba: Appris, 2024.
	   273 p. : il. ; 23 cm. – (Coleção Educação Física e Esportes).
	
	   Inclui referências.
	   ISBN 978-65-250-6720-9
	
	   1. Educação física. 2. Jogos escolares. 3. Competições escolares. I. Senra, Felipe
	dos Santos. II. Título. III. Série.
	
	                                                                          CDD – 372.86

Livro de acordo com a normalização técnica da ABNT

Appris *editora*

Editora e Livraria Appris Ltda.
Av. Manoel Ribas, 2265 – Mercês
Curitiba/PR – CEP: 80810-002
Tel. (41) 3156 - 4731
www.editoraappris.com.br

Printed in Brazil
Impresso no Brasil

Felipe dos Santos Senra

EDUCAÇÃO FÍSICA E JOGOS ESCOLARES
EXPERIÊNCIAS, CONTRADIÇÕES E POSSIBILIDADES

Appris
editora

Curitiba, PR
2024

FICHA TÉCNICA

EDITORIAL Augusto Coelho
Sara C. de Andrade Coelho

COMITÊ EDITORIAL

Ana El Achkar (Universo/RJ)
Andréa Barbosa Gouveia (UFPR)
Antonio Evangelista de Souza Netto (PUC-SP)
Belinda Cunha (UFPB)
Délton Winter de Carvalho (FMP)
Edson da Silva (UFVJM)
Eliete Correia dos Santos (UEPB)
Erineu Foerste (Ufes)
Fabiano Santos (UERJ-IESP)
Francinete Fernandes de Sousa (UEPB)
Francisco Carlos Duarte (PUCPR)
Francisco de Assis (Fiam-Faam-SP-Brasil)
Gláucia Figueiredo (UNIPAMPA/ UDELAR)
Jacques de Lima Ferreira (UNOESC)
Jean Carlos Gonçalves (UFPR)
José Wálter Nunes (UnB)
Junia de Vilhena (PUC-RIO)

Lucas Mesquita (UNILA)
Márcia Gonçalves (Unitau)
Maria Aparecida Barbosa (USP)
Maria Margarida de Andrade (Umack)
Marilda A. Behrens (PUCPR)
Marília Andrade Torales Campos (UFPR)
Marli Caetano
Patrícia L. Torres (PUCPR)
Paula Costa Mosca Macedo (UNIFESP)
Ramon Blanco (UNILA)
Roberta Ecleide Kelly (NEPE)
Roque Ismael da Costa Güllich (UFFS)
Sergio Gomes (UFRJ)
Tiago Gagliano Pinto Alberto (PUCPR)
Toni Reis (UP)
Valdomiro de Oliveira (UFPR)

SUPERVISORA EDITORIAL Renata C. Lopes

PRODUÇÃO EDITORIAL Sabrina Costa

REVISÃO Camila Dias Manoel

DIAGRAMAÇÃO Andrezza Libel

CAPA Mateus Porfírio

REVISÃO DE PROVA Sabrina Costa

COMITÊ CIENTÍFICO DA COLEÇÃO EDUCAÇÃO FÍSICA E ESPORTE

DIREÇÃO CIENTÍFICA Valdomiro de Oliveira (UFPR)

CONSULTORES

Gislaine Cristina Vagetti (Unespar)
Carlos Molena (Fafipa)
Valter Filho Cordeiro Barbosa (Ufsc)
João Paulo Borin (Unicamp)
Roberto Rodrigues Paes (Unicamp)

Arli Ramos de Oliveira (UEL)
Dartgnan Pinto Guedes (Unopar)
Nelson Nardo Junior (UEM)
José Airton de Freitas Pontes Junior (UFC)
Laurita Schiavon (Unesp)

INTERNACIONAIS

Wagner de Campos (University Pitisburg-EUA)
Fabio Eduardo Fontana (University of Northern Iowa-EUA)
Ovande Furtado Junior (California State University-EUA)

Aos meus amados pais, Júlia e Sidilúcio, professores, lutadores e sonhadores.

AGRADECIMENTOS

Agradeço aos meus familiares; à minha mãe, Júlia, ao meu pai, Sidilúcio, e à minha irmã, Sara, pelo amor, pelo carinho e pelos exemplos de vida.

À minha companheira de jornada, Deise, pelo amor, pelo afeto, pela dedicação e pela paciência.

Ao professor Cláudio Márcio Oliveira, prefaciador desta obra, pela parceria, por permitir uma autoria e liberdade e, ao mesmo tempo, ter contribuído com esta obra com amplo conhecimento e sabedoria.

Aos professores Joélcio Fernandes Pinto, Admir Soares de Almeida Júnior e Claúdia Barsand de Leucas pelas contribuições e reflexões.

Ao professor de Educação Física Edson Bob e à Associação de Basquetebol de Leopoldina (ABL) pela parceria e pelas trocas de conhecimentos e experiências.

Aos colegas trabalhadores da educação das escolas onde leciono e aos estudantes. E sobretudo aos colegas professores de Educação Física de Leopoldina, por terem compartilhado suas histórias, suas experiências, seus conhecimentos e colaborado com as reflexões deste livro.

A todos e todas, o meu muito obrigado!

Quero a utopia, quero tudo e mais
Quero a felicidade dos olhos de um pai
Quero a alegria muita gente feliz
Quero que a justiça reine em meu país
Quero a liberdade, quero o vinho e o pão
Quero ser amizade, quero amor, prazer
Quero nossa cidade sempre ensolarada
Os meninos e o povo no poder, eu quero ver

(Fernando Brant / Milton Nascimento).

APRESENTAÇÃO

É com muita alegria que escrevo as primeiras palavras deste livro. Alegria por recordar um dos momentos mais desafiadores da minha vida. Superar os primeiros momentos de pandemia da Covid-19 e conseguir concluir essa obra não foi fácil. Porém, foi um processo que me permitiu reflexões sobre a vida e minha atuação docente. Processo que teve início com o ingresso no Programa de Mestrado Profissional em Educação Física em Rede Nacional (ProEF) no polo da Universidade Federal de Minas Gerais (UFMG). As aulas presenciais expositivas, a leitura de textos, as discussões e debates nos encontros iniciais fizeram-me questionar a minha atuação docente e a adesão aos jogos escolares. Posteriormente, os encontros e orientações com o professor Cláudio Márcio Oliveira se tornaram momentos riquíssimos. As conversas sobre variados temas, as sugestões fantásticas de leituras, as proposições de alterações no texto, enfim, a condução do trabalho e o apontamento de caminhos foram fundamentais para a realização deste livro.

Começo o livro fazendo uma retrospectiva pessoal da minha relação com o esporte, com a Educação Física e com os jogos escolares desde a minha infância até a atuação docente. Essa escolha teve dois motivos: o primeiro é que estava com muita dificuldade com a escrita acadêmica, fiquei alguns anos sem escrever textos acadêmicos e isso causou em mim grande bloqueio para iniciar o trabalho. O segundo motivo é que queria me colocar desde o início como pesquisador próximo da pesquisa e dos entrevistados. Antes de começar o processo de entrevistas com os colegas professores, queria me enxergar e deixar claro para os leitores que também era um sujeito de experiências.

É justamente sobre a experiência que começo as minhas primeiras reflexões. Foi fundamental enxergar os colegas professores, ao realizar as entrevistas, como sujeitos de experiências e ter como referência a ideia de que a sociedade se forma, como diz Edward Thompson, por meio da construção dos sujeitos e de suas experiências. O objetivo principal do trabalho seria através das experiências de professores de Educação Física com os jogos escolares problematizar essa política pública.

Passo, então, a fazer considerações sobre a presença do esporte nas escolas. Utilizando como referencial autores e textos clássicos sobre tema. Obras de um período transformador que ficou conhecido como Movimento

Renovador da Educação Física. Devido a uma escassez de literatura relacionada aos Jogos Escolares de Minas Gerais, optei por fazer uma revisão e análise dos Jogos Escolares Brasileiros, os JEBs. Essa revisão foi fundamental para compreender como esse evento vem acontecendo ao longo dos anos e como ele se relaciona e se aproxima com os Jogos Escolares de Minas Gerais.

A ideia inicial ao escrever sobre os Jogos Escolares de Minas Gerais era abordar o seu regulamento geral e fazer relações com o currículo do Estado. Isso porque, como dito, existiam poucas pesquisas que tematizavam os jogos. Foi durante a escrita do texto que encontrei uma série de documentos oficiais, até então desconhecidos por mim, que me permitiram entender de fato como se constitui essa política pública de competição de esporte escolar. Pude analisar termos de parceria, que trouxeram informações detalhadas sobre a constituição dos jogos e diversos relatórios de avaliação e monitoramento.

Definido o percurso investigativo, apresento e analiso entrevistas como oito professores de Educação Física, que totalizam 538 minutos. Os professores possuem diferentes graus de envolvimento com os jogos. Idades, tempo de formação e atuação diversos. Essas entrevistas semiestruturadas são organizadas e apresentadas em três partes: o esporte na infância e adolescência dos professores, a presença do esporte na formação acadêmica e experiências de professores com os Jogos Escolares de Minas Gerais.

Por fim, apresento os sonhos e propostas de mudanças relatadas pelos professores e anuncio como possibilidade a busca por inéditos viáveis. O que Paulo Freire diz, em algo do que ainda não é, mas pode ser, algo que seja viável, que pode se tornar um horizonte de ação, o que é possível fazer em prol de uma existência coletiva. Cuja viabilidade não era percebida.

Espero que este livro possa contribuir com as discussões e os debates sobre a presença dos esportes nas instituições de ensino e as relações entre a Educação Física escolar e eventos esportivos escolares e que sobretudo contribua para atuações docentes onde os colegas professores de Educação Física possam se enxergar como autores da sua própria prática pedagógica e que tenham de fato o compromisso com uma escola mais inclusiva, mais cidadã e mais democrática.

PREFÁCIO

O livro de Felipe dos Santos Senra, *Educação Física e jogos escolares: experiências, contradições e possibilidades,* aborda, de forma profunda e ao mesmo tempo original, uma temática tão presente quando "naturalizada" e pouco problematizada no interior da Educação Física Escolar: o lugar dos jogos escolares nos processos de formação de estudantes, professores e professoras.

Tomando como objeto de investigação os Jogos Escolares de Minas Gerais (JEMG), o autor realiza um movimento árduo e corajoso: mergulhar na própria história de vida como professor de Educação Física para problematizar o papel/lugar desse evento nos seus processos de formação. Mergulho esse que, nos dizeres do sociólogo Charles Wright Mills, é indispensável para o pesquisador, pois toma como premissa inegociável a *indissociabilidade entre pesquisa e vida.* Ainda dialogando com o sociólogo citado, Felipe Senra realiza com perspicácia aquilo que Mills chama de "imaginação sociológica": a transposição de problemas e questões de ordem individual para questões de investigação sociológica — no caso de Felipe Senra, uma "imaginação pedagógica", diria.

Tal movimento, como disse anteriormente, não é nada simples, pois pressupõe justamente fazer a investigação e análise crítica justamente daquela prática corporal que com certeza mais informa — e, por muitas das vezes, conforma — a nossa subjetividade como professores e professoras de Educação Física: o esporte, Nesse sentido, ousar fazer a análise crítica dos Jogos Escolares de Minas Gerais implica necessariamente na revisitação autobiográfica e autocrítica do próprio percurso de formação e de vida do autor desse livro; consequência essa que certamente vai se dar também nos leitores vinculados à docência em Educação Física Escolar. Fazer a crítica àquilo que negamos é muito fácil; fazer a crítica àquilo que nos constitui e nos identificamos — e no caso do esporte, daquilo que somos apaixonados — é muito mais difícil. Fazer a incursão investigativa e sem reservas ou melindres daquilo que marca a subjetividade de tantas pessoas e do próprio autor: esse é o grande mérito de Felipe Senra nessa empreitada de pesquisa.

Afirmando-se desde o início da investigação como alguém com mais dúvidas que certezas, o autor se debruça tanto na investigação da política pública que sustenta e orienta os Jogos Escolares de Minas Gerais, assim como também investiga como são as experiências dos professores envolvidos com o JEMG, sua efetivação concreta nas escolas, na constituição das experiências dos/as professores/as envolvidos/as e nos tensos e contraditórios processos de formação que são mobilizados pelo evento em questão.

Ao analisar a constituição dos JEMG nos documentos oficiais, com destaque à estrutura e condições de materialização dessa política pública "educacional", o autor identifica as contradições entre o crescimento quantitativo e a efetiva e qualitativa participação das/os estudantes, das escolas e dos municípios. Contradição essa própria de uma política de massificação — e não democratização — aliada à própria forma hegemônica que orienta o fenômeno esportivo. Sob a máscara da "inclusão" de um enorme número de participantes, notamos nitidamente na obra do autor acerca dos Jogos Escolares de Minas Gerais a denúncia feita por José de Souza Martins em outros campos da esfera social, qual seja, a de uma *inclusão precária e perversa* de grupos subalternos à sociedade brasileira, aqui materializada no desvelamento de quem "de fato" participa dos jogos em questão.

Nesse momento da análise, temos uma "competição" de perspectivas diferentes e antagônicas do esporte: *o esporte de rendimento* (hegemônico em sua forma, ainda que praticamente impossível em sua materialidade escolar) versus o *esporte educacional*, na qual a polissemia desse último é tão pouco problematizada por diversos atores sociais — sobretudo os gestores de políticas públicas de esporte e educação. Nesse jogo, a presença exógena do esporte de alto rendimento nas políticas públicas tidas como "educacionais" leva ampla vantagem e favoritismo, pois conta com o reforço de sua lógica interna o pragmatismo de "resultados" que ainda marca as políticas públicas de Esporte e de Educação nesse país. O autor nos mostra, de forma clara e inequívoca, as noções de educação e cidadania que regem os JEMG, pautadas por uma concepção estrutural-funcionalista de sociedade, em que as/os estudantes são educados/as para um universo esportivo (e também social) que não é de forma alguma colocado em questão.

Mesmo com a apresentação e análise dessas contradições, o autor não se contenta com as mesmas e realiza um segundo movimento de investigação. Nessa "segunda rodada", o autor vai à fundo em direção às experiências daqueles/as que são, ao mesmo tempo, os mais silenciados e subalternizados, por um lado; e os verdadeiros protagonistas que tornam possível e dão vida aos jogos escolares, por outro: os professores e professoras de Educação Física nas escolas. Para tanto, valendo-se dos arquétipos do *camponês sedentário* e do *marinheiro viajante*, propostos pelo filósofo Walter Benjamin para se pensar os narradores, Felipe Senra faz uma verdadeira incursão nas experiências de vida desses sujeitos antes, durante e depois de sua formação inicial no curso superior de Educação Física. A partir daí, o autor identifica — com muita argúcia, clareza e sagacidade — os percursos, os dilemas, as contradições nas delicadas tramas que costuram as subjetividades desses e dessas docentes junto ao fenômeno esportivo com um todo, e aos Jogos Escolares de Minas Gerais em particular. Experiências essas que orientam desde a escolha pelo curso superior de Educação Física, os processos de formação docente nos vários ciclos de vida dessas pessoas, assim como as concepções de Educação Física Escolar subjacentes a tais experiências.

As tramas que se dão entre o fenômeno esportivo, a formação inicial e os jogos escolares analisados conformam diretamente as aulas "curriculares" de Educação Física, essas últimas muitas das vezes concebidas como "ferramenta", "apêndice" e mero espaço para a preparação dos jogos. Nessa tensa relação entre as aulas "curriculares" e as aulas "extraclasse" (como se estas não fossem, também, um currículo oculto da Educação Física nas escolas), o autor identifica múltiplos discursos e interesses, desde o "gosto" e a naturalização da competição pelos/as professores/as, até as diversas sensações de maior ou menor pertencimento e/ou identidade com jogos; em alguns casos, o próprio sustentáculo de uma identidade docente. O autor também identifica sentidos e significados disruptivos à lógica da competição de alto rendimento, ainda que tais contrapontos sejam mais uma mediação que uma ruptura com os valores e princípios do esporte em sua condição hegemônica. Temos, portanto, verdadeiras "disputas" (o trocadilho aqui não é despretensioso) de sentidos e significados "dentro e fora" do campo de jogos escolares investigados pelo autor ao longo da obra.

Tais "disputas" adentram a própria seara das representações em torno das identidades e dos saberes e fazeres docentes dos/as professores/as investigados. De forma instigante, o autor vai nos mostrando de que maneira valores de abnegação, renúncia, redenção e salvacionismo perpassam a subjetividade dos/as professores/as, sobretudo aqueles/as que atuam junto às comunidades mais pobres. O que, de certa forma, legitima condições de precariedade do trabalho docente, que vão da ausência de legislação trabalhista até as vias de assédio moral no trabalho, tornando invisíveis professores e professoras nas escolas. A precarização e a invisibilidade de suas respectivas condições de trabalho — materializada, entre outros dispositivos, no modo como são reféns da "livre negociação" com as/os diretoras/es das escolas — apontam elementos exógenos que colocam em ameaça a própria legitimidade e autonomia pedagógica desses sujeitos. Nesse contexto, horas extras não pagas, falta de materialidade etc. sofrem a dura "marcação individual" de discursos de cunho salvacionista que pregam uma verdadeira abnegação docente para com seus/suas estudantes, cujo "placar final" conforma, nas palavras do próprio autor, uma novidade precarizada/modernização conservadora, expressa nas práticas de intervenção, controle social e alargamento horizontal do Estado — um Estado Mínimo, nunca nos esqueçamos.

Para concluir esse prefácio — e não me alongar em demasia no mesmo —, cabe dizer que o autor, a partir de uma postura ao mesmo tempo delicada, estética e política, "devolve" aos sujeitos a condição de legitimidade pedagógica. A partir da escuta atenciosa dos "outros possíveis" apresentados pelos/as professores/as de Educação Física, em diálogo com suas próprias concepções e percursos como professor/pesquisador de Educação Física, Felipe Senra "lhes passa a bola", tão rapinada pelas políticas públicas, pela burocracia educacional e pela micropolítica dos saberes escolares. Trazendo a noção de "inéditos viáveis" proposta por Paulo Freire, os sujeitos da pesquisa são instigados/mobilizados a construir sua própria história com os jogos escolares e o próprio fenômeno esportivo. Sem "fórmulas mágicas" ou qualquer "solução" que apazigue os conflitos ético-político-pedagógicos que perpassam os fazeres docentes nos "campos de jogo" que constituem a Educação e a Educação Física, o autor opera uma ação notadamente benjaminiana: adensar a narrativa dos sujeitos para que esta se torne de fato coletiva — condição indispensável para que de fato se dê a produção daquilo que o filósofo alemão chama de Experiência.

E, por considerar que a construção do "campo de jogo" e suas regras são tão ou mais importante que o resultado do "jogo jogado" em si, a leitura dessa obra se faz mais que fundamental. Que possamos nos ver, tanto no diagnóstico das políticas educacionais quanto nas análises das narrativas — do autor, dos sujeitos pesquisados e de nós mesmos — como artífices legítimos de um outro fazer esportivo. E que o adensamento das narrativas – no sentido benjaminiano do termo, indissociavelmente ligadas à alegoria estética e política do Amor, cujo impulso vai em direção a um sempre legítimo Outro, numa relação que não é de dominação — possa ser uma saída democrática (e não massificada) para "virar o jogo" (e os jogos), em prol de uma Educação Física Escolar e uma Cultura Escolar de Esporte comprometidas com uma formação verdadeiramente humana e emancipada.

Cláudio Márcio Oliveira
Julho de 2024

SUMÁRIO

1

INTRODUÇÃO 19

2

EXPERIÊNCIA E FORMAÇÃO DE PROFESSORES DE EDUCAÇÃO
FÍSICA 31

3

REFLEXÕES SOBRE O ESPORTE 45
3.1 A PRESENÇA DO ESPORTE NAS ESCOLAS 50
3.2 OS JOGOS ESCOLARES BRASILEIROS (JEBs) 68

4

OS JOGOS ESCOLARES DE MINAS GERAIS (JEMG) 85
4.1 BREVE HISTÓRICO 85
4.2 JEMG A PARTIR DOS ANOS 2000 86
4.3 OS JEMG ENQUANTO POLÍTICA PÚBLICA 90
4.4 A AVALIAÇÃO DOS JEMG 2019 105
4.5 O REGULAMENTO GERAL DOS JOGOS ESCOLARES DE MINAS GERAIS . .115
4.6 OS JOGOS ESCOLARES DE MINAS GERAIS E O *CURRÍCULO REFERÊNCIA
DE MINAS GERAIS* 123

5

PERCURSO INVESTIGATIVO 129

6

DESCRIÇÃO E ANÁLISE DAS ENTREVISTAS 137
6.1 O ESPORTE NA INFÂNCIA E ADOLESCÊNCIA DOS PROFESSORES 139
6.2 A PRESENÇA DO ESPORTE NA FORMAÇÃO ACADÊMICA 164
6.3 EXPERIÊNCIAS DE PROFESSORES COM OS JOGOS ESCOLARES DE
MINAS GERAIS 186

7

EM BUSCA DE INÉDITOS VIÁVEIS 245

REFERÊNCIAS... 267

INTRODUÇÃO

Minhas primeiras recordações da infância com relação às manifestações esportivas estão relacionadas a uma escolinha de futsal, aos 8 anos de idade. Menino muito ativo, não tinha o hábito de assistir a desenhos em excesso; gostava de ficar na rua e brincar. Lembro-me dos piques, do "garrafão" e do futebol de diversas formas. Mas o que me fez querer mudar de escola da 2ª para a 3ª série foram os esportes, especificamente o futsal. Na escola onde estudava não havia aulas de Educação Física nem espaço para a prática esportiva. Ao transferir-me de colégio, passei a conviver no mesmo ambiente da maioria dos meus colegas da escolinha de futsal e entrei em contato com os Jogos Estudantis de Além Paraíba (Jeap). Havia as aulas de Educação Física, separadas entre meninos e meninas, totalmente esportivas (não me lembro de nenhuma atividade que não fosse o esporte); os treinos para os Jeap em horários extraclasse e os de futsal na escolinha, todos, num extenso período, realizados pelo mesmo professor.

No ensino médio, mesmo estudando em escola técnica, apesar das novas exigências e características do curso, continuei interessado pelos esportes e jogos escolares. Participei do I Jogos Intercampi do Cefet-MG no último ano do ensino médio, fato que foi extremamente decisivo para escolher cursar Educação Física. Nessa experiência o esporte era, dentro de quadra, exatamente igual aos outros jogos escolares de que já havia participado: aparecendo no conceito restrito "que tem como conteúdo o treino, a competição, o atleta e o rendimento esportivo" (KUNZ, 2016, p. 67). Mas fora de quadra, durante uma partida e outra, o ambiente era de bastante amizade, respeito, integração e confraternização, o que influenciava o próprio jogo, em competições mais amistosas e até a relativização da disputa/busca por resultados.

Chegada a hora de escolher o vestibular que prestaria, não tive dúvidas: Educação Física! No início do curso percebi que a área de conhecimento era bem maior do que imaginava, pois, além dos esportes, a Educação Física englobava disciplinas da área das ciências biológicas e estas muitas vezes eram tidas como mais importantes do que os esportes. Além deles, existiam outras modalidades e manifestações, como dança, jogos e brincadeiras, lazer, ginásticas e lutas (no caso, o judô).

As disciplinas envolvendo os esportes, principalmente as do "quadrado mágico"[1], eram ministradas dentro de uma lógica que já era por mim conhecida nas aulas de Educação Física da escola e da escolinha de futsal: ensino técnico-tático, regras, história e métodos de ensino (global, analítico, situacional). Quando abordadas situações que envolviam o ensino dos esportes nas escolas, apenas eram alteradas as questões estruturais. Por exemplo: na disciplina Iniciação ao Basquetebol, o professor, em certo momento, solicitou o seguinte trabalho: montar um plano de aula para uma turma de 8º ano do ensino fundamental com 35 alunos e utilizando apenas uma bola. Dessa forma era "transportado" o ensino dos esportes para a Educação Física escolar.

Durante o curso, em 2009, conheci o movimento estudantil de Educação Física participando do Encontro Nacional de Estudantes de Educação Física (Eneef) e passei a integrar o Diretório Acadêmico "Carlos Campos Sobrinho", da Faculdade de Educação Física e Desportos (Faefid) da UFJF. Paralelamente a esse movimento, comecei a cursar as disciplinas específicas da licenciatura, grande parte ministradas na Faculdade de Educação. Por meio do movimento estudantil, entrei em contato com a campanha "Educação Física é uma só! Formação unificada já!", que buscava a reunificação do curso recentemente fragmentado em licenciatura e bacharelado; e nesse mesmo contexto participei de discussões sobre o currículo de formação de professores, buscando uma construção curricular que privilegiasse uma formação mais humana e integral do futuro professor. Esses dois fatos — as disciplinas específicas da licenciatura e o movimento estudantil — fizeram-me questionar tudo que houvera então aprendido, antes e durante a graduação. As leituras apresentaram críticas consistentes ao fenômeno esportivo, ao ensino dos esportes nas escolas e consequentemente aos jogos escolares.

Uma dessas críticas, muito presente no período da graduação, foi a realizada por Castellani *et al.* (1992), que dizia que o esporte, sendo então uma produção histórico-cultural, recebe códigos e significados da sociedade em que vivemos atualmente, portanto o debate não pode ser totalmente afastado das condições inerentes a essa sociedade, principalmente quando atribuem a ele valores educativos e inatos para justificar o conteúdo na

---

[1] Expressão muito utilizada para caracterizar a presença dos esportes coletivos nas aulas de Educação Física escolar. O quarteto refere-se a: futsal, handebol, basquete e voleibol.

escola. Então, a reprodução acrítica do esporte nas aulas de Educação Física ou na participação de competições escolares reforçaria a perpetuação de um esporte excludente, que valoriza o rendimento. Esse era justamente o conceito que conhecia desde então.

Por meio dessas informações, pude construir um novo entendimento sobre o esporte, já no fim da graduação, após cursar 70% da grade curricular. Fato esse que dificultou bastante ressignificar e reorganizar tudo que havia aprendido, sem contar que todo esse processo afetou a minha própria identidade de ex-atleta ou aluno/atleta de nível escolar/universitário. Portanto, formei-me com muito mais dúvidas do que certezas, podendo assim dizer, parafraseando González e Fensterseifer (2009), "Entre não mais e o ainda não".

Sendo assim, ao começar a lecionar na rede pública, algumas dúvidas e inseguranças no trato do ensino dos esportes, fosse nas aulas de Educação Física, fosse em atividades extraclasse, surgiram, e muitas delas ainda permanecem. Uma das principais questões que persistem: é relevante a participação nos jogos escolares? É possível minimizar as contradições presentes no fenômeno esportivo e proporcionar aos estudantes uma série de conhecimentos e experiências que auxiliam na formação para liberdade, autonomia, criatividade e criticidade?

Toda essa trajetória da minha vida, da infância ao momento atual, foi percorrida por outros professores, em outros contextos, outras realidades; e esse trilhar permite que nós nos construamos pessoal e profissionalmente. As relações que nós tivemos com o esporte na infância, durante a graduação em Educação Física e na vida profissional permitem-nos agir com base nessas crenças. Esse agir não se concretiza apenas por meio das experiências; é evidente que há condicionantes sociais que nos influenciam. É preciso considerar os sujeitos como capazes de fazer história:

> E a partir desse olhar, teremos os sujeitos – muitas vezes esquecidos pela "prática teórica" – que estão longe de ter uma autonomia absoluta diante das determinações estruturais, mas como homens e mulheres concretos que experimentam suas experiências materialmente na vida real – sentem frio, fome, sede, dor e prazer, medo e coragem, raiva e alegria, enfim sentimentos bons e ruins – fazem a história, já que a sociedade se faz dessa forma, da construção dos sujeitos e de suas experiências (THOMPSON, 1981 *apud* VIEIRA, 2007, p. 13).

Portanto é preciso, sem desconsiderar todo o conhecimento produzido sobre o fenômeno esportivo, considerar as experiências dos professores nas escolas, relacionadas ou não com a participação nos Jogos Escolares de Minas Gerais em experiências que formam os docentes, tanto pessoalmente quanto profissionalmente, e que, além disso, influenciam a formação dos próprios estudantes.

Mas o que seria esse fenômeno capaz de influenciar uma criança da pequena cidade de Além Paraíba e também milhares de pessoas pelo mundo? Segundo Elias e Dunning (1987 *apud* NUNES; STAREPRAVO, 2007), o termo "esporte" era designado para outras manifestações corporais ligadas a passatempos e divertimentos. Com o passar do tempo, o termo passou a ser relacionado a formas específicas de atividades recreativas às quais o desempenho físico e as regras para manterem as disputas sob controle eram características principais.

Há duas ideias com relação a esse processo. Uma com uma visão de continuidade, ou seja, um desenvolvimento linear do esporte, desde seu surgimento na antiguidade até os dias de hoje; e outra como um processo de descontinuidade, uma ruptura com os antigos significados dessa prática tendo uma relação maior com novos processos alinhados a contextos políticos, econômicos e culturais desta nova sociedade industrial (BRACHT, 2005).

Esse esporte moderno surgido na Inglaterra logo seria rapidamente expandido para o mundo, devido ao processo recente de industrialização. Era necessário que a ocupação do tempo livre dos trabalhadores estivesse em sintonia com as necessidades desse novo modo de produção. A regularidade de conduta e de sensibilidade era cada vez mais necessária nesse processo socializador na Europa a partir do século XV, e o esporte passou a ser consequência/produto dessas transformações. Algumas práticas de lazer foram, gradativamente, se transformando em desportos, que tinham como características: regras escritas, punições a infrações, presença de árbitros para aplicar essas punições e fazer cumprir as regras e um órgão centralizador que criava, organizava e fiscalizava as regras (NUNES; STAREPRAVO, 2007). Essas mudanças tiveram as seguintes características, segundo Nunes e Starepravo (2007, p. 3):

> O quadro de regras, incluindo aquelas que eram orientadas pelos ideais de justiça, de igualdade de oportunidades de êxito para todos os participantes, tornou-se mais rígido. As regras passaram a ser mais rigorosas, mais explícitas e mais

diferenciadas. Em outras palavras, sob a forma de desportos, os confrontos atingiram um nível de ordem e autodisciplina nunca alcançados até então. Além disso, as competições integraram um conjunto de regras que asseguravam o equilíbrio entre a possível obtenção de uma elevada tensão na luta e uma razoável proteção contra os ferimentos físicos.

Essa prática corporal, desde o período na Inglaterra no século XIX, passou por diversas transformações. Marchi Júnior (2015, p. 48) definiu esse processo como:

> Com o passar dos anos, essa prática foi se ressignificando e adquirindo novos contornos num efetivo processo de expansão e internacionalização. As modalidades esportivas foram se multiplicando e, em alguns casos, se desdobrando em derivações das práticas originais; o número de praticantes cresce vertiginosamente criando-se um contingente demarcatório de amadores e profissionais. Desse cenário, criam-se competições nacionais e internacionais, as quais em torno de suas edições determinam um número crescente de aficionados pelo espetáculo esportivo que, por sua vez, acaba exigindo de determinadas áreas do conhecimento novas e sofisticadas metodologias de treinamento, avaliação de desenvolvimento da performance esportiva, entre outras incursões. Não à parte desse processo, observa-se a contínua influência política e econômica na organização, gestão e promoção do esporte.

O esporte ganhou importância e relevância no nosso mundo. Alcançou países, regiões, diversas classes sociais e passou a influenciar e também ser influenciado por diversos setores da sociedade, como a política e a economia. Tubino (2010) menciona que a transformação do esporte moderno, que tinha como característica a seleção de talentos esportivos, ou seja, era exclusivamente para indivíduos anatomicamente selecionados, em contemporâneo, se deu pela Carta Internacional de Educação Física e Esporte (Unesco/1978). Esse documento passou a reconhecê-lo como um direito de todos. Nessa nova perspectiva, poderia ser praticado por qualquer pessoa, independentemente de condições físicas e idade. Depois da carta, todos os documentos internacionais (carta olímpica, agendas, conclusões de congressos, manifestos etc.) reconheceram o esporte como um direito de todos. Em nossa Constituição de 1988 (BRASIL, 1988), ele é reconhecido como o direito; sem aprofundar, o documento sinaliza que a prioridade dos recursos públicos seria para a promoção do esporte educacional, sendo prática antagônica ao esporte de alto rendimento.

Podemos entender o esporte como sendo polissêmico, ou seja, "nesse conceito a possibilidade de interpretação dos múltiplos sentidos, formas e funções as quais o fenômeno esportivo permite e prescreve" (MARCHI JR., 2015, p. 56). Portanto essa polissemia permite diversas interpretações do mesmo fenômeno, e a pluralidade de informações sobre o mesmo tema faz com que tenhamos que buscar uma definição do termo. Marchi Júnior compreende-o como:

> [...] um fenômeno processual físico, social, econômico e cultural, construído dinâmica e historicamente, presente na maioria dos povos e culturas intercontinentais, independentemente da nacionalidade, língua, cor, credo, posição social, gênero ou idade, e que na contemporaneidade tem se popularizado globalmente e redimensionado seu sentido pelas lógicas contextuais dos processos de mercantilização, profissionalização e espetacularização. (MARCHI JR., 2015, p. 59).

Essa popularização do esporte fez que, com o passar do tempo, ele estivesse cada vez mais presente nas escolas, nas aulas de Educação Física. Portanto, antes desses documentos internacionais que o explicitavam como direito de todos, o esporte de rendimento era naturalmente transportado para as instituições de ensino sem muitas reflexões. A partir do movimento conhecido como "Esporte para Todos" e sobretudo por meio das críticas do Movimento Renovador da Educação Física (MREF), surgiram questionamentos no tratamento dessa prática social nas escolas. Os questionamentos desses dois movimentos, considerados antagônicos, por possuírem referencial teórico distinto, tiveram diferentes influências no campo da Educação Física e penetraram no espaço escolar de forma diversa.

Com relação à visão do MREF, Bracht (2005) constatou que se buscou ou ainda se busca justificar a presença do esporte nas escolas pela ideia de socialização das crianças; assim, na convivência social, aprende-se a se relacionar com o outro, com respeito a regras e comportamentos, aprende-se a ganhar e a perder, a vencer por meio do esforço individual, desenvolve-se o senso de responsabilidade etc. O autor afirma que todas essas alegações revelam um papel positivo-funcional para o esporte no processo educativo: "Estas posições não partem de uma análise crítica da relação entre a Educação Física/Esporte e o contexto sócio-econômico-político e cultural em que se objetivam" (BRACHT, 2005, p. 63).

Levando em consideração esses aspectos referentes à socialização, Valter Bracht apresenta argumentos contrários aos anteriormente citados: o esporte imprime no comportamento normas desejadas para uma sociedade competitiva; as condições do esporte de rendimento são similares a uma estruturação autoritária, em que há um respeito e uma irreflexão às regras preestabelecidas formando sujeitos que aceitam as condições estabelecidas, sendo "conformista[s], feliz[es] e eficiente[s]". Embora reconheça que os espaços para a transformação sejam restritos, o autor admite que existem possibilidades de mudanças. A primeira iniciativa é aproximar os objetivos da Educação Física escolar com os objetivos da educação; para mais, desenvolver uma pedagogia em que "estes indivíduos possam analisar criticamente o fenômeno esportivo, situá-lo e relacioná-lo com todo o contexto sócio-econômico-político e cultural" (BRACHT, 2005, p. 66). O autor sugere, ainda, uma série de mudanças de posturas dos professores de Educação Física, entre elas:

> [...] desenvolver um esporte em que o princípio do rendimento e da competição discriminatória (dos melhores e dos piores), do esforço pessoal e individual (às vezes associado) para vencer o adversário, não seja o norteador principal deste, desenvolvendo um esporte em que se busque jogar com e não contra o adversário, um esporte onde se busca insistentemente o desenvolvimento do coletivismo (priorização do coletivo ao individual, incluindo o "adversário/ companheiro") (BRACHT, 2005, p. 67).

Elenor Kunz (2016) também apresenta críticas consideráveis ao esporte, na forma como ele se efetiva na sociedade e na escola. Afirma que, como é conhecido na sua forma hegemônica, apresentado nos meios de comunicação, por meio de competições esportivas, não possui elementos de formação geral, nem mesmo com objetivos de saúde física. Para o autor, "o esporte ensinado nas escolas enquanto cópia irrefletida do esporte competição ou de rendimento, só pode fomentar vivências de sucesso para uma minoria e o fracasso ou vivência de insucesso para a grande maioria" (KUNZ, 2016, p. 122). Por fim, o esporte de rendimento ou de competição segue por princípios básicos a "sobrepujança" e as "comparações objetivas", as quais, muitas vezes, fazem parte também do praticado nas escolas. O autor afirma que esse é um dos motivos pelos quais ele tem contribuído para a crescente "perda de liberdade" e da "perda de sensibilidade" do ser humano, pelo "racionalismo" técnico-instrumental das sociedades industriais modernas.

Após debates e críticas intensas à maneira como o esporte era praticado nas escolas, como conteúdo único e cópia do esporte de rendimento, Bracht (2000) busca superar o que ele nomeou de "equívocos/mal entendidos" provocados por essas críticas: quem critica o esporte não é contra ele; tratar o conteúdo nas aulas de Educação Física não é abandonar o ensino da técnica; tratá-lo criticamente na escola não seria abandonar o movimento em favor da reflexão; o esporte na escola e nas aulas de Educação Física é influenciado pelo de alto rendimento. Apesar da tentativa de superação teórica dessas incompreensões, ainda circulam na área acusações de "pedagogentos", "teóricos do esporte", direcionadas aos professores que realizam uma reflexão crítica sobre o fenômeno esportivo.

Todos esses questionamentos apontados pelo movimento que ficou conhecido como Movimento Renovador da Educação Física, que teve como principais características a ruptura com os, então atuais, paradigmas da área — oposição à vertente tecnicista, esportivista, biologicista e recreacionista —, foram capazes de provocar mudanças e transformações que influenciaram as aulas de Educação Física nas escolas, muito embora, ao que parece, esse movimento não tenha influenciado as minhas aulas de Educação Física nos anos 1990 e início dos anos 2000.

Realizadas as reflexões iniciais acerca da relação do esporte com a escola, ficam duas questões: os esportes devem ser tematizados nas escolas? Se sim, como deve ser esse ensino? De acordo com Vago (2009), não tratar o esporte na Educação Física seria um contrassenso, pois não se pode subestimar sua marcante presença nas práticas sociais. Assim, conhecer, problematizar e praticar esporte é um direito dos estudantes, que devem ser respeitados. Uma prática pedagógica que não o comtemple é empobrecedora, assim como também é empobrecedora uma prática pedagógica que o ofereça, apenas. O autor ressalta que essa monocultura na Educação Física escolar causa um efeito perverso na formação cultural dos estudantes:

> [...] um analfabetismo em outras práticas corporais da cultura, como os jogos populares (um riquíssimo patrimônio imaterial da cultura), as danças (cuja ausência dos programas é um contrassenso, em um país que tanta dança produz), a ginástica (como arte de exercitar o corpo, e não como técnica de dominá-lo e discipliná-lo), a capoeira (e sua presença na história do Brasil), entre outras práticas. (VAGO, 2009, p. 37).

Tarcísio Mauro Vago auxilia-nos a responder à segunda pergunta. Para o autor, o esporte na escola deve ter uma marca distintiva, que seja um direito de todos, para que possam usufruir dessa prática; que não esteja referenciado pelo esporte de rendimento, que não pode ser considerado, tomado como referência, para a organização do esporte na escola. A referência que o professor deve ter, ao abordar o tema nas escolas, são os estudantes, suas histórias, seus interesses, seus direitos e suas culturas. É preciso pensar em outras maneiras de organizar e praticar o esporte nas escolas. Essa prática pedagógica deve ter como orientação a própria instituição e seus estudantes, que são crianças, adolescentes, jovens, adultos e não atletas. E todos possuem potencial para experimentar o esporte como prática cultural, assim como a dança, a ginástica, os jogos, as brincadeiras etc.

Vago afirma que é preciso:

> Realizar então um ensino de esportes na Educação Física que não esteja aprisionado (nem asfixiado) a critérios como os de seleção, exclusão, performance, rendimento, vitória, entre outros. Critérios que não devem ter lugar na escola, se queremos respeitar o princípio de que tudo o que nela se pratica é um direito dos estudantes. (VAGO, 2009, p. 39).

Muito embora as discussões realizadas pelos autores se refiram à presença do esporte nas aulas de Educação Física e a proposta dos jogos escolares seja uma atividade extracurricular, ou seja, realizada fora delas, é certo que, apesar do avanço no campo teórico, professores continuam utilizando as aulas com a finalidade de formação de equipes; e, mesmo que os professores não utilizem esses momentos preparando os alunos para os jogos escolares, as aulas sofrem influência direta dessa participação dos alunos na atividade extraclasse. É importante ressaltar, sendo nas aulas de Educação Física ou não, que o ambiente continua sendo escolar, mesmo que as atividades aconteçam em período extraclasse, ou seja, elas devem atender aos objetivos e aos anseios da escola.

De acordo com Vago, a escola é lugar de:

> [...] circular, de reinventar, de estimular, de transmitir, de produzir, de usufruir, enfim, de praticar cultura. Uma instituição peculiar, com suas maneiras próprias de organizar-se e de relacionar-se com outras culturas produzidas e compartilhadas pelos humanos. As experiências culturais que nos constituem como humanos também têm lugar na escola, no protagonismo de seus professores e estudantes. A escola é lugar para o direito de todos às culturas. (VAGO, 2009, p. 28).

Carla Lettnin (2005) apresenta o termo "Práticas Esportivas Extracurriculares (PEE)" para designá-las e diferenciá-las das aulas de Educação Física. Em seu estudo, a autora traz reflexões importantes sobre o tema.

Afirma que, ao mesmo tempo que estudos apontam essas atividades como um meio formativo por excelência para educação de crianças e jovens, outros autores criticam a forma de como vêm sendo desenvolvidas no ambiente escolar. Em determinadas situações, buscando uma formação completa e um desenvolvimento global dos estudantes e em outras priorizando a promoção da instituição escolar, utilizando-se do esporte-espetáculo, sem levar em conta a formação dos alunos. O professor ou a professora, ao priorizar, ao ensinar modalidades esportivas, o ensino técnico-tático com o objetivo de alcançar um resultado, buscando a visibilidade da escola, compromete a formação de crianças e jovens, reduzindo-lhes a capacidade crítica, criativa e reflexiva. Esse ambiente, pelo contrário, deve promover a expansão de seus conhecimentos e proporcionar a vivência de novas experiências, ou, nas palavras de Vago, de praticar cultura.

O tema ainda é razão de debates intensos em nossa área. Há percepções positivas e negativas dessas práticas esportivas. A percepção positiva enxerga o esporte como a salvação para a solução de questões sociais, políticas, culturais e econômicas; já autores que têm uma percepção negativa enxergam o esporte como regulador da sociedade, tendo a função de mascarar os problemas sociais. A autora então busca aprofundar o que seriam essas visões positivas e negativas sobre o ensino do esporte nas escolas. Se por um lado autores apontam críticas:

> [...] às práticas esportivas baseada em aspectos como exclusão, imposição de regras, modelos e padronizações, busca de alto-rendimento, recordes, medalhas, juízes e capitães. Acusam referidos elementos do esporte, em suma, de servirem como adaptação aos valores e normas para a funcionalidade e desenvolvimento da sociedade capitalista (Bracht, 1992; 1997; Bruhns, 1993; Kunz, 1994; 2001) (LETTNIN, 2005, p. 3).

Outros autores enxergam essa mesma prática como:

> [...] ao identificarem o desenvolvimento, por meio da prática esportiva, de valores que ultrapassam definitivamente as quadras e estádios. Apontam a aquisição de senso crítico e de responsabilidade, de perseverança, de paciência e de solidariedade como consequência direta da prática esportiva. Os estudantes-atletas desenvolvem autocontrole, auto-estima e altruísmo (Bento, 1999; 2004; Stefanello, 1999; Siedentop, 1994). (LETTNIN, 2005, p. 3-4).

O passionalismo com que muitas vezes é debatido o tema dos esportes nas escolas faz com que ele seja, "ao mesmo tempo, problema e solução, desgraça e salvação" (LETTNIN, 2005, p. 4). Como produção humana, o esporte encontra em cada prática possibilidades infinitas de crescimento e criação, como também de regresso e de declínio.

> Logo, a prática esportiva escolar torna-se um poderoso instrumento de formação, tanto para o bem como para o mal. A formação integral pode ser otimizada ou dificultada pelas práticas esportivas extracurriculares, tudo de acordo com a sua maneira de implementação. (LETTNIN, 2005, p. 4).

Assim, para constatar se determinada prática esportiva extracurricular, como é o caso da prática relacionada com os jogos escolares, está em conformidade com os objetivos da escola, que é a formação integral e o desenvolvimento educacional do aluno, é necessário verificar se essa prática busca esses objetivos ou tem se limitado ao ensino de aspectos técnico-táticos das modalidades esportivas, reforçando a reprodução do esporte hegemônico. A formação integral ou o desenvolvimento educacional pode ser entendido por alguns como ensinar a respeitar as regras, respeitar as decisões do árbitro em uma partida, aprender a ganhar e a perder ou saber se relacionar com o outro. Aqui ela pode ser entendida como uma prática diferente de uma *educação bancária*, denunciada por Paulo Freire (1981), ou seja, nesse caso um ensino que não enfatize conhecimentos técnico-táticos, neutros e a-históricos, mas uma educação problematizadora, que promova humanização, libertação e emancipação.

Portanto, é preciso também investigar as experiências dos professores e como eles se relacionam com os esportes dentro das escolas, especialmente dentro dos Jogos Escolares de Minas Gerais, evento esse que, segundo os organizadores, já atinge 98% dos municípios mineiros. Assim, também precisam ser consideradas as experiências dos professores relacionadas aos processos de formação proveniente dos jogos escolares:

> Os professores/as precisam se ver como parte efetiva na construção do conhecimento e que o processo de sua transmissão seja, também, promotor de saberes a partir das experiências, sejam elas provenientes da formação inicial ou da prática profissional em si; que estão – ou deveriam – estar articuladas, a fim de superar a ideia de professore/as como mero transmissor/interlocutor do conhecimento produzido cientificamente. (VIEIRA, 2007, p. 13).

Nós, professores, somos autores da nossa própria prática; muitas vezes essa maneira de lecionar, de se relacionar com o esporte, está diretamente ligada à nossa formação enquanto sujeitos, na infância. Está também relacionada à formação inicial nos cursos de graduação e, posteriormente, à prática profissional dentro e fora das escolas. Carmen Lúcia Nunes Vieira (2007) diz que nós, professores, somos formados por nossas experiências, que são produtos de interações sociais e se fazem por diversas negociações e com os mais variados interlocutores. Para Nóvoa (1995 *apud* VIEIRA, 2007, p. 14), "Estar em formação implica um investimento pessoal, um trabalho livre e criativo sobre os percursos e os projetos próprios, com vista à construção de uma identidade, que é também uma identidade profissional".

> À medida que o professor se apropria da formação, ela, por sua vez, ultrapassa a dimensão profissional e ajuda a construir a história pessoal. Devemos atentar que na formação de professores/as de Educação Física, como outros, podemos ter o inverso: a história pessoal, ou seja, a prática esportiva pode determinar a dimensão profissional. (VIEIRA, 2007, p. 14).

Com isso, proponho para este trabalho as seguintes questões: como são as experiências dos professores envolvidos com os Jogos Escolares de Minas Gerais? Como essa experiência se efetiva no interior das escolas? A participação em competições esportivas escolares é válida? É possível alcançar experiências formativas na participação nesses jogos? É possível pensar em outra construção de competições esportivas escolares?

Assim, o objetivo desta obra é problematizar a política pública e as experiências de professores de Educação Física com os Jogos Escolares de Minas Gerais (JEMG). Além disso, analisar a presença dos Jogos Escolares de Minas Gerais em seus documentos oficiais e identificar e analisar os processos de formação de professores de Educação Física em sua relação com os Jogos Escolares de Minas Gerais (JEMG).

EXPERIÊNCIA E FORMAÇÃO DE PROFESSORES DE EDUCAÇÃO FÍSICA

Ao iniciar este trabalho, realizo um relato de experiência, começando pela minha infância, relembrando o primeiro contato com o esporte quando criança, percorrendo o período escolar, posteriormente o envolvimento com os jogos escolares. Todo esse percurso, essas experiências, contribuiu para a minha formação e foi determinante na escolha do curso de formação inicial. Durante a graduação, no curso de Educação Física, todos os conhecimentos adquiridos se relacionavam com as experiências anteriores vividas. Ao entrar em contato com parte da produção teórica que busca organizar o esporte, uma prática social polissêmica, apareceram os primeiros conflitos em relação às experiências anteriormente vividas e a enorme identificação com o esporte escolar; então surgiram dúvidas de como deveria ser a minha relação enquanto professor com os jogos escolares.

Por isso, acredito ser importante a relação entre as experiências vividas pelos professores de Educação Física em suas infâncias, as relações que eles tiveram com o fenômeno esportivo durante a sua trajetória escolar e não escolar e como essas experiências se relacionam com a formação inicial e são determinantes para construir seu fazer docente e sua identidade de professor. Creio que essa articulação entre a experiência e a formação é importante para definir seu envolvimento enquanto professores com os jogos escolares, em específico os de Minas Gerais.

Para tratar da ideia de experiência, elegi os trabalhos, primeiramente, de Carmem Lúcia Nunes Vieira, em sua dissertação de mestrado intitulada "Memórias, esporte e formação docente em Educação Física"; posteriormente entrei em contato com as leituras de Jorge Larrosa Bondía e Marcus Aurélio Taborda de Oliveira.

Segundo Vieira (2007), podemos dizer que nós, professores, somos formados por nossas experiências, produtos de nossas interações sociais, que se fazem por diversas negociações e com os mais variados sujeitos.

> A formação não se constrói por acumulação (de cursos, de conhecimentos ou de técnicas), mas sim através de um trabalho de reflexividade crítica sobre as práticas e de (re)construção permanente de uma identidade pessoal. Por isso é tão importante investir a pessoa e dar um estatuto ao saber da experiência. (NÓVOA, 1992, p. 13)

Este trabalho orienta-se na premissa de que são os homens e as mulheres que produzem suas próprias histórias e que constroem suas visões e interpretações sobre os acontecimentos. As análises que fazemos do passado, seja um passado longínquo, seja recente, sempre estarão marcadas pela temporalidade. Isso quer dizer que, ao querer interpretar um acontecimento ou fenômeno histórico, o interlocutor será influenciado pelas representações do tempo em que vive e, com base nessas representações e necessidades, volta o olhar ao fenômeno buscando reinterpretá-lo (DELGADO, 2003).

Assim, cada experiência se torna singular, pois, apesar de sofrerem influências diretas do fenômeno esportivo e da sociedade em que vivem, os professores tiveram vivências diferentes na infância, formaram-se em instituições e épocas distintas, lecionaram em cidades e comunidades diversas; os sujeitos imersos nos processos educacionais são distintos, enfim, isso torna cada experiência docente singular e original. Mas, para que isso aconteça, Vieira (2007) ressalta que os professores devem se enxergar como parte importante na construção do conhecimento e que o processo de transmissão desses saberes seja promotor de conhecimento baseado em experiências, sejam elas advindas da sua formação inicial, sejam do próprio trabalho docente. É preciso superar a ideia de professores como apenas transmissores do conhecimento produzido cientificamente.

> Devolver à experiência o lugar que merece na aprendizagem dos conhecimentos necessários à existência (pessoal, social e profissional), passa pela constatação de que o sujeito constrói o saber activamente ao longo do seu percurso de vida. Ninguém se contenta em receber o saber, como se ele fosse trazido do exterior pelos que detém os seus segredos formais. A noção de experiência mobiliza uma pedagogia interativa e dialógica. (DOMINICÉ, 1990 *apud* NÓVOA, 1992, p. 14).

Larossa Bondía (2002) traz-nos importantes reflexões sobre a experiência e o saber de experiência, que é o que nos passa, o que nos acontece, o que nos toca. Segundo o autor, a cada dia nos passam várias coisas, mas quase nada nos acontece. "Nunca se passaram tantas coisas, mas a experiência é cada vez mais rara" (BONDIÁ, 2002, p. 21). São elencados alguns motivos para termos cada vez menos experiências: o excesso de informação, o excesso de opinião, o fato de cada vez termos pouco tempo e o excesso de trabalho.

O primeiro elemento seria o excesso de informação, que é quase o contrário da experiência. A informação faz-nos cancelar a nossa possibilidade de experiência. Estamos cada dia mais bem informados e angustiados em busca de novas descobertas. Há uma preocupação demasiada em estarmos atualizados do que se passa em nosso país, no mundo, nos esportes etc. Há uma obsessão pela informação e pelo saber, mas um saber não relacionado à sabedoria. E isso contribui para que nada nos aconteça.

Outro motivo para a experiência estar cada vez mais rara é o excesso de opinião. O indivíduo moderno, além de estar bem informado, é um sujeito que tem de opinar sobre tudo que passa, sobre tudo que ele tem de informação. Nós passamos a vida toda emitindo opinião sobre o que conhecemos e, quando alguém não consegue opinar sobre determinada coisa, julgamos que falta algo ou estranhamos. Assim, a informação, em par com a opinião, contribui para que nada nos aconteça.

Bondía cita Walter Benjamin, que afirma que o periodismo ou, se preferirmos, o jornalismo é o "dispositivo moderno para a destruição generalizada da experiência" (BENJAMIN, 1991 *apud* BONDIÁ, 2002, p. 22), por ele ser a aliança perversa entre a informação e a opinião. Mais do que isso, o jornalismo acaba sendo a fabricação da informação e da opinião.

> E quando a informação e a opinião se sacralizam, quando ocupam todo o espaço do acontecer, então o sujeito individual não é outra coisa que o suporte informado da opinião individual, e o sujeito coletivo, esse que teria de fazer a história segundo os velhos marxistas, não é outra coisa que o suporte informado da opinião pública. Quer dizer, um sujeito fabricado e manipulado pelos aparatos da informação e da opinião, um sujeito incapaz de experiência. (BONDIÁ, 2002, p. 22).

O terceiro motivo de termos cada vez menos experiência, diz Bondía, é o fato de cada vez termos menos tempo. Tudo tem passado mais depressa. Os acontecimentos são-nos dados em forma de choque, em forma de estímulo puro, de uma sensação, uma vivência instantânea:

> A velocidade com que nos são dados os acontecimentos e a obsessão pela novidade, pelo novo, que caracteriza o mundo moderno, impedem a conexão significativa entre acontecimentos. Impedem também a memória, já que cada

acontecimento é imediatamente substituído por outro que igualmente nos excita por um momento, mas sem deixar qualquer vestígio. O sujeito moderno não só está informado e opina, mas também é um consumidor voraz e insaciável de notícias, de novidades, um curioso impenitente, eternamente insatisfeito. Quer estar permanentemente excitado e já se tornou incapaz de silêncio. Ao sujeito do estímulo, da vivência pontual, tudo o atravessa, tudo o excita, tudo o agita, tudo o choca, mas nada lhe acontece. Por isso, a velocidade e o que ela provoca, a falta de silêncio e de memória, são também inimigas mortais da experiência. (BONDIÁ, 2002, p. 23).

A citação anterior lembra de imediato um aplicativo, uma rede social muito popular atualmente: o Instagram. Nos "stories", cada usuário pode colocar uma imagem ou um vídeo de no máximo 15 segundos e, com um toque na tela, pode ir "pulando" cada imagem ou vídeo; e essas informações vão correndo pela tela, 15 segundos de uma pessoa, 15 de outra, 5 de outra, e assim sucessivamente. Acredito que, se você tiver muitas conexões nessa rede, esses "instantes" podem durar um dia. E são imagens de momentos das vidas das pessoas que podem agitar, chocar, excitar, mas de fato nada acontece. E isso pode mesmo provocar falta de memória, pois, se me perguntarem cinco "stories" dos vários que visualizei, não conseguirei rememorá-los. Seria exatamente o contrário, se tivesse lido cinco textos, com até cinco imagens, sobre um acontecimento marcante ou uma história de uma experiência.

Retomando os motivos para a experiência estar cada vez mais rara, temos o excesso de trabalho, o que talvez seja uma das maiores aflições de professores na atualidade, pelo menos os professores da educação básica. É muito comum ouvirmos que, na faculdade e nos livros, aprendemos a teoria e que a experiência seria aprendida com a prática, ou seja, no trabalho. Essa ideia é fortemente rechaçada por Bondía, que diz que a experiência nada tem a ver com o trabalho que conhecemos hoje, ao contrário, o trabalho é inimigo mortal da experiência. O sujeito moderno é um sujeito que está sempre em ação, que deseja dar forma ao mundo a seu redor conforme a sua vontade. Está sempre em movimento, em atividade, querendo mudar as coisas. Isso faz com que ele tenha excesso de trabalho, que não consiga parar, e, por esse motivo, nada lhe acontece.

Mas, afinal de contas, como fazer com que algo nos aconteça? Como fazer com que um acontecimento se torne uma experiência?

> A experiência, a possibilidade de que algo nos aconteça ou nos toque, requer um gesto de interrupção, um gesto que é quase impossível nos tempos que correm: requer parar para pensar, parar para olhar, parar para escutar, pensar mais devagar, olhar mais devagar, e escutar mais devagar; parar para sentir, sentir mais devagar, demorar-se nos detalhes, suspender a opinião, suspender o juízo, suspender a vontade, suspender o automatismo da ação, cultivar a atenção e a delicadeza, abrir os olhos e os ouvidos, falar sobre o que nos acontece, aprender a lentidão, escutar aos outros, cultivar a arte do encontro, calar muito, ter paciência e dar-se tempo e espaço. (BONDIÁ, 2002, p. 24).

De fato, hoje a nossa sociedade apresenta diversos aspectos que nos mostram que "temos de alguma forma, no mundo contemporâneo, mais vivências e menos experiência no sentido forte e substancial do termo, ou como ele mesmo diz, menos "experiência comunicável" (BENJAMIN, 1985 *apud* VIEIRA, 2007, p. 18). Portanto, é preciso entender os limites da experiência; ela nos traz sempre algo único, significativo, mas cada vez mais os acontecimentos se tornam vivências ou experiência incomunicável, ou seja, algo que nos aconteceu, mas que de alguma forma não conseguimos expressar em forma de narrativa.

A proposta deste trabalho é justamente buscar essas experiências na vida dos professores de Educação Física, propor, por meio de entrevistas semiestruturadas, um "gesto de interrupção, o parar para pensar, para escutar, para sentir, sentir mais devagar, suspender o automatismo da ação, falar sobre o que nos acontece, aprender a lentidão, escutar os outros, cultivar a arte do encontro". Esse movimento acontece com via de mão dupla, ou seja, o entrevistado terá esse tempo de expressar suas experiências e posteriormente, ao identificar e analisar o material, relacioná-lo às minhas próprias experiências.

Mas como essa ideia se articula com a análise macroestrutural da sociedade, com a Crítica à Economia Política? Pensemos em forma de metáfora. Imaginemos duas mãos, uma por cima e outra por baixo, como se estivéssemos segurando uma bola. A mão de cima representa essa macroestrutura, a sociedade capitalista; a de baixo, os sujeitos, no caso os professores de Educação Física. Um extremo seria que, em cada movimento da mão de cima, representada pela macroestrutura, a mão de baixo, representando os sujeitos, movimentasse-se da mesma maneira, como uma marionete. Essa visão dos fatos coloca os sujeitos como coadjuvantes da história, tendo suas vontades, suas ações, suas crenças, seus pensamentos sem autoria, incapazes de fazer escolhas. Outro extremo seria a mão de baixo, representando os sujeitos, movimentando-se livremente, sem nenhuma relação com a mão de cima. Não existe esse sujeito livre do sistema, dessa macroestrutura.

Thompson (1981) defende que existe uma tensão entre essas duas mãos; ele não descarta a análise das macroestruturas, mas também não tira todo o poder dos sujeitos, que, ainda que em situações limitadas, são capazes de fazer escolhas. Marx deixa isso bem explícito quando diz:

> Os homens fazem a sua própria história; contudo, não a fazem de livre e espontânea vontade, pois não são eles quem escolhem as circunstâncias sob as quais ela é feita, mas estas lhes foram transmitidas assim como se encontram. (MARX, 2011, p. 25).

Sendo mais claro, poderíamos dizer, nas palavras de Vieira, que:

> Situado numa tradição marxista, podemos dizer que, Thompson está numa região de fronteira. Na fronteira entre história social (econômica) e história cultural (de valores e subjetividades), portanto, num materialismo histórico e cultural (Ibid, p.182- 188). Penso que estar nessa fronteira é considerar que o econômico não é a determinação última dos fenômenos. Todavia, para Thompson significa observar que podemos compartilhar da teoria de Marx sem, contudo, transformá-la numa teoria mecânica, segundo a qual os conceitos explicariam a realidade, pensando o real apenas por "modelos". (VIEIRA, 2007, p. 15).

Diz Thompson que essa teoria mecânica ou a "prática teórica", enraizada no pensamento marxista, até mesmo com críticas contundentes ao pensamento de Althusser, tende a se tornar como se estivesse instalado uma praga na mente capaz de reprimir os órgãos morais e estéticos, sedar a curiosidade. Todas as manifestações da arte e da vida são minimizadas como uma ideologia (THOMPSON, 1981, p. 183). A crítica de Thompson é um alerta de raciocinar apenas por modelos, de se descolar da realidade e deixar de considerar os sujeitos comuns. Para o autor, faltou ao marxismo o termo "experiência humana", retomando a metáfora das mãos, faltou pensá-las em movimentos interdependentes:

> O que descobrimos (em minha opinião) está num termo que falta: "experiência humana". É esse, exatamente, o termo que Althusser e seus seguidores desejam expulsar, sob injúrias,

do clube do pensamento, com o nome de "empirismo". Os homens e mulheres também retornam como sujeitos, dentro deste termo – não como sujeitos autônomos, "indivíduos livres", mas como pessoas que experimentam suas situações e relações produtivas determinadas como necessidades e interesses e como antagonismos, e em seguida "tratam" essa experiência em sua consciência e sua cultura (as duas outras expressões excluídas pela prática teórica) das mais complexas maneiras (sim, "relativamente autônomas") e em seguida (muitas vezes, mas nem sempre, através das estruturas de classe resultantes) agem, por sua vez, sobre sua situação determinada. (THOMPSON, 1981, p. 182).

Essa experiência humana seria a relação dos sujeitos não só com ideias, mas também com sentimentos, que são experimentados no campo da cultura, ou seja, nas relações familiares, na religião, nos valores. Para nos aproximarmos dessa realidade, é preciso entender o sujeito capaz de fazer escolhas, de compor a sua própria história.

Vieira (2007) realiza uma síntese interessante, relacionando a ideia de experiência, baseada nas considerações de Thompson, com a prática esportiva. É, pois, imprescindível recorrermos a suas palavras:

Arrisco a incluir aqui a prática esportiva como uma dessas experiências – contraditória, e que não se explica apenas pela *Crítica a Economia Política*. Em seu modelo dominante na sociedade, na sua forma capitalista de ser, de espetáculo, cultiva a fascinação moderna pela máquina, pela técnica e pelo mais alto grau de rendimento (VAZ, 2004, p. 124), além da sobrepujança do adversário. Mas paradoxalmente revela todos seus *rituais e infortúnios* (coincidência, sorte e azar, bruxaria, feitiço, destino e poder místico ou sobrenatural) tão presentes na sociedade brasileira (DAMATTA, 2003) e, também uma determinada *força integrativa* (DAMATTA, 1994; GUEDES, 2000; BARBOSA 2003). Essa mesma prática alimenta o desejo do *fairplay* – pautado no *etos* amador, representado pelo ideal olímpico, segundo o qual a importância está no competir, no divertimento, na *excitação agradável* (ELIAS; DUNNING, 1992). Assim como uma possibilidade de reconhecer por intermédio do mesmo *fairplay* o chamado jogo limpo, quando primordial é uma atitude de cavalheiros e o respeito aos mais fracos, um efeito contrário à barbárie e ao sadismo (ADORNO, 2003 p. 127), ou como nos indica Vaz (2004) "um traço emancipador, resistente a barbárie" (p.132). Prática – esportiva – que presente na formação dos professores/as de Educação Física está ligada ao seu jeito de serem ou se formarem professores/as ou, dito de outra forma, ela contribui para compor um certo *etos* esportivo desses/as mesmos/as professores/as. (VIEIRA, 2007, p. 7-18).

Assim, ao buscarmos identificar e analisar as experiências dos professores de Educação Física relacionadas com a participação ou não nos Jogos Escolares de Minas Gerais, esse movimento pode nos ajudar a compreender a realidade, além da crítica à economia política, levando em consideração a história e as experiências dos sujeitos envolvidos com esses eventos, além das minhas relações como um sujeito de experiência e formação, sem deixar de levar em consideração o conhecimento produzido pelo tema em questão.

Como dissemos, nós nos formamos por meio das experiências, nos diversos campos da sociedade. É necessário pensarmos a formação com base na instituição escolar, visto que nosso trabalho apresenta práticas sociais e atores sociais que estão inseridos nesse ambiente. Assim, é necessário refletir sobre que papel a escola possui na formação dos estudantes, seja em um ideal de formação, seja como essa formação se efetiva, visto que as escolas fazem parte da sociedade.

Antes, porém, é preciso pensar na formação do próprio professor, responsável pela educação dos estudantes. É necessário entender o conceito de formação como:

> Defendo aqui a formação como direito à educação; direito de crianças, jovens e adultos, também dos professores. Formação, nas áreas básicas do conhecimento – língua, matemática, ciências naturais e ciências sociais – e formação cultural, que crie oportunidade de discutir valores, preconceitos, experiências e a própria história. Formação entendida como qualificação para o trabalho e como profissionalização, com avanços na carreira e progressão na escolaridade. Formação que implica constituição de identidade, para que professores possam narrar suas experiências e refletir sobre práticas e trajetórias, compreender a própria história, redimensionar o passado e o presente, ampliar seu saber e seu saber fazer. Assim, discutir cidadania de crianças e jovens implica discutir a cidadania dos profissionais que com eles atuam (KRAMER, 2006, p. 99 *apud* VIEIRA; WELSCH, 2007, p. 137-138).

A autora afirma que é preciso discutir a cidadania de crianças e professores, mas, afinal de contas, o que é formação para a cidadania?

Betti (1999) define cidadania com "direito a ter direitos" e apresenta, assente nos trabalhos de Vieira e Marshall, um conceito de cidadania baseado em três instâncias. Direitos de primeira geração: direitos civis e individuais reivindicados no século XVIII, direito à vida, à liberdade, igualdade e ir e vir e direitos políticos, direitos individuais exercidos socialmente mediante associação em sindicatos, partidos políticos etc. Os direitos de segunda geração foram teoricamente conquistados no século XX, com base em movimentos sindicais e operários. São direitos sociais e econômicos que garantem os meios de vida e bem-estar social, por exemplo: trabalho, saúde, aposentadoria e direito ao lazer. Os direitos de terceira geração, reivindicados em meados do século XX, são de conceito difuso, pois estão centrados na ideia de coletividade, dirigidos a toda a humanidade; por exemplos: direito das mulheres, do meio ambiente, do consumidor, das minorias etc. É importante mencionar que, embora esses primeiros direitos rememorem ao século XVIII, grande parcela da população ainda não possui esses direitos, embora estejam garantidos em Constituições e na Declaração Universal dos Direitos Humanos.

Mas como se configura essa relação entre cidadania, educação formal e Educação Física? Darido (2001) afirma que a Educação Física sofre influência do contexto escolar e apresenta as mesmas limitações do processo de educação formal, ao pretender contribuir com a plena formação da cidadania. Seria necessário que, além da escola, outras instituições sociais se envolvessem com esse objetivo, sem vinculá-la a interesses particulares, como a formação para o mercado de trabalho.

> Inicialmente, tem-se que a *Educação nunca é neutra*, podendo direcionar-se ou até mesmo gerar conformismo e subserviência ou posicionamento crítico e reflexivo. Essa característica deve-se a aspectos subjetivos (ideologias) e objetivos (diretrizes curriculares), relacionados às tendências pedagógicas (Libâneo, 1985; Luckesi, 1992) que também são atuantes na Educação Física Escolar (Resende, 1994; Darido, 1999). Além disso, a Educação está a serviço de um *determinado tipo de cidadania* que não pode ser "ganha" ou outorgada, mas sim conquistada. No primeiro caso, trata-se de uma cidadania relativa, ao passo que no segundo caso trata-se de uma cidadania plena. (DARIDO, 2001, p. 141).

Essa conquista da cidadania apresenta dificuldades de ser efetivada, visto que na estrutura da sociedade brasileira, manifesta em um contexto capitalista e democrático, está presente a influência de fatores externos (globalização econômica e neoliberalismo) que agravam os problemas nacionais. "Isto posto, ainda que o paradigma predominante seja a liberdade individual em detrimento de outros princípios, a cidadania deve compreender a igualdade. Não apenas a igualdade de direitos(legal), mas a de *fato*" (DARIDO, 2001, p. 141).

Constatando essas dificuldades e características da sociedade, como a escola busca equacionar questões relacionadas a formação para a cidadania e sua função social enquanto instituição pública republicana?

Pérez Gómez e Gimeno Sacristán (2000) afirmam que a função da escola tem sido conservadora, no sentido de reprodução social e cultural para a sobrevivência da sociedade. A escola, por suas formas, seus conteúdos e sua organização, introduz aos estudantes, progressivamente, conhecimentos, ideias e concepções, modos de conduta que a sociedade adulta requer. Os autores afirmam que o objetivo básico e prioritário da socialização dos estudantes na escola é prepará-los para o mundo do trabalho. Essa preparação requer o desenvolvimento de conhecimentos, habilidades, capacidades formais, além da formação de atitudes, de interesses e pautas de comportamento. Esses conhecimentos e atitudes devem se ajustar às possibilidades e às exigências do mundo do trabalho. Os autores constatam que, concomitante a esse processo de adequação ao mundo do trabalho, existe um processo de socialização na escola, que busca a formação do cidadão:

> [...] para sua intervenção na vida pública. A escola deve prepará-los para que se incorporem à vida adulta e pública, de modo que se possa manter a dinâmica e o equilíbrio nas instituições, bem como as normas de convivência que compõem o tecido social da comunidade humana. (PÉREZ GÓMEZ; GIMENO SACRISTÁN, 2000, p. 15).

Os autores afirmam que essas duas demandas são contraditórias, pois, se por um lado essa socialização visa à incorporação disciplinada e submissa de grande parte da população para o mundo do trabalho assalariado, por outro lado, ela deve prover conhecimentos, ideias, atitudes, enfim, uma série de elementos com o objetivo de uma incorporação eficaz no mundo, seja por meio da liberdade de consumo, seja mediante a escolha, a participação política e a liberdade e responsabilidade na vida familiar. Essas reflexões fazem-nos pensar nos limites das possibilidades de formação por intermédio das experiências escolares, visto que ela sofre influência ou, melhor, está atrelada diretamente à sobrevivência da sociedade atual.

> Neste sentido a socialização, a escola transmite e consolida, algumas vezes de forma explícita e em outras implicitamente, uma ideologia cujos valores são o individualismo, a competitividade e a falta de solidariedade, a igualdade formal de oportunidades e a desigualdade "natural" de resultados em função de capacidades e esforços individuais. Assume-se a ideia de que a escola é igual para todos e de que, portanto, cada um chega onde suas capacidades e seu trabalho pessoal lhe permitem. Impõe-se a ideologia aparentemente contraditória do individualismo e do conformismo social. (PÉREZ GÓMEZ; GIMENO SACRISTÁN, 2000, p. 16).

Entretanto, esse processo complexo, marcado por contradições, também é caracterizado por resistências individuais e coletivas. A escola, enquanto instituição social, é marcada por um confronto de interesses; existem espaços de relativa autonomia "que podem ser utilizados para desequilibrar a evidente tendência à reprodução conservadora do *status quo*" (PÉREZ GÓMEZ; GIMENO SACRISTÁN, 2000, p. 19). Esse processo de socialização acontece por meio de um processo de negociação em que há resistências de professores e alunos, como indivíduos ou grupos, que podem causar uma recusa e ineficazes tendências reprodutoras da instituição escolar. Pérez Gómez e Gimeno Sacristán (2000) fazem uma análise significativa sobre o que é estar na escola:

> Viver na escola, sob o manto da igualdade de oportunidades e da ideologia da competitividade e meritocracia, experiências de diferenciação, discriminação e classificação, como consequência do diferente grau de dificuldade que tem para cada grupo social o acesso à cultura acadêmica, é a forma mais eficaz de socializar as novas gerações na desigualdade. Deste modo, inclusive os mais desfavorecidos aceitarão e assumirão a legitimidade das diferenças sociais e econômicas e a mera vigência formal das exigências democráticas da esfera política, assim como a relevância e utilidade da ideologia do individualismo, a concorrência e a falta de solidariedade. (PÉREZ GÓMEZ; GIMENO SACRISTÁN, 2000, p. 21).

Diante das constatações e reflexões sobre sociedade, escola e processo de socialização, quais deveriam ser os objetivos e a função social dessa instituição na sociedade? Sabendo que nas escolas estão presentes relações complexas, contradições, confrontos de interesses e resistências. A função educativa das instituições de ensino então, dentro dessa tensão dialética entre a reprodução e a mudança, apresenta contribuições específicas: "[...]

utilizar o conhecimento, também social e historicamente construído e condicionado, como ferramenta de análise para compreender, para além das aparências superficiais do *status quo* real" (PÉREZ GÓMEZ; GIMENO SACRISTÁN, 2000, p. 22). Dessa forma, as influências que os estudantes recebem na escola podem oferecer espaços de relativa autonomia "para a construção sempre complexa e condicionada do indivíduo adulto" (PÉREZ GÓMEZ; GIMENO SACRISTÁN, 2000, p. 22). Com relação aos objetivos da escola, os autores afirmam que:

> A igualdade de oportunidades não é um objetivo ao alcance da escola. O desafio educativo da escola contemporânea é atenuar, em parte, os efeitos da desigualdade e preparar cada indivíduo para lutar e se defender, nas melhores condições possíveis, no cenário social. [...] Cabe fomentar, por outro lado, a pluralidade de formas de viver, pensar e sentir, estimular o pluralismo e cultivar a originalidade das diferenças individuais como expressão mais genuína da riqueza da comunidade humana e da tolerância social. Assim, se se concebe a democracia mais como um estilo de vida e uma ideia moral do que uma mera forma de governo. (PÉREZ GÓMEZ; GIMENO SACRISTÁN, 2000, p. 24).

Já encerrando as considerações sobre a função social da escola na sociedade contemporânea, com base nas reflexões de Pérez Gómez e Gimeno Sacristán, reflexões essas importantes e necessárias para a construção de uma prática pedagógica consciente, resistente e transformadora, que deve estabelecer tensões dentro dessa instituição social complexa, contraditória e muitas vezes reprodutora, os autores consideram que as escolas devem:

> Mais do que transmitir informação, a função educativa da escola contemporânea deve se orientar para provocar a organização racional da informação fragmentária recebida e a reconstrução das pré-concepções acríticas, formadas pela pressão reprodutora do contexto social, por meio de mecanismos e meios de comunicação cada dia mais poderosos e de influência mais sutil. [...] Provocar a reconstrução crítica do pensamento e da ação nos alunos/as exige uma escola e uma aula onde se possa experimentar e viver a comparação aberta de pareceres e a participação real de todos na determinação efetiva das formas de viver, das normas e padrões que governam a conduta, assim como das relações do grupo da aula e da coletividade escolar. Apenas vivendo de forma democrática na escola pode se aprender a viver e sentir

democraticamente na sociedade, a construir e respeitar o delicado equilíbrio entre a esfera dos interesses e necessidades individuais e as exigências da coletividade. (PÉREZ GÓMEZ; GIMENO SACRISTÁN, 2000, p. 26).

Portanto, viver de forma democrática no ambiente escolar, com a participação de todos, é condição essencial para a formação da cidadania e para que os sujeitos adquiram experiências formativas que os auxiliem na vida futura. Nossas considerações trouxeram reflexões sobre a experiência e o saber da experiência, sobre os processos de formação, sobretudo nas instituições escolares, e considerações sobre a formação para a cidadania dentro desses espaços e na sociedade.

REFLEXÕES SOBRE O ESPORTE

A reflexão sobre a produção teórica acerca da prática social chamada esporte e sua relação com as escolas, aliada ao conceito de experiência, é fundamental para a identificação e discussão sobre as práticas docentes dos professores de Educação Física relacionadas com os Jogos Escolares de Minas Gerais (JEMG). Contudo, precisamos ter inicialmente um conceito bem definido do que é esporte e o que o diferencia de outras atividades. Paras essas considerações, utilizarei como referência os textos de Barbanti (2012) e de Azevedo e Gomes Filho (2011).

Barbanti (2012) afirma haver três pressupostos para desenvolver um entendimento de esporte: o primeiro é que este se refere a tipos específicos de atividades; o segundo é que depende de como essas atividades acontecem; e o terceiro e último é que o esporte depende da avaliação subjetiva de seus praticantes. Grande parte das definições caracteriza-o como uma atividade física, envolve o uso de atividades motoras, proeza física ou esforço físico. Entretanto, algumas atividades são difíceis de classificar.

O autor apresenta como exemplo o xadrez e o automobilismo. Em sua concepção, o xadrez não seria esporte, pois sua prática não envolve o uso de habilidades motoras complexas nem esforço físico, apesar de exigirem atividades cognitivas complexas; além do automobilismo e os jogos eletrônicos, ou *e-sports*, termo que se popularizou recentemente para designar as competições envolvendo jogos eletrônicos. Assim, essas atividades, apesar de não exigirem um esforço físico vigoroso, exigem habilidades motoras complexas. Então seriam consideradas esportes. Porém, nem todas as atividades que exigem esforço físico ou uso de habilidades motoras complexas são esportes, pois é necessário que aconteçam sob certas condições. Esse é o segundo pressuposto para desenvolvermos um entendimento de esporte.

Essas condições vão do informal e desestruturado ao formal organizado. Por exemplo, imaginemos duas crianças com uma bola brincando em uma praia, fazendo embaixadinha; agora pensemos em uma partida de futebol do Campeonato Brasileiro entre dois times importantes no Maracanã. Não podemos considerar as duas atividades como a mesma coisa. A natureza e as consequências são diferentes. Em relação às diferenças, podemos dizer que:

> [...] o fenômeno esporte envolve uma atividade física competitiva que é institucionalizada. Competição neste caso é definida como um processo através do qual o sucesso é medido diretamente pela comparação das realizações daqueles que estão executando a mesma atividade física, com regras e condições padronizadas. Institucionalização é um conceito sociológico que se refere a um conjunto de comportamentos normalizados ou padronizados durante um certo tempo e de uma situação para outra. (BARBANTI, 2012, p. 55).

O autor apresenta quatro elementos dessa institucionalização: a padronização das regras, sua elaboração e seu cumprimento, feitos por uma entidade oficial, cujos aspectos organizacionais e técnicos se tornam importantes; e a aprendizagem de modalidades esportivas torna-se mais formalizada. A transformação de uma atividade física competitiva em esporte dá-se por meio de mudanças em suas estruturas, do informal e desestruturado ao formal e organizado, ou seja, envolve a padronização das regras e o desenvolvimento formal de habilidades. Ela se torna regularizada e padronizada.

O terceiro e último pressuposto está na afirmação de que o esporte depende da avaliação subjetiva de seus praticantes. Barbanti (2012) busca entendimento em um artigo de Stone sobre a natureza do esporte para afirmar que:

> [...] podemos dizer que o esporte depende de uma combinação de orientações subjetivas dos participantes. O esporte ocorre quando a motivação baseada na satisfação intrínseca do envolvimento co-existe com a motivação baseada nas recompensas externas. Se esse equilíbrio for quebrado de forma que a motivação intrínseca substitua todas as preocupações pelos motivos externos, a organização e a estrutura da atividade esportiva se transforma em uma forma de pura brincadeira. É o caso do nosso futebol aos sábados com os amigos. Jogamos para nos divertir, embora muitos acham que é por causa da cerveja depois do jogo. Se o equilíbrio for quebrado na outra direção, de forma que os motivos externos substituam todas as satisfações intrínsecas associadas com o envolvimento, a atividade muda de enfoque para o poderíamos chamar de "espetáculo". (BARBANTI, 2012, p. 57).

Em nossa sociedade, é mais provável que as motivações extrínsecas substituam as motivações intrínsecas, dando mais ênfase ao esporte-espetáculo do que o contrário. É muito provável que um aluno, ao participar dos jogos escolares, esteja mais preocupado com a classificação e a premiação do torneio do que com motivações intrínsecas, com o divertimento e com o espírito esportivo. Para a existência do esporte, é necessário um equilíbrio entre essas duas motivações, para que aquele não se torne um espetáculo ou se transforme em apenas uma brincadeira ou atividade física competitiva.

A combinação desses três pressupostos resultou na seguinte definição de esporte pelo autor: "Esporte é uma atividade competitiva institucionalizada que envolve esforço físico vigoroso ou o uso de habilidades motoras relativamente complexas, por indivíduos, cuja participação é motivada por uma combinação de fatores intrínsecos e extrínsecos" (BARBANTI, 2012, p. 57). Barbanti complementa:

> O esporte é um fenômeno cultural e social que influencia e sofre influência da sociedade e muitas vezes seus problemas são os mesmos da própria sociedade. Cada vez mais o esporte se torna parte do nosso mundo social. Ele se relaciona com a vida familiar, com a educação, política, economia, artes e religião. Com maior entendimento é possível mudá-lo de forma que mais pessoas se beneficiem das coisas positivas que ele tem a oferecer. (BARBANTI, 2012, p. 58).

Com essa elucidação, podemos constatar o que é esporte ou não dentro da escola, por exemplo. Crianças jogando futebol no intervalo poderia ser considerado uma brincadeira. Uma aula de Educação Física envolvendo o handebol, um jogo pré-desportivo com adaptação nas regras, aumentando o número de participantes e propiciando que a participação de mais alunos seria um jogo competitivo. Já uma atividade de preparação e a participação de equipes escolares em competições esportivas seriam então a prática efetiva do esporte.

Helal (1990 *apud* AZEVEDO; GOMES FILHO, 2011) propõe nesse sentido diferenciar brincadeira, jogo e esporte. Esportes são jogos de alto rendimento, segundo regras definidas, cujas modificações não são possíveis de fazer por seus participantes, e com normas de organização. Já brincadeiras são atividades espontâneas, voluntárias, sem regras fixas, que proporcionam a diversão e não têm finalidades externas a elas, como recompensas. Jogos são brincadeiras organizadas, ou seja, quando brincadeiras formam regras antes de seu início. E, quando essas regras se fixam nas brincadeiras, então temos os jogos.

Já os esportes não são apenas jogos, pois podem ser competitivos ou não. Esportes, então, são jogos competitivos organizados. O autor então questiona se essa diferenciação seria capaz de abordar as dimensões do esporte. A seguir apresenta três exemplos relacionados à prática de basquetebol. No primeiro exemplo, adolescentes jogam no pátio da escola, há uma cesta, mas não há juízes. No segundo exemplo, adultos jogam basquete num torneio de colegas de trabalho. E no terceiro exemplo duas equipes jogam basquete em uma aula de Educação Física. Na visão de Helal, todos estão, além de se divertindo, jogando de maneira pouco organizada. Todos jogam basquete, pois respeitam as regras que caracterizam esse esporte, muito embora em nenhuma dessas situações seus praticantes estejam sendo obrigados a seguir normas oficiais. Os adolescentes jogando basquete no pátio seguem regras consensuais; se não fosse assim, o jogo terminaria, mesmo sem a presença de árbitros, clubes, federações etc. Os adultos disputando um torneio agem segundo um acordo, mas também não estão vinculados a nenhuma instituição. E as duas equipes jogando na aula de Educação Física brincam e jogam, aprendem as regras brincando, mas nem os estudantes nem o professor estão vinculados à oficialidade do esporte. Se quiser, o professor pode até modificar as regras, visando ao objetivo educacional. Portanto, em nenhuma dessas três ocasiões, o basquete é praticado como esporte.

> Mas o "basquete" jogado não corresponde, porém, à prática altamente organizada, disciplinada, com federações e instituições semelhantes às que disciplinam torneios oficiais. Por outro lado, também não se tratam de atividades espontâneas, sem regras ou elementos competitivos, práticas descompromissadas de diversão e lazer. Nossos três exemplos não podem ser simplesmente equiparados à mera atividade lúdica (AZEVEDO; GOMES FILHO, 2011, p. 592).

Apesar de ser capaz de distinguir o esporte moderno de atividades lúdicas, Helal ainda assim não consegue capturar outras dimensões daquele, segundo Azevedo e Gomes Filho. Os autores então buscam nas três dimensões sociais da prática de esportes, propostas por Gomes Tubino para ampliá-las, distinguindo-as em: esporte-participação, esporte-educação e esporte-performance ou rendimento. É possível distinguir práticas que estariam classificadas apenas como jogo, na definição de Helal, tendo, sobretudo, um sentido ético, ao considerar o esporte como direito de todos, muito embora o estudo de Linhales (1996) explicite que as políticas públicas de esporte no país nunca tiveram esse enfoque de considerá-lo com um direito social, mas sim de atender a setores de alto rendimento e muitas vezes entendê-lo como um produto de consumo. Ao considerar o esporte por essa divisão, seria possível praticá-lo em algumas dessas dimensões. Porém, os autores fazem uma ponderação sobre essa inclusão, pois:

> Não há dúvidas de que a visão multidimensional de Gomes Tubino incorpora elementos importantes para a compreensão do esporte como prática inclusiva. Contudo, aceitando-se sua tripla dimensão (e, como isso, suas múltiplas possibilidades de inclusão), torna-se razoável pensar em tornar o esporte modelo de prática inclusiva para além dos objetivos educacionais e de lazer. O esporte (como sustenta Helal) é uma prática social institucionalizada, e, além de uma arte, uma oportunidade de dedicação ocupacional e profissional. Assim, não deve ser pensado apenas como meio para o alcance de outros fins socialmente valorosos (como o alcance de objetivos sociais, o aprendizado de valores morais, como amizade, solidariedade e competição honesta e justa, favorecendo, assim, o convívio civilizado e sem violência). Deve ser pensado também como fim (isto é, como opção de vida e de dedicação pessoal). Admitida a multidimensionalidade dos processos de exclusão, é sensato que políticas de inclusão através do esporte incorporem oportunidades para a descoberta e estímulo ao florescimento de novos talentos. Trata-se, enfim, de oferecer a crianças e jovens a oportunidade efetiva da escolha do esporte como ocupação valorosa e duradoura. (AZEVEDO; GOMES FILHO, 2011, p. 600).

Sendo assim, os autores defendem o esporte como prática inclusiva além das dimensões de lazer e educacionais. É preciso pensá-lo não como meio para determinados fins (objetivos sociais, valores morais, convívio civilizado e sem violência), mas também pensar a prática como o próprio fim; pensar políticas de inclusão por meio do esporte que permitam o estímulo e o surgimento de novos talentos e que jovens tenham a oportunidade de escolher o esporte como ocupação valorosa e permanente. É imprescindível concluir estas reflexões com as palavras dos autores:

> Ainda que corretas as críticas à obsessão desmesurada pelo rendimento (em detrimento de outros valores humanos), um jogo só é esporte (em sentido estrito) se suas regras representam "testes artificiais" aos jogadores ou equipes, disputados ou comparados ao desempenho de adversários. Tais testes envolvem desempenho de habilidades físicas. A excelência nessas habilidades é o que determina o sucesso

de uma equipe. Esportes, porém, além de competitivos, são jogos disciplinados por ligas e federações, o que permite aos jogadores e equipes adversárias fazerem de sua prática uma ocupação duradoura. Assim, ainda que jogos esportivos sejam competições de soma zero, como instituição social, esportes institucionalizados são práticas de "soma positiva". Todos têm oportunidades de vencer; como praticantes, todos, de algum modo, saem ganhando. É somente como ocupação social que um jogo pode tornar-se um esporte. É somente na medida em que certo esporte torna-se uma ocupação social estável que ele passa a representar uma opção valiosa a seus praticantes, uma escolha possível em busca da excelência. (AZEVEDO; GOMES FILHO, 2011, p. 601).

É imprescindível termos uma visão clara do que seja esporte e que sejamos capazes de distinguir essa prática social de jogos, jogos competitivos e brincadeiras. É fundamental levarmos em consideração as diversas dimensões, as visões, os entendimentos sobre a prática esportiva. É compreensível até certo ponto, provisoriamente, concordarmos com as idcias de Azevedo e Gomes Filho quando defendem a existência de políticas públicas que englobam o esporte de rendimento, além do esporte-lazer e esporte-educação, no sentido de que sejam um direito dos participantes que por ventura tiverem interesse numa prática esportiva ocupacional, como opção de vida ou profissional, sendo possível essa prática como um direito social. Porém, as afirmações de que esportes "são práticas de soma positiva", "todos têm oportunidade de vencer", "todos saem ganhando" parecem-me fortes e merecem mais reflexões e desdobramentos, levando em consideração como é oportunizado esse esporte, podendo ser de soma positiva, mas também ser de soma negativa, não?!

Outra questão relevante que vamos abordar adiante é a relação do esporte com a escola. Parece-me aceitável considerarmos o esporte como direito social, independentemente de sua dimensão, porém é importante pensarmos qual relação ele deve ter com as escolas. E o que seria essa busca pela excelência; estaria baseada em que princípios?

3.1 A PRESENÇA DO ESPORTE NAS ESCOLAS

Antes de iniciarmos as reflexões sobre a presença do esporte nas escolas, é preciso fazer uma breve retrospectiva da constituição da Educação Física escolar brasileira, desde o início do século passado, até chegarmos aos anos de 1980, período relacionado ao surgimento do que ficou conhecido posteriormente como Movimento Renovador da Educação Física (MREF). Foi nesse período que mais intensamente e sistematicamente a Educação Física passou a incluir nas suas discussões outras possibilidades de práticas pedagógicas e consequentemente questionar a prática esportivista presente no interior das escolas.

No início do século XX, a predominância do conteúdo das aulas de Educação Física era a Ginástica, por meio de métodos ginásticos importados, com destaque para os métodos alemão, francês e sueco. A Educação Física passou a ter importância dentro de uma concepção de educação chamada Escola Nova. Esse modelo visava à educação integral do sujeito, respeitando seu desenvolvimento e crescimento. Nesse período, a Educação Física recebeu também influências da área médica e militar. Machado (2012) apresenta-nos um panorama desse período relacionando estudos de Soares e Bracht:

> [...] é possível captar como a EF, por meio dos métodos ginásticos, parece adquirir centralidade nos projetos do então nascente pensamento pedagógico brasileiro – naquela ocasião, a valoração da EF estava atrelada à sua capacidade de promoção da higiene, melhoramento racial, moral e do caráter. Quer dizer, tanto em Bracht (2003) quanto em Soares (1994), a despeito de estar calcada numa perspectiva biológica, a função atribuída à "EF" ou ginástica escolar era, justamente, a de "educar" o povo. Nesses termos, faz todo sentido a afirmação de Bracht (2003, p. 18) de que "[...] o discurso, a teorização neste campo emergente, era, até a década de 60 [do século XX], marcadamente de caráter pedagógico" (MACHADO, 2012, p. 51).

Por mais que possamos criticar hoje a relação que a Educação Física tinha com essa higienização da sociedade, com a questão do melhoramento racial e do caráter, essas práticas tinham como objetivo educar os estudantes, existindo assim uma intenção pedagógica nas aulas. Esse discurso perde força a partir da década de 1960. Influenciada por setores externos e que buscavam a legitimação da área por meio de um discurso científico para a Educação Física, Betti (1991, p. 57) relata que: "[...] a Educação Física escolar sofre a intervenção dos mais variados interesses e poderes estranhos à escola, que se arrogam a ter sobre ela voz e voto". Além desses interesses, o contexto sociopolítico era o da Guerra Fria. Essa disputa entre o sistema capitalista e socialista no campo não militar permitiu que houvesse uma busca de conhecimento científico com ênfase na melhor performance humana.

> A partir de 1970 a EF é colocada explicitamente e planejadamente a serviço do sistema esportivo, desempenhando o papel de base da pirâmide, sistema esse que possuía como culminância a alta performance esportiva. Planejou-se constituir a EF como elemento do sistema esportivo. EF e esporte ou EF/esporte deveriam elevar o nível de aptidão física da população. (BRACHT, 2006, p. 124).

Nesse período, as aulas de Educação Física tinham objetivos externos aos da disciplina na escola: a formação de atletas para cumprir seu papel como base da pirâmide esportiva. Esse fato, durante aquele período, legitimou a presença da Educação Física nas escolas e deu status aos professores, além de colaborar para a construção de suas respectivas identidades e, é claro, de influenciar suas práticas pedagógicas, com enfoque principal nos esportes. Sem a adesão dos professores à "cultura esportiva", esse projeto teria dificuldades em obter sucesso.

> [...] esse processo de esportivização da EF, que marcou a década de 1970 e abriu a possibilidade de emergência de certa "cultura esportiva", estendeu-se com intensidade até a década seguinte (particularmente, em seus primeiros anos), sendo possível a observância de suas implicações ainda nos dias atuais. Deve-se ter claro, no entanto, que a assunção do esporte pela EF, nesse período, não marcou uma ruptura com o paradigma da aptidão física que historicamente orientou as práticas pedagógicas dessa disciplina, ao contrário disso, permitiu sua reprodução a partir de "novas roupagens e/ou elementos" sem prescindir, contudo, de seus princípios fundamentais. Assim mesmo, um aspecto destacável acerca dessa EF que se torna esportivizada, já explicitado, é o fato de a dimensão pedagógica da teorização em EF, no sentido de pensá-la com objetivos de uma intervenção primordialmente educativa, ter sido secundarizada no período. (MACHADO, 2012, p. 57-58).

O Movimento Renovador da Educação Física emergiu a partir da década de 1980, muito por conta do envolvimento de professores universitários no exterior e posteriormente dentro do país, com cursos de pós-graduação na área da Educação. Houve uma aproximação das discussões pedagógicas da área com as ciências humanas. Isso fez com que houvesse uma ressignificação das discussões e a incorporação de novas ideias e propostas nas proposições pedagógicas da área. Em consonância com o fim da ditadura militar e o processo de redemocratização, o propósito desse movimento:

> [...] estava a tentativa de "ajustamento" da EF aos discursos/
> projetos educacionais de cunho humanista e/ou democrático.
> Particularmente, o "segmento crítico ou revolucionário"
> do Movimento Renovador incorpora essa ideia e, numa
> aproximação com as teorias críticas da Educação e da Socio-
> logia do esporte, passa a questionar o paradigma da aptidão
> física e desportiva que vinha orientando as práticas na área.
> (MACHADO, 2012, p. 60-61).

A partir desse momento, surgiram proposições pedagógicas para a área: a abordagem desenvolvimentista (TANI *et al.*, 1988), a educação de corpo inteiro (FREIRE, 1989), a perspectiva de promoção da saúde (GUEDES; GUEDES, 1994), a abordagem crítico-superadora (CASTELLANI *et al.*, 1992); a abordagem crítico-emancipatória (KUNZ, 1994); e a concepção de aulas abertas em Educação Física (HILDEBRANDT; LAGING, 1986). Com base em algumas dessas proposições, e além delas, o papel do esporte na escola passou a ser questionado.

Um dos textos pioneiros o relacionar o esporte com a educação foi o de Bracht (1986): "A criança que pratica esporte respeita as regras do jogo... capitalista". O autor inicia o texto referindo-se aos diversos entendimentos que os professores de Educação Física têm com relação aos objetivos da Educação Física escolar. Um grupo de docentes tinha o entendimento de uma visão biológica dos indivíduos, então a Educação Física teria a função de promover a aptidão física. Assim, contribuiriam para o desenvolvimento social por estarem formando esses sujeitos mais aptos a atuarem na sociedade. Outro grupo, que, segundo o autor, com o primeiro, formava uma maioria, era dos professores que, além da aptidão física, consideravam o desenvolvimento psíquico, buscando, além do desenvolvimento de capacidades físicas, o desenvolvimento intelectual e a manutenção do equilíbrio emocional. Nas duas visões, os indivíduos seriam formados numa lógica funcionalista e a-histórica, pois nessas proposições não são levados em consideração os determinantes sociais.

Bracht (1986) propõe então uma reflexão de como a prática da Educação Física poderia ter um papel social e enumera alguns aspectos que até então justificavam o ensino dos esportes nas escolas: socialização das crianças, convivência social, respeito a regras, convivência com vitórias e derrotas, aprender a vencer por meio do esforço próprio, desenvolver a independência e confiança em si e o sentido de responsabilidade. Essas valorações positivas estão relacionadas à teoria estrutural-funcionalista da sociedade, ou seja, elementos isolados da nossa sociedade, como esporte, educação, cultura, podem preencher uma função no sistema. Assim, o esporte teria a incumbência da formação de sujeitos nessa perspectiva. Em seu entendimento, todas essas afirmações vislumbram um papel positivo--funcional para o esporte no processo educativo:

> Estas posições não partem de uma análise crítica da relação entre a Educação Física/Esporte e o contexto sócio-econômico-político e cultural em que se objetivam, e sim, da análise Educação Física/Esporte enquanto instituições autônomas e isoladas, ou quando muito, como instituições funcionais, ou seja, como instituições que devem colaborar para a funcionalidade e harmonia da sociedade na qual se inserem (BRACHT, 1986, p. 63).

Em oposição à ideia de socialização por meio do esporte, dentro dessa lógica positivo-funcionalista, Valter Bracht lista alguns aspectos contrários, como: o esporte imprime normas desejadas de competição no comportamento, suas condições estruturais são iguais às da sociedade de caráter autoritário, o ensino do esporte enfatiza o respeito e a subordinação a regras, não permitindo o questionamento, mas sim o acomodamento.

A ideia de socialização por meio do esporte seria uma forma de controle social, uma adaptação dos sujeitos a normas e valores da sociedade capitalista. Isso permitiria o funcionamento e desenvolvimento dessa sociedade, que faria com que fosse normal a ideia de existirem, por exemplo, exploradores e explorados. Isso porque o ensino do esporte gera pessoas conformistas, por terem de respeitar incondicionalmente as regras. A ideia de que todos podem vencer pelo esforço individual justifica e explica as diferenças sociais. O pensamento de que todos são iguais no esporte geraria um abrandamento das contradições e dos conflitos sociais. O autor não nega que o esporte educa, mas faz severas críticas ao que representava essa educação:

> [...] realmente o esporte educa, mas educação aqui significa levar o indivíduo a internalizar valores, normas de comportamento, que lhe possibilitarão se adaptar à sociedade capitalista. Em suma, é uma educação que leva ao acomodamento e não ao questionamento. Uma educação que ofusca, ou lança uma cortina sobre as contradições da sociedade capitalista (BRACHT, 1986, p. 65).

O autor então apresenta algumas críticas em relação a como eram as aulas de Educação Física até então, o que nos faz compreender a dimensão e profundidade de suas observações ao que estava sendo construído nas escolas. O que predominava nas aulas era o ensino das técnicas esportivas, com foco na competição esportiva. O objetivo era o rendimento atlético, o que ocasionaria a vitória na competição. Essa passou a ser a finalidade das aulas. Com isso, já não existia mais espaço para mudanças, nem para a própria discussão desses temas visando a objetivos diferentes aos da performance esportiva. Posteriormente, apesar dos fortes determinantes sociais, é admitido que existe espaço restrito para mudanças, na aproximação dos objetivos do ensino dos esportes nas aulas de Educação Física com os objetivos da Educação, na busca por uma sociedade mais justa e livre.

São apresentadas algumas propostas para que o ensino do esporte possa incluir os indivíduos oprimidos e permitir o acesso a uma cultura esportiva desmitificada. "Permitir ou possibilitar através desta pedagogia que estes indivíduos possam analisar criticamente o fenômeno esportivo, situá-lo e relacioná-lo com todo o contexto sócio econômico político e cultural" (BRACHT, 1986, p. 66). Para alcançar esse objetivo, era necessárias novas posturas dos professores: superar a visão de que o movimento é predominantemente um comportamento motor; levar em conta a intencionalidade desse movimento; superar a visão de que o desenvolvimento infantil é natural, que não está relacionado com questões sociais; o que determinará o uso dos movimentos pelos estudantes não são as questões físicas, habilidades esportivas etc., mas valores e normas introjetados pela condição econômica e pela sua posição de classe; superar a falsa polarização entre aulas diretivas e não diretivas; entender que é preciso uma ação político-pedagógica para o ensino; não é necessário negar o esporte, mas sim transformá-lo para que ele atenda aos interesses da classe trabalhadora, a fim de ensinar para a transformação da sociedade; e os professores devem superar a ideia de que não podem falar devido à aula ser prática; é preciso falar, discutir com os alunos o que está sendo feito.

Em um momento de grande efervescência política, com o fim da ditadura, o autor finaliza o texto refletindo sobre a importância de os professores de Educação Física se envolverem com a política além da sua docência, em sindicatos e partidos políticos.

O texto é realmente muito marcante, "toca na ferida" de uma área profundamente envolvida com o fenômeno esportivo. Até então fortemente identificada, valorizada, legitimada com esse fazer esporte na escola. O artigo seria apenas um dos prenúncios do que viria pela frente. "[...] essa absorção da teoria crítica do esporte pela 'EF' correspondeu a um processo complexo, com implicações afetas não só ao segmento acadêmico, mas, e talvez principalmente, no plano da intervenção" (MACHADO, 2012, p. 69). O autor complementa:

> No que diz respeito ao debate acadêmico, observaram-se discussões em torno tanto de aspectos "mais epistemológicos" das teorias críticas do esporte incorporadas pela EF [...] foram realizados estudos mais aprofundados do tema; propuseram-se revisões/correções de algumas interpretações empreendidas; a partir de referenciais distintos, foram criticadas/ponderadas algumas assertivas presentes naquele referencial que era mais corrente; entre outras), assim como emergiram produções que buscavam problematizar/relativizar o "tom" daqueles discursos críticos, avaliando que esses mesmos discursos tomavam a relação entre EF e esporte de forma mecânica, onde a primeira (EF) estaria completamente submissa ao segundo (esporte).(MACHADO, 2012, p. 70).

A maneira de propor o ensino dos esportes por Castellani *et al.* (1992) corrobora as ideias de Bracht (1986), que também é um dos autores dessa obra tão importante e significativa para a Educação Física escolar. A proposição do ensino dos esportes nessa obra leva-o em consideração enquanto tema da cultura corporal, assim como outras manifestações, como ginástica, dança, luta, jogo e capoeira. O esporte "é tratado pedagogicamente na Escola de forma crítico-superadora, evidenciando-se o sentido e o significado dos valores que inculca e as normas que o regulamentam dentro de nosso contexto sócio-histórico" (CASTELLANI *et al.*, 1992, p. 28). A obra também faz crítica à forma como o esporte estava presente nas escolas:

> Essa influência do esporte no sistema escolar é de tal magnitude que temos, então, não o esporte da escola, mas sim o esporte na escola. Isso indica a subordinação da Educação Física aos códigos/sentido da instituição esportiva, caracterizando-se o esporte na escola como um prolongamento da instituição esportiva: esporte olímpico, sistema desportivo nacional e internacional. Esses códigos podem ser resumidos em: princípios de rendimento atlético/desportivo, competição, comparação de rendimento e recordes, regulamentação rígida, sucesso no esporte como sinônimo de vitória, racionalização de meios e técnicas etc. (CASTELLANI *et al.*, 1992, p. 37).

Os autores advogam a existência de determinação no ensino dos esportes que se alinhavam com a pedagogia tecnicista difundida na década de 1970: racionalidade, eficiência e produtividade. Princípios esses que se alinhavam a uma neutralidade científica na educação. Tratando especificamente da proposta de ensino dos esportes na escola, em Castellani *et al.* (1992), os autores afirmam-no como uma prática social que institucionaliza temas lúdicos, classificam-no como um fenômeno que abrange sentidos, códigos da sociedade que o cria e o pratica. Afirma que o ensino não pode estar afastado das condições da sociedade capitalista. Por buscar um máximo rendimento atlético, normas de comparação, regulamentação rígida, racionalização de meios e técnicas, o esporte reproduz as desigualdades sociais e, além disso, é uma forma de controle social devido à adaptação de seus praticantes às normas e aos valores dominantes da sociedade. O esporte torna-se como um fim em si mesmo, quando os pressupostos para sua prática são o desenvolvimento e o domínio de aspectos técnico-táticos visando à vitória em uma competição.

Para proporcionar aprendizado por meio do esporte, é preciso questionar suas normas, sua adaptação às diversas realidades escolares, que podem ser capazes, além de praticar, criar e recriar.

> Na escola, é preciso resgatar os valores que privilegiam o coletivo sobre o individual, defendem o compromisso da solidariedade e respeito humano, a compreensão de que jogo se faz "a dois", e de que é diferente jogar "com" o companheiro e jogar "contra" o adversário. Para o programa de esporte se apresenta a exigência de "desmitificá-lo" através da oferta, na escola, do conhecimento que permita aos alunos criticá-lo dentro de um determinado contexto sócio-econômico-político-cultural. Esse conhecimento deve promover, também, a compreensão de que a prática esportiva deve ter o significado de valores e normas que assegurem o direito à prática do esporte. (CASTELLANI *et al.*, 1992, p. 49).

Ao abordar o tema na escola, é necessário que professores não esgotem o esporte no ensino das regras ou de gestos técnicos. Nesse sentido, os autores apresentam proposições relacionadas a futebol, atletismo, voleibol e basquetebol. Sobre o ensino do futebol, foram relacionados alguns temas que podem ser abordados ao desenvolvê-lo nas aulas de Educação Física, relacionando-o a: história da modalidade, seu desenvolvimento, seu surgimento, fatores econômicos, questões sobre mercado de trabalho, mídia etc. Busca-se assim propor uma prática em que o ensino caminhe para além de uma aquisição de habilidades motoras ou de ensino de aspectos técnico-táticos, visando à ampliação do conhecimento dos estudantes e permitir que eles possam refletir sobre as questões envolvendo o fenômeno esportivo e também sejam capazes de modificá-lo visando atender seus interesses.

Elenor Kunz trouxe-nos em 1994 reflexões sobre a Educação Física escolar e a relação com os esportes por meio de um ensino crítico-emancipatório. Para Kunz (2016), ele deve ser compreendido como um fenômeno sociocultural e histórico; deve-se pensar todas as manifestações que deram origem às modalidades esportivas e que continuam influenciando seu desenvolvimento, seus estilos e suas formas de atuar no esporte. A Educação Física e os esportes, enquanto uma proposição pedagógica, devem ter por objeto de estudo o movimentar do homem, mas não um homem abstrato, como muitas vezes se considerou na história da Educação Física, mas que tem história, que vive em um determinado contexto, que tem classe social, um homem que tem a necessidade de se movimentar.

Para tematizar o ensino dos esportes nas aulas de Educação Física, Kunz apresenta a ideia de encenação. Essa ideia traz relações com a ideia do teatro, em que cada sujeito representa um papel, regras a seguir, e essa representação depende de um texto em que os papéis estão previamente estabelecidos. Essa encenação do esporte poderia auxiliar em seis aspectos:

> 1) Compreender melhor o fenômeno esportivo; 2) avaliar e entender as mudanças históricas do mesmo; 3) possibilitar o desenvolvimento de diferentes encenações do mesmo – inclusive sua evolução histórica; 4)possibilitar vivências de diferentes encenações e a interpretação de diferentes papéis; 5) entender o papel do espectador; 6) conhecer o mundo dos esportes que é encenado para atender aos critérios e aos interesses do mercado (KUNZ, 2016, p. 72).

As encenações ocorrem em três planos: o do trabalho, o da linguagem e o da interação. Pensando-as com um sentido educacional, é preciso refletir sobre quais tipos alcançam o desenvolvimento dos estudantes. Portanto uma encenação pedagógica do esporte acontece quando o esporte é encenado com uma intencionalidade pedagógica. Essa intencionalidade deve ter relação com os objetivos da escola, entendendo escola como um espaço social onde a educação é formal e explícita e onde existem intenções políticas.

> Neste espaço pedagógico o profissional da Educação Física deve propiciar, pela historicidade de seu conteúdo específico, uma compreensão crítica das encenações esportivas. Sua intencionalidade pedagógica específica não é apenas auxi-

liar o aluno a melhor organizar e praticar o seu esporte, ou seja, encenar o esporte de forma que dele possa participar com autonomia, mas é acima de tudo uma tarefa de reflexão crítica sobre todas as formas de encenação esportiva (KUNZ, 2016, p. 76).

Para que as encenações se tornem efetivas, levando em consideração os diferentes contextos educacionais, é preciso que se considere: o sujeito como ator dessa encenação esportiva, com diferentes vivências e experiências de movimento; o mundo do movimento e dos esportes, que precisa ser criticamente compreendido; as diferentes modalidades esportivas e seus diferentes tempos históricos e socioculturais; e o sentido/significado de cada encenação esportiva.

Portanto Kunz trouxe para o debate elementos ricos para a reflexão do ensino do esporte nas escolas e avançou tanto na compreensão do fenômeno esportivo quanto em elaborar uma proposta que busca pensar o ensino com um sentido amplo e com uma intenção pedagógica; que busca fazer com que os estudantes reflitam, pensem e ajam por meio dessas encenações esportivas para que compreendam e transformem o meio social.

Outro texto importante para a discussão da presença do esporte nas escolas foi o de Vago (1996): "O 'esporte na escola' e o 'esporte da escola': da negação radical para uma relação de tensão permanente". Nesse texto o autor propõe um diálogo com Valter Bracht, especificamente com o livro *Educação Física e Aprendizagem Social*, de 1992. Um dos capítulos do livro é justamente o texto "A criança que pratica esportes respeita as regras do jogo... capitalista", publicado anteriormente em 1986, já citado neste trabalho. Vago apresenta reflexões no sentido de eleger a escola como uma instituição social que é capaz de produzir a própria cultura, nesse caso uma *cultura escolar de esporte*, pois, em vez de apenas reproduzir o esporte de rendimento, deve estabelecer com essa prática hegemônica uma tensão permanente, com o objetivo de promover transformações na história cultural da humanidade.

É criticada a concepção de escola, presente no texto de Bracht, como um local que apenas reproduz o conhecimento produzido fora dela. Ela seria apenas reprodutora de conhecimento de outros sistemas, sem poder. Vago não descarta que a escola possa, em determinadas circunstâncias, ter essa função, mas não pode haver generalizações nem a descartar como "instituição que possui a capacidade de produção de uma cultura escolar. Isto é, uma escola que possua certa autonomia para produzir a sua cultura, com seus próprios códigos e critérios" (VAGO, 1996, p. 7). O autor, no entanto, concorda com a análise de Bracht quando diz que a Educação Física sofreu a influência do esporte e que talvez por isso ele tenha se tornado o conteúdo principal das aulas. Entende a sociedade como sendo capitalista e estruturada no modelo de produção, sendo o esporte também influenciado por esse processo de mercantilização. O esporte incorpora ou já nasce com os valores estimulados por esse modelo: "[...] a competição, a classificação, a seleção, a comparação, a performance, a vitória... enfim, aqueles mesmos códigos indicados por Bracht" (VAGO, 1996, p. 9). Entretanto, salienta que, no percurso histórico do esporte no Brasil, já foram realizadas tentativas de apropriação de suas manifestações por camadas populares, sendo resistência ao seu controle político, econômico e cultural. Um desses exemplos é a popularização do futebol, prática que chegou ao Brasil de forma aristocrática e foi popularizada de diferentes maneiras. Não aceitando o papel de submissão, as classes populares buscaram/buscam se apropriar das práticas culturais do esporte.

Assim, ele é compreendido como uma prática cultural que incorpora valores sociais, econômicos, culturais e estéticos da sociedade, sendo realizado em diferentes locais, com diversos significados e culturalmente apropriado de várias formas. A escola é um desses locais capazes de praticar e se apropriar dessa prática cultural. É criticada a ideia radical de se negar a possibilidade de existência de um esporte da escola:

> [...] ao afirmar que "temos não o esporte da escola e sim o esporte na escola", Bracht estabelece uma negação radical da possibilidade de se ter o "esporte da escola", negação que se dá com a presença do "esporte na escola". Ou seja, a existência deste impõe-se de tal forma na escola (e à escola), que inibe, inviabiliza, opõe-se, enfim, nega a existência daquele. Então, é a instituição esportiva, como um "sistema mais poderoso", que determina as ações que uma outra instituição mais fraca, a escola (e, nela, a Educação Física) deve realizar. Em decorrência, a ação da Educação Física na escola se limitaria a ser a "base da pirâmide esportiva", a fonte dos talentos para o esporte de rendimento. É a configuração da relação assimétrica a que se referiu o autor. No limite, isso elimina a possibilidade de o esporte ser escolarizado, de a cultura escolar ter o seu esporte. (VAGO, 1996, p. 9).

Ao contrário, a escola pode ser um lugar onde as camadas populares entrem em contato com essa prática, e não apenas a reproduzam, mas também possam criar regras, tempos e espaços próprios; utilizando-se desses espaços públicos para práticas não autorizadas de esporte. Vago

(1996) não busca substituir o "esporte na escola" pelo "esporte da escola", mas considera ser positivo estabelecer uma tensão permanente entre eles, a prática esportiva que foi construída e acumulada historicamente e a prática escolar de esporte. É admitido um limite para transformar a escola nesse espaço, para criar uma cultura escolar de esporte, pelas condições atuais da sociedade, dificultando uma confrontação com o esporte de rendimento. Mas, para que isso possa acontecer, é preciso que os professores assumam essa tarefa: a de produtores de cultura.

Outra reflexão interessante é que o esporte que entra nas escolas é o praticado na sociedade, com diferentes interesses e significados, muitas vezes conflituosos. O papel da escola, assim como outras manifestações, é a escolarização desse conhecimento, ou seja, transformar um saber a ser ensinado nas aulas de Educação Física. Essa ideia é fundamental, mas não suficiente, pois ainda assim a escola transmitiria o conhecimento vindo de fora dela:

> [...] é preciso perceber "o movimento surgir do interior da escola", pode-se, então, admitir que a escola — com a sua cultura e o seu movimento interior — tem condições de estabelecer uma relação de tensão entre o saber erudito e o saber escolar, não se limitando apenas a realizar uma "transposição didática", ou uma "filtragem crítica". (VAGO, 1996, p. 12).

Pensando em como o movimento possa surgir do interior da escola, Vago faz algumas proposições: a escola pode problematizar o esporte construindo um ensino que confronte os valores de seleção e exclusão, buscando o respeito, a participação e o coletivo, e agindo dessa maneira ela cria outra forma de praticar e se apropriar do esporte. Produz outra prática social do esporte. Com isso, acontece o tensionamento com sua prática hegemônica. Sobre essa tensão permanente, é necessário nesse caso lermos as palavras do autor:

> Daí se avança para a compreensão de que o "esporte da escola" pode "intervir na história cultural da sociedade". Ora, com essa compreensão, recusa-se aquela idéia de que o "esporte na escola", com os códigos produzidos por "sistemas mais poderosos", vai ser a negação radical do "esporte da escola", inibindo e inviabilizando a sua existência. E supera-se também a idéia de que a escola não pode produzir uma prática de esporte com seus códigos próprios, ou que isso seria algo inatingível e mesmo derrotado de uma vez por todas. Aceita-

> -se, então, a idéia de que não só é possível à escola produzir a sua própria cultura escolar de esporte, como também a idéia de que é com essa cultura que a escola vai intervir na história cultural da sociedade. E exatamente aí que está o lugar da tensão permanente a que me referi. Implícito está que, nesse caso, o professor e a professora de Educação Física, e a escola como instituição, são entendidos como produtores de uma dada cultura. (VAGO, 1996, p. 9).

A produção dessa cultura não teria o objetivo de apenas criar o esporte da escola, mas, mediante essa criação, problematizar sua prática na sociedade, buscando reinventá-lo, recriá-lo, reconstruí-lo e produzi-lo por intermédio da escola.

> Não sendo mesmo possível à escola isolar-se da sociedade, já que a escola é, ela mesma, uma instituição da sociedade, uma de suas tarefas, então, é a de debater o esporte, de criticá-lo, de produzi-lo...e de praticá-lo! Ora, se se quer o confronto — a tensão permanente — com os códigos e valores agregados ao esporte pela forma capitalista de organização social para construirmos outros valores a partir da escola (a solidariedade esportiva, a participação, o respeito à diferença, o lúdico, por exemplo), é fundamental que o façamos para toda a sociedade. (VAGO, 1996, p. 13).

As reflexões de Vago (1996) ao apontar a escola como lugar de produção de cultura, e não apenas como transmissão de conteúdos de fora dela, ampliam as possibilidades e o entendimento sobre o esporte *na* escola ou, melhor, o esporte *da* escola. Afirmando que o esporte hegemônico influencia a sua prática dentro das instituições de ensino, ele não enxerga essa relação como determinista, como nos textos anteriores de Bracht. Essa nova visão coloca o professor como produtor de cultura e as escolas como capazes, por meio dessa reinvenção e recriação, de ameaçar e buscar transformar a prática hegemônica de esporte na sociedade.

Vago (1996), ao falar do esporte na escola, refere-se ao praticado nas aulas de Educação Física. Assume a existência de outros espaços e momentos dentro das escolas, a que ele dá o nome de "práticas não autorizadas de esporte"; considera essas práticas relevantes e sugere-as como campo interessante de pesquisa. Seria possível fazer uso "não autorizado", mesmo visando a participação em uma competição esportiva institucionalizada, que busca a premiação dos melhores, a classificação das escolas campeãs para as próximas etapas, que limita o número de participantes por instituição, que, de certa forma, traz para dentro das escolas uma maneira hegemônica de se praticar o esporte? Seria possível uma tensão permanente entre o esporte (ou jogos) praticado nas aulas de Educação Física e o praticado em período extracurricular visando a participação nos Jogos Escolares? Mas não essa prática extracurricular como reprodução do esporte de rendimento dentro da escola, visando a ensino dos aspectos técnico-táticos sem reflexão, em que a competição e o rendimento sejam o objetivo principal. Um esporte da escola e visando a participação de uma competição esportiva escolar seria possível?

Bracht e Almeida (2003) retomam o debate sobre o esporte escolar apresentando novas reflexões sobre o tema. De uma maneira mais ampla, dizem que duas foram as principais intenções de interferência do Estado no setor esportivo: o esporte como ação política no campo internacional e as questões da conquista de medalhas — essa ação também está relacionada com o mercado esportivo, seus lucros e com a capacidade de pressão no Estado e à ideia de que a prática esportiva em massa era promotora da saúde e qualidade de vida, para compensar os problemas da vida urbana, como sedentarismo, estresse etc. Com o fim da Guerra Fria e o avanço do neoliberalismo, houve mudanças de políticas públicas que transformaram o esporte como direito, como um bem social visando à saúde dos sujeitos, em direito do consumidor. Com isso, cresceu a mercadorização do esporte, perdendo sentido e legitimidade às questões de saúde e educação como possibilidade de intervenção estatal, restando apenas o apelo econômico para essa intervenção. Em relação mais especificamente às questões entre Estado e esporte escolar, o autor ressalta que:

> Estabeleceu-se uma relação de mútuo condicionamento: ao componente curricular Educação Física é colocada a tarefa de funcionar como o alicerce do esporte de rendimento, sendo considerado a base da pirâmide; e a instituição esportiva, com o discurso da saúde e da educação, lança mão desses argumentos para conseguir apoio e financiamento público e alcançar legitimidade social. (BRACHT, 2003, p. 91).

O interesse do Estado em elaborar políticas públicas de esporte para as escolas teve sempre maior disposição em atender às demandas desse esporte de rendimento, seja como base da pirâmide esportiva, seja para criar um mercado de consumidores ou utilizando-se do discurso de esporte como forma de educação e socialização para garantir sua legitimidade e, com isso, conseguir recursos.

Esse interesse foi retomado depois do fracasso das Olimpíadas de Sydney, no ano 2000. Foi criado um movimento pró-Educação Física exigindo a obrigatoriedade da disciplina nas escolas, ameaçada pela nova concepção neoliberal de entender o esporte como direito do consumidor. Esse movimento foi liderado por dois setores da sociedade: o sistema esportivo e o setor corporativo, representado pelo sistema Confef/Crefs. O resultado desse movimento foi a criação do Programa Esporte na Escola e a revisão da Lei de Diretrizes e Bases da Educação Nacional (LDBEN). Em 2001, foi realizada uma alteração no artigo 26, no terceiro parágrafo, no qual se incluiu o termo obrigatório na frente da expressão "componente curricular". Isso reforçou o entendimento de obrigatoriedade em todos os segmentos da educação básica.

Com relação ao Programa Esporte na Escola, ele tinha como objetivo revalorizar as práticas esportivas no interior das escolas, contribuindo assim para o futuro do esporte no país. Interessante mencionar que essa proposta ficou a cargo do Ministério do Esporte e Turismo, com participação do Ministério da Educação. Ainda com relação aos seus objetivos, o programa tinha como pretensão a melhora da qualidade de vida e saúde da população, além de papel coadjuvante no combate às drogas, à violência e na formação social dos indivíduos; além da revelação de novos talentos esportivos. Assim, o objetivo do programa passa por recolocar a Educação Física nas escolas como base da pirâmide esportiva novamente. Segundo Bracht e Almeida (2003, p. 94), esse discurso ainda está muito presente na nossa área até os dias atuais:

> [...] qual seja, a retomada da ideia da pirâmide esportiva, subordinando, mais uma vez, o desporto escolar àquilo que é de interesse do esporte de alto rendimento, tornando-se perceptível o corte, já denunciado, da perda do projeto político-pedagógico da EF para o esporte de rendimento. Em outras palavras, a subordinação da EF à política esportiva.

A mobilização em prol dessa valorização da Educação Física escolar, seja na criação do Programa Esporte na Escola, seja na alteração na LDBEN, reflete a tentativa de influência do sistema esportivo nas escolas na elaboração de políticas públicas para o setor. Os autores então passam a manifestar suas compreensões de como deveriam ser essas políticas públicas relacionadas ao esporte nas escolas:

> [...] as políticas públicas, quando da sua elaboração, ao tratar do esporte e da escola, deveriam considerar que, em termos sociológicos, estamos nos referindo a instituições com

> universos simbólicos muitos distintos. O grande desafio é conciliá-los e/ou tensioná-los, algo preterido pelo Programa Esporte na Escola. A escola tem especificidades que precisam ser respeitadas; isso "obriga" todo e qualquer tipo de saber que pretenda adentrar a escola a passar pelo crivo dessas especificidades, tornando-se um saber tipicamente escolar. Portanto, e sem negar o potencial educativo do esporte, é preciso que o esporte passe por um trato pedagógico para que se torne um saber característico da escola e que se faça educativo na perspectiva de uma determinada concepção ou projeto de educação. (BRACHT; ALMEIDA, 2003, p. 97).

Os autores, ao fazerem essas referências, baseiam-se no Programa Esporte na Escola, mas facilmente podemos relacioná-las aos Jogos Escolares de Minas Gerais. A escola e os JEMG também possuem universos simbólicos distintos. O grande desafio seria conciliá-los e/ou tensioná-los. Esse trato pedagógico deveria ser realizado pelos responsáveis pela elaboração dos jogos, para realizar mudanças buscando essa relação com os objetivos da escola. Como isso, a responsabilidade em tensionar esses dois universos está nos professores de Educação Física que optam por participar dessa competição. Dando pistas sobre como seriam essas práticas, Bracht e Almeida (2003, p. 97-98) comentam que:

> Promover a alfabetização esportiva vai muito além da aprendizagem de destrezas; o exercício da plena cidadania no plano da cultura corporal de movimentos e especificamente no plano do esporte exige o desenvolvimento de competências que vão além dessas habilidades e que abranjam também a capacidade de situar histórica e socialmente essa prática humana, de perceber e analisar os valores que a orientam, os benefícios e os prejuízos de uma ou outra forma da prática esportiva. Portanto, o esporte escolar só faz sentido se for pedagogizado, ou seja, submetido aos códigos da escola. Em termos mais concretos, isso significa que não basta, para a realização da função da escola, que o esporte seja aprendido e praticado nos seus espaços, é preciso também que o esporte escolar instrumentalize o indivíduo a compreender o fenômeno esportivo.

A grande questão é se dentro dessa visão seria possível fazer essa "alfabetização esportiva" por meio da participação de competições esportivas escolares. A respeito dessa questão, os autores afirmam que, levando em consideração a dinâmica cultural, a prioridade no trato do esporte em instituições escolares deveria ser a contra-hegemônica. Ou seja, um esporte praticado sob os códigos de saúde, sociabilidade, prazer e divertimento. Os autores justificam essa ideia dizendo que, "Para a massa da população, o esporte normatizado e de rendimento tem pouca importância enquanto referência para a prática" (BRACHT; ALMEIDA, 2003, p. 98).

Com relação a esses códigos de saúde, é necessário refletir sobre como nós, professores, desenvolvemos esse tema nas aulas de Educação Física. Kunz (2007) diz que há uma preocupação excessiva com questões terapêuticas e profiláticas ao se abordar o tema saúde na sociedade. No sentido de prevenir possíveis problemas ocasionados pelo sedentarismo. Isso fica evidenciado quando se apresenta a ideia de "fatores de risco" à saúde e as medidas que os indivíduos devem adotar para que esses fatores se minimizem. Para Kunz, esses "fatores de risco" deveriam dar lugar a "fatores de proteção" à saúde.

> A promoção e manutenção da saúde de crianças e jovens numa aula de Educação Física não podem ser tema exclusivamente tratado em forma de terapia ou prevenção terapêutica sobre o corpo, através de uma compensação da carência de movimentos que a maioria apresenta, influenciada que é por um mundo que cada vez mais oferece ocupações apenas passivas. Assim como não se pode tematizar o prazer no jogo por este estar presente para quem nele participa de forma livre e espontânea, também a promoção da saúde estará presente para quem procura desenvolver no contexto escolar da Educação Física, atividades que possibilitam a vivência de sucesso a todos, garantido um sentido individual e coletivo a tudo que for realizado e que nestas atividades, ainda, se promova um autoconhecimento que eleve a auto-estima e uma visão positiva da vida e com todas as suas implicações sócio-culturais. (KUNZ, 2007, p. 185).

O autor acrescenta que o professor, ao abordar o tema saúde em suas aulas, deve primeiramente ressignificar seu conceito de movimento humano. É preciso uma abordagem que leve em consideração outros fatores além do biológico e corporal, como o conhecimento sociocultural e emocional dos estudantes.

Pires (*apud* PIRES; SILVEIRA, 2007, p. 50-51) apresenta considerações sobre educar com e para o esporte, buscando a inserção crítica e autônoma na cultura esportiva; esta deve levar em consideração, entre outras possibilidades:

a) a fruição lúdica e prazerosa do *jogo esportivo*, na forma das diferentes modalidades e possibilidades de experiências no e com o esporte; b) a aprendizagem social e ética do convívio com o outro, com o diferente, numa perspectiva de reconhecimento e respeito à alteridade c) a experiência e a educação estética para reconhecer e admirar a plástica dos movimentos no esporte; d) a satisfação pessoal/subjetiva de enfrentar desafios por meio da prática esportiva, e aprender sobre limites e possibilidades de superação; e) o conhecimento sobre a dinâmica esportiva, seus códigos, regras, técnicas etc., como praticante e como espectador; f) a compreensão crítica dos muitos discursos que perpassam o campo esportivo, inclusive o produzido pela mídia, que tende a se tornar hegemônico e influenciar as demais manifestações culturais do esporte.

São vislumbradas outras possibilidades de se apropriar do esporte, num processo de escolarização desses saberes, para assim permitir que os estudantes conheçam outras possibilidades de se praticar esporte. Estabelecendo uma tensão entre o espaço social da escola e o espaço social mais amplo.

No texto "Itinerários da educação física na escola: o caso do Colégio Estadual do Espírito Santo", Bracht *et al.* (2005) narram a história da disciplina Educação Física no período entre 1970 e 2000, e esse relato traz muita similaridade com as relações entre esporte e as escolas atualmente, pelo menos no contexto em que atuo. Na ocasião da criação dos Jogos Escolares Brasileiros (JEBs), com suas fases estaduais e municipais, esses jogos vieram reforçar a tendência de tornar o esporte conteúdo hegemônico das aulas; além disso, foram capazes de dimensionar as aulas de Educação Física da aptidão física para a iniciação e prática esportiva. As conquistas esportivas proporcionavam um reconhecimento social, traziam um sentimento de pertencimento, de orgulho em fazer parte do colégio. Os atletas eram considerados ídolos; a escola mobilizava-se para a participação dos jogos, cancelando aulas, e eram organizadas torcidas para acompanhá-los. A formação das equipes e os treinos aconteciam fora das aulas de Educação Física; tinham uma organização própria, com a contratação, pelo Grêmio Estudantil, de treinadores de fora da escola. Os alunos que participavam dessas atividades eram liberados das aulas de Educação Física. Para entender bem o panorama desse período nessa escola, cabe mencionar as palavras dos autores:

A legitimação dessa prática no colégio vinculava-se, então: à mobilização dos alunos; ao clima de festa que colaborava para construir na escola; ao sentimento de sucesso que despertava na sua comunidade e ao sentimento de admiração que suscitava na comunidade extra-escolar; e ao correspondente prestígio social que angariava para o colégio. Enquanto isso, a legitimidade da disciplina Educação Física ficava ligada à ideia do desenvolvimento da aptidão física, da sua contribuição para a sociabilização dos alunos e à identificação de possíveis talentos esportivos. A relação entre as aulas de Educação Física e a prática esportiva ligada às competições era bastante tênue e, em pelos menos um aspecto, de subordinação daquela a esta: identificar os alunos com potencial esportivo. (BRACHT *et al.*, 2005, p. 16).

Acredito que todo esse cenário narrado tem muita proximidade com o que acontece na atualidade com algumas escolas envolvidas nos Jogos Escolares de Minas Gerais: mobilização dos alunos, clima de festa, sentimento de sucesso e admiração, prestígio social para a escola. A legitimidade da disciplina acaba tendo influência direta na participação em competições, sendo muitas vezes espaço para desenvolver a aptidão física, desenvolver a socialização e identificar talentos para a formação das equipes. Essa participação auferiu status aos professores de Educação Física, mesmo não sendo eles, muitas vezes, os responsáveis por essas equipes. E parece que durante um tempo colaboraram com a legitimação da disciplina na escola. Resta saber se essas práticas ficaram no passado ou se ainda existem nas relações entre as aulas de Educação Física e as competições esportivas escolares.

3.2 OS JOGOS ESCOLARES BRASILEIROS (JEBs)

Os JEBs, atualmente conhecidos com Jogos da Juventude, são a etapa posterior dos JEMG, sendo um dos objetivos do evento mineiro a classificação para essa etapa nacional dos jogos escolares. É importante entendermos como surgiu e como foi se constituindo esse evento ao longo dos anos, até chegar aos dias de hoje. O objetivo aqui não é trazer detalhes sobre JEBs nem realizar uma análise profunda sobre o evento, mas mostrar sua relevância e sua relação com os JEMG.

Arantes *et al.* (2012) realizaram uma análise documental dos JEBs desde o ano da sua criação, 1969, até o ano de 2010. O objetivo para a criação dessa competição deu-se pelo favorecimento da integração nacional e pela descoberta de talentos esportivos. Durante esse período os jogos tiveram vários nomes diferentes: *Jogos Estudantis Brasileiros* (JEBs), *Jogos Escolares Brasileiros* (JEBs), *Campeonatos Escolares Brasileiros* (CEBs), *Olimpíada Colegial da Esperança* (OCE), *Jogos da Juventude* (JJ) e *Olimpíada Escolar* (OE). Segundo os autores, há uma escassa literatura sobre os JEBs, o que dificulta a compreensão dessa competição.

Os autores dividiram o período de realização dos JEBs em quatro momentos: "[...] primeira fase de 1969 a 1984 chamada de *'O Início';* segunda fase de 1985 a 1989 chamada de *'Esporte Educacional';* terceira fase, de 1990 a 2004 intitulada *'Procurando Identidade'* e a quarta e última fase, de 2005 a 2010, cujo nome foi *'Encontrando o Rumo'''* (ARANTES *et al.,* 2012, p. 918). Outro trabalho que busca fazer uma análise dos JEBs é o de Taiza Kiouranis (2017), uma tese de doutorado que apresenta outra divisão, do período de 1969 a 2004. A autora também divide esse tempo em quatro períodos: na etapa do primeiro e do segundo momentos, ela apresenta os mesmos anos, porém com nomes diferentes para caracterizá-los: *Instituição e desenvolvimento inicial* dos JEBs (1969 a 1984) e *a década de 1980 como marco reflexivo* (1985-1989), respectivamente. A terceira fase a autora entende como um período entre 1990 a 1999 e o nomeia como *"retomando a perspectiva de rendimento"*; já de 2000 a 2004 Kiouranis classifica a época como *"o início da gestão privada".* A fase de 2005 a 2014 vamos mencionar mais adiante, já que esse foi o período principal de análise do trabalho de Kiouranis.

A primeira fase dos JEBs, compreendida, entre 1969 e 1984, teve como organizadores departamentos vinculados ao Ministério da Educação (MEC). Nessa época, os jogos tiveram diferentes nomes e configurações, e diversos órgãos foram responsáveis pela sua organização e seu financiamento. Os objetivos do evento nesse período, descritos no Regulamento Geral de 1969, foram: promover o intercâmbio social e esportivo, boas relações entre mestres e alunos, promoção de relação segura entre estudantes e o setor público e surgimento de talentos esportivos.

Com relação às modalidades esportivas disputadas nesse período, os JEBs passaram de 5, no seu ano inicial, para 18, no ano de 1981. Esses números variam ano a ano; as modalidades que apareceram em quase todos os anos foram: *atletismo, basquete, ginástica olímpica, ginástica rítmica, handebol, judô, natação, vôlei* e *xadrez.* O número de estados participantes também cresceu, iniciando com 5 e chegando a 26 estados no ano de 1973. Concomitantemente, o número de participantes aumentou no primeiro ano: 315 estudantes participaram; já em 1973, ano com maior número de modalidades, subiu para 4.400 alunos. No entanto, a média de participantes do primeiro período foi de 2.595 estudantes. A representatividade dos estados deu-se por meio de seleções estaduais, nas quais poderiam estar presentes atletas federados, e a idade permitida para a participação nos jogos oscilou entre 17 e 18 anos nessas edições. Sobre esse período, Kiouranis (2017, p. 154), referenciando as reflexões de Franco e Nelson, afirma que:

> Franco (1974) considera que no momento do seu surgimento, os JEB´s se apresentaram de forma modesta, especialmente pela quantidade de alunos participantes, no entanto o evento apontava possibilidades para o futuro. O autor lembra que antes do surgimento do evento nacional o esporte estudantil não possuía uma infraestrutura, nem uma meta a atingir, sua forma de manifestação era por meio de competições intercolegiais ou promoções isoladas como os Jogos Estudantis Paraenses (provavelmente os mais antigos), os Jogos da Primavera (Guanabara) e o Campeonato Colegial (São Paulo e Rio Grande do Sul). Sobre o assunto, Nelson (1981, p. 26) acrescenta que cada cidade, estado ou vila "fazia o que dava na 'telha' dos que estivessem eventualmente em seu comando"

É possível afirmar que, antes da criação dos JEBs, já aconteciam nas cidades e nos estados eventos esportivos relacionados às escolas. Mas é a partir da criação dos JEBs que eles vão sendo importantes para organizar e dar objetivos às demais competições escolares, presentes em diversos cantos do país. Sobre esse período, Kiouranis (2017) destaca que, além das competições esportivas, havia pesquisas psicomédicas, com os participantes e as apresentações de folclore realizadas pelos alunos, por meio de manifestações culturais das regiões que eles representavam.

Kiouranis (2017, p. 158-159) apresenta reflexões com base nos estudos de Borges e Buonicore, e Barbieri. Acredito ser importante trazer estes trechos conforme as palavras da autora:

> Nesse período inicial fica clara a posição do MEC em relação à especialização dos alunos, pensando inclusive nos Jogos Olímpicos futuros, tema que era recorrente nos discursos de aberturas desses eventos. Para Borges e Buonicore (2007), educar e descobrir atletas eram as finalidades do MEC. Davam-se bolsas para que os alunos se dedicassem a um esporte e estipulavam-se índices para os esportes individuais para que bons participantes fizessem parte dos jogos, agregando maior interesse ao evento e fazendo dos JEB´s, no entendimento dos autores, a competição mais bem organizada do país. Para Borges e Buonicore (2007), esse debate nos

permitiu perceber a prioridade do MEC ao esporte de alto rendimento, assunto que sempre foi polêmico e que acompanhou os eventos esportivos educacionais, de maneira especial os JEBs. "Qual seria sua finalidade? Seriam os Jogos o espaço adequado para a revelação de atletas para as Olimpíadas?" (BORGES; BUONICORE, 2007, p. 40). Para Barbieri (1999), a presença de eventos esportivos no contexto da educação está relacionada ao processo de epidemia desses eventos na história da humanidade. No Brasil se deu, especialmente, por intermédio da ditadura militar como é o caso dos JEBs, os quais segundo o autor, até meados da década de 1980 foram realizados "numa visão fundamentada na massificação como caminho para a elitização", orientados por modelos determinados "pelos governos militares e incentivando, dentre outros aspectos, a seleção darviniana, a competição exacerbada, a discriminação oficializada, a fragmentação impossível, a ascensão ilusória, a desmobilização conivente e a omissão comprometedora" (BARBIERI, 1999, p. 25).Ainda de acordo com Barbieri (1999, p. 25), o esporte pautado nas manifestações de rendimento e de alto nível, era a principal estratégia utilizada por instituições educacionais de crianças e adolescentes, esse fato, além de estar longe de uma educação integral, também contribuía para a realização desses jogos, ditos de abrangência nacional, os quais eram representados por alunos advindos, em sua maioria, de instituições particulares, "que, após passarem por programas de treinamento esportivo, compuseram as chamadas 'Seleções do Desporto Escolar', das diversas modalidades esportivas".

É perceptível que, embora o MEC estivesse responsável pela organização dos jogos nesse período, o evento atendeu e teve fortes relações com o esporte de rendimento e estava em consonância com o momento que o esporte atravessava no mundo e no Brasil, o que Barbieri chama de epidemia. Como o esporte pautado nas escolas era justamente o de rendimento, os JEBs também tinham essas características. Não estavam relacionados com a educação integral, e os seus participantes, a maioria, estavam vinculados a instituições privadas e provavelmente praticavam a modalidade que representavam em clubes esportivos, com isso representavam seus estados na competição nacional.

Com relação ao segundo período dos JEBs, compreendido entre os anos de 1985 e 1989, os jogos continuaram sendo organizados e financiados pelo MEC, nesse caso pela Secretaria de Educação Física e Desportos (Seed/MEC). Os JEBs procuraram se desvincular das competições, que buscavam o confronto e o rendimento, em detrimento da solidariedade (TUBINO, 2010). Com relação às modalidades disputadas, as tradicionais do primeiro período permaneceram, e foram incluídas duas modalidades para pessoas com deficiência: atletismo e natação. Outra novidade foi a capoeira. O número de modalidades oscilou entre 13 e 15 no período. O número de estados participantes foi em torno de 25 por evento, e a média de estudantes caiu um pouco: 2.077. A idade dos participantes foi de até 18 anos, e durante três anos, entre 1985 e 1988, não foi permitida a participação de atletas federados. A representação dos estados continuou sendo por meio de seleções das modalidades esportivas.

Alguns autores afirmam que a versão de 1989 dos JEBs foi um marco importante dessa competição escolar. Segundo Tubino (2010, p. 85), foi possível a realização desses jogos:

> [...] em linhas progressistas e até revolucionárias em relação aos quadros anteriores. Esses Jogos foram apoiados em princípios sócio-educativos (Participação, Cooperação, Coeducação, Cogestão, e Integração) e com adaptações significativas que permitiram a realização de uma ação educativa e formadora.

Esses jogos deveriam se diferenciar do esporte praticado institucionalmente. Com relação a tais princípios, Tubino relata que:

> Em obediência ao Princípio da Participação, todos os estudantes competiram. As regras foram mudadas para que tal fato ocorresse. Por exemplo, os esportes coletivos foram divididos em "quartos" ou "sets" (maior número que as regras oficiais internacionais), de modo que todos os atletas-estudantes tivessem que participar pelo menos de uma etapa. Pelo Princípio da Cooperação, as vitórias foram todas coletivas, abolindo-se os campeões individuais. Os resultados das provas disputadas individualmente nas regras oficiais foram agrupados, permitindo, assim, o espírito de equipe. A premiação também obedeceu a essa convenção. No Princípio da Coeducação, as provas masculinas somaram-se às provas femininas para extrair os vencedores, respeitando-se as diferenças biológicas, mas tendo como participantes somente equipes ou grupos. No exercício do Princípio da Cogestão, uma parte dos estudantes participantes daqueles JEBs de 1989 constituíram as diversas comissões existentes juntamente com professores. Finalmente, no Princípio da Integração, além das inovações e promoções culturais que

> misturavam as delegações, foram constituídos novos grupos esportivos integrando representantes de todos os Estados brasileiros presentes para outras disputas sócio-esportivas. (TUBINO, 2010, p. 129).

Cabe ressaltar que, embora tivessem esses princípios na etapa nacional, nas etapas municipais, organizadas pelas prefeituras e/ou por professores de Educação Física, os jogos provavelmente continuaram com a perspectiva dos anos anteriores. Mas sem dúvida essa construção inovadora foi importante para demonstrar que existem possibilidades diferentes de se pensarem e realizarem jogos escolares.

Tubino (2010) chama o período a partir de 1990 de "Período do Obscurantismo no Esporte-Educação". Segundo o autor, os Jogos Escolares Brasileiros mudaram de referencial, não tiveram uma identidade própria, e foi retomado seu atrelamento ao esporte institucionalizado, embora alguns estados tenham realizado jogos escolares com parâmetros educativos. Já Arantes *et al.* (2012) chamam essa terceira fase, situada entre o ano de 1990 a 2004, de *"Procurando a identidade"*. Esse período foi marcado por mudanças constantes nos órgãos responsáveis pela organização e pelo financiamento dos jogos. Por exemplo, foram organizadores: Secretaria de Desporto da Presidência da República, Secretaria de Desporto do Ministério da Educação, Instituto Nacional de Desenvolvimento do Esporte (Indesp) e Ministério do Esporte (ME). Talvez pela diversidade de órgãos responsáveis nesse período, os jogos tiveram diversos nomes: *Jogos Escolares Brasileiros, Jogos Estudantis Brasileiros, Jogos da Juventude, Olimpíada Colegial da Esperança* e novamente *Jogos Escolares Brasileiros*.

Em 1996, o Comitê Olímpico Brasileiro (COB) apareceu pela primeira vez como um dos organizadores dos JEBs e esteve associado até o final desse período com os órgãos governamentais responsáveis pela organização e pelo financiamento desses jogos. Os objetivos dos JEBs nesse período, materializados nos regulamentos gerais, tiveram como ponto comum a preocupação com *a revelação de talentos esportivos, a mobilização da juventude, a preocupação com o desenvolvimento integral do aluno* e em *oportunizar o acesso ao esporte nas escolas*. As modalidades esportivas praticadas são praticamente as mesmas do período anterior, sendo introduzidos, nesse período, o futsal e o tênis de mesa. Na maior parte das edições estiveram presentes todos os estados da nação.

Duas mudanças importantes aconteceram nessa época. A primeira foi com relação ao número de etapas por ano. A partir de 2001 foram realizadas mais de uma etapa anual, sendo divididas em idades, tendo até nomes diferentes. De 12 a 14 anos, chamada de JEBs ou Olimpíada Colegial da Esperança; e a categoria de 15 a 18 anos, de Jogos da Juventude. Essas faixas etárias estão relacionadas diretamente com os JEMG atualmente, organizado em duas categorias: de 12 a 14 anos e 15 a 17 anos. Outra mudança significativa foi que, a partir do ano 2000, a representação dos Estados passou a ser por escolas, e não mais por meio da seleção de alunos, podendo ser de instituições diferentes. Isso fez com que os estados tivessem que, de alguma forma, criar critérios ou selecionar as escolas para a etapa nacional. Nesse período, pela criação de duas etapas, com duas categorias baseadas nas idades, o número de participantes cresceu consideravelmente, passando para uma média anual de 3.437 estudantes.

A quarta e última fase, analisada por Arantes *et al.* (2012), de 2005 a 2010, os autores denominam de *"Encontrando o Rumo"*. Nesses anos, os JEBs passaram a ter como principal fonte de financiamento os recursos da Lei Agnelo Piva — Lei 10.264/01 —; 10% dos recursos da referida lei passaram a ser destinados ao Comitê Olímpico Brasileiro (COB) para a aplicação, preferencialmente, nos jogos escolares. Com isso, o COB passou a ser o principal organizador das competições, tendo apoio do Ministério do Esporte. Essa mudança no financiamento e organização dos JEBs contribuiu para o crescimento em relação ao número de participantes, porém, ao atribuir como principal organizador uma entidade relacionada aos esportes olímpicos e não, por exemplo, ao Ministério da Educação, percebe-se que se atribui uma importância muito maior à revelação de talentos esportivos e à ênfase do esporte de rendimento do que à valorização de aspectos educacionais envolvidos no desenvolvimento dos JEBs. Tubino (2010) relata que essas mudanças impactaram os Jogos Escolares Brasileiros. Porém, ele considera como uma modernização do Esporte Escolar:

> Uma observação importante é que os antigos Jogos Escolares Brasileiros, depois da chegada da Lei nº 10.264/01, chamada Lei Agnelo-Piva, que destinou um percentual para o Comitê Olímpico Brasileiro (COB) para ser usado no Esporte Escolar, mudaram de denominação para Olimpíadas Escolares/JEBs. Essa mudança também marca uma revisão nos objetivos, passando a fomentar as práticas esportivas com fins educativos e sociais, além de permitir a identificação de talentos esportivos. Por esses objetivos, renovados, fica claro que as Olimpíadas Escolares/JEBs, promovidas pelo Ministério do Esporte, COB e Organizações Globo, constituem-se como uma manifestação de Esporte Escolar. (TUBINO, 2010, p. 138).

Os objetivos dos jogos nesse período são os mesmos do período anterior: *descoberta de talentos esportivos, mobilização da juventude, desenvolvimento integral* e *estímulo e acesso ao esporte na escola*. Participaram, em quase todas as edições, os 27 estados do Brasil. Os jogos continuaram com duas etapas anuais, uma para estudantes de 12 a 14 anos e outra para estudantes de 15 a 17 anos. As escolas continuaram representando os estados, e a média de participantes aumentou, passando a 5.328.

Realizando uma síntese desses quatro períodos dos JEBs, Arantes *et al.* (2012 p. 921) destacam que:

> A primeira fase dos jogos coincide com a ditadura militar no país e chama a atenção o trecho do Regimento Interno dos Jogos Estudantis Brasileiros (Jeb´s) em que se pretende "estabelecer uma reunião segura entre a classe estudantil e o poder público". É a utilização da competição escolar como instrumento político de aproximação do estado ditador a juventude esportiva. A segunda fase faz um contraponto direto a primeira e apresenta uma visão Educacional dos Jogos, onde conceitos de participação, da cooperação, co-educação, integração e co-responsabilidade são ressaltadas. Este período coincide com a Nova República, que sinaliza o final da ditadura militar no país. Escolheu-se então, algo que pudesse sinalizar uma ruptura e o objeto escolhido foi a quebra da lógica da descoberta de talentos na escola e da identificação do esporte escolar com o esporte de rendimento. Porém a terceira fase retoma busca pelos talentos. A quarta fase mantém o foco na descoberta de talentos e assimila também a importância do desenvolvimento integral do atleta escolar, fazendo uma fusão das diferentes possibilidades do esporte no contexto da escola.

É interessante observar que durante as fases os JEBs tiveram diversos nomes, que expressam o vínculo que a competição teve com as instituições e também seus diversos objetivos ao longo dos anos. A busca por compreensões e entendimento com base em documentos, regulamentos, entre outros, tem a visão dos discursos, ou, melhor dizendo, tem-se a ideia do que os organizadores buscavam com os jogos. No entanto, há poucos estudos que busquem entender como essas práticas realmente se efetivaram, com base nas visões de professores, estudantes, organizadores e pesquisadores do fenômeno esportivo.

Um exemplo que pode servir para entender essa questão é a afirmação de que, na quarta fase dos JEBs, um dos objetivos foi o desenvolvimento integral do atleta escolar. As questões que podem ser levantadas dessa afirmação são: o que se entende por desenvolvimento integral? O que se entende sobre a denominação "atleta escolar"? Os objetivos foram alcançados na prática? Outro ponto que Arantes *et al.* (2012) trazem para a discussão sobre o assunto é o levantamento que o COB fez em relação ao número de participantes envolvidos nas etapas municipais, estaduais e a etapa nacional. Chegou-se ao número de 2 milhões de jovens participantes; ao mesmo tempo, observou-se, por meio de dados do Inep, que na faixa etária que abrangia os jogos escolares, alunos de 12 a 17 anos, o país possuía 20 milhões de estudantes. Isso correspondeu, no ano de 2010, a apenas 10% dos estudantes matriculados nas escolas. Percebe-se então, apesar do crescimento dos números de participantes nos últimos anos, a abrangência pequena dessas competições no território nacional.

Vamos agora apresentar considerações sobre os JEBs no período de 2005 a 2014. O período recente dos JEBs, considerado por alguns autores como etapa de modernização do evento, apresenta características relevantes para este trabalho, pois, como dito, os JEBs possuem relação estreita com os JEMG e as demais seletivas estaduais. O ressurgimento e crescimento dos JEMG a partir dos anos 2000 possui relação com mudanças na seleção estadual para os JEBs, passando a representar escolas, em vez de uma seleção. Outro fator determinante foi a criação de uma nova categoria, a de alunos com 12 a 14 anos. Ainda é importante mencionar mudanças na legislação, em que se passou a destinar recursos para a realização dessas competições.

As informações e os apontamentos trazidos nestas próximas páginas estão baseados no trabalho de Taiza Kiouranis (2017), que organiza esse período em duas discussões: a estrutura organizacional dos JEBs, suas características e desenvolvimento da proposta; a segunda reflexão a autora apresenta o olhar dos gestores sobre a competição. Vamos nos concentrar em apenas na primeira parte, embora consideremos ser importante a leitura da segunda, como de todo o trabalho. O foco do evento entre 2005 a 2014 foi promover o aumento das atividades esportivas em escolas públicas e privadas no Brasil. Segundo o COB (2013 *apud* KIOURANIS, 2017, p. 174), essa competição "contempla quase três milhões de alunos nas fases seletivas e mais de oito mil na soma das duas etapas nacionais (12 a 14 anos e 15 a 17 anos), sendo considerado o maior evento esportivo escolar existente no mundo". Com relação aos objetivos, foram seis principais:

> [...] fomento do esporte escolar com fins educativos; o fomento da prática esportiva nas instituições de ensino; a identificação de talentos; o intercâmbio sociocultural e

esportivo; o desenvolvimento integral do aluno, promovendo o exercício da cidadania por meio do esporte; e a garantia de conhecimento do esporte, oferecendo mais oportunidades de acesso. (REGULAMENTO GERAL, 2006, 2007, 2008, 2010, 2011a, 2011b, 2012, 2013a, 2013b, 2014a, 2014b *apud* KIOURANIS, 2017, p. 176).

Ocorreram, nesse período, três mudanças relevantes nos regulamentos: foi incluído um novo objetivo em relação ao intercâmbio sociocultural e esportivo, o qual pôde ser desenvolvido, pois esse evento promoveu trocas culturais, sociais e esportivas entre os participantes.

Outra alteração significativa foi a mudança na designação de alunos para "alunos-atletas", a partir de 2007. Esse termo também é utilizado nos regulamentos dos JEMG. Essa mudança, segundo a autora, deu-se por três fatores: o COB passou a ser o principal organizador, há possibilidade da participação de alunos federados e a possibilidade da detecção de talentos esportivos, podendo favorecer as equipes nacionais. A última mudança e mais significativa delas foi a mudança em um objetivo que fazia referência ao fomento do esporte escolar com fins educativos para fomentar a prática esportiva nas escolas. Kiouranis considera coerente essa mudança, pois tratar o esporte com fins educativos não era o foco desse modelo de competição escolar, além de o evento não se comprometer com os princípios do esporte educacional (inclusão, participação, cooperação, promoção à saúde, coeducação e responsabilidade) previstos em lei. Outro fato que colaborou com essa mudança de entendimento foi a promulgação do Decreto 7.984/2013. O Esporte Escolar passou a ser subdividido em esporte educacional e esporte escolar, este praticado por alunos com talentos esportivos. Com isso, esse tipo de competição ficou eximido de estabelecer relações educacionais, pois isto já seria atendido em outra dimensão, a do esporte educacional, relacionado mais à formação e às aulas de Educação Física.

Com relação à justificativa do evento, não houve alterações nesse período, sendo estabelecidas a construção da cidadania, a difusão do movimento olímpico, a construção do mundo livre e pacífico e sem discriminação, a fraternidade, a solidariedade, o *fair play*, a cultura de paz, a construção de valores e conceitos e a socialização. Para compreender essas justificativas, Kiouranis apresenta-nos o termo "evangelistas do esporte" e, por meio de trabalhos de Giulianotti e Coakley, traz-nos uma reflexão importante ao relacionar esse conceito com a justificativa e os objetivos presentes nos regulamentos dos JEBs:

> [...] possuem uma postura essencialista em relação ao esporte e acabam por influenciar políticas, programas e decisões pessoais em relação à adesão, desenvolvimento ou patrocínio esportivo, por exemplo. Nesse sentido, ao analisarmos as justificativas acima (e também alguns objetivos do evento), podemos também identificar sinais dessa "evangelização esportiva" na estrutura dos JEBs no período. (KIOURANIS, 2017, p. 178).

Podemos afirmar que essa "evangelização" também está fortemente presente nos regulamentos e por consequência nas falas dos professores participantes dos JEMG. Essa postura essencialista pode ser entendida como se estivessem presentes valores inatos ou naturais na prática esportiva.

Com relação à parte organizacional dos JEBs, o Comitê Olímpico Brasileiro foi responsável por todas as funções de organização e questões técnicas da competição, além da aplicação dos recursos financeiros. Organizou também as regras gerais do evento e os critérios de participação dos estados. Contou ainda com a colaboração de algumas federações esportivas de modalidades presentes nos jogos[2]. Ao Ministério do Esporte coube auxiliar o COB, dando apoio, incentivo, estímulo, fomento ao evento. Além de estabelecer critérios para que os alunos pudessem receber o Bolsa Atleta. Às Organizações Globo coube toda a cobertura na transmissão e a divulgação do evento.

O nome dos jogos nesse período passou por modificações, tendo relações com as interferências do COB no evento. A palavra "brasileiros" foi suprimida, dando lugar à palavra "olimpíadas" e posteriormente à "juventude". A esse respeito, Kiouranis (2017, p. 181) comenta que:

> A entrada do COB como principal organizador e a ocupação de uma posição de apoio pelo ME podem ser interpretados a partir do processo de globalização e internacionalização, observado também no campo esportivo. Se antes, havia uma entidade nacional (como DED/MEC, DEF/MEC e SEED/MEC) que promovia esses eventos, conferindo certa identidade nacional às competições e com pouco relevo internacional, a partir do século XXI há uma projeção do esporte escolar para além das fronteiras do país, tendo em vista o papel do COB como representante de equipes internacionais.

---

[2] No site oficial dos Jogos Escolares da Juventude, no ano de 2020 aparece como responsabilidade das federações a direção técnica. As federações envolvidas são: CBV (voleibol), CBTM (tênis de mesa), CBW (*wrestling*), CBJ (judô), CBHb (handebol), CBG (ginástica), CBFS (futsal), CBDA (desportos aquáticos), CBC (ciclismo), CBB (basquete), CBBd (badminton), CBAt (atletismo) e CBX (xadrez).

De fato, os jogos continuaram se chamando Jogos Escolares da Juventude, mas preferimos nomeá-los neste trabalho de JEBs, por ser a nomenclatura que representou por mais tempo esse evento, e ser até popularmente conhecida. Além da internacionalização, os jogos também passaram a sofrer uma influência cada vez maior dos Jogos Olímpicos. Com isso, buscou-se uma mobilização das escolas e dos estudantes e uma propagação em todos os níveis da prática esportiva dos valores e princípios do esporte de alto rendimento. Ainda com relação aos Jogos Olímpicos, os JEBs, nesse período, trouxeram uma estrutura de "padrão olímpico", sendo referência para a organização do COB as principais competições no mundo. Assim, eram oferecidos aos participantes hotéis de qualidade, alimentação, auxílio de voluntários, transporte interno, atendimento médico e centro de lazer e convivência, trazendo similaridade com as vilas olímpicas.

Outro fator relevante no período foi a projeção midiática do evento, capitaneado pelas organizações Globo. Os jogos passaram a ser vistos por segmentos sociais diversos no Brasil. Kiouranis (2017, p. 185) comenta que:

> Ao transformar os JEBs em um evento de exibição pública, a mídia acaba por mobilizar diversos interesses no campo esportivo, e a cobertura televisiva, por sua aderência em massa, transforma esses eventos em uma mercadoria para consumo de grande parcela da população. É preciso destacar ainda as modalidades que foram transmitidas em 2005: futsal masculino e voleibol masculino, as quais além de estarem entre as modalidades mais populares reforçam a tendência da mídia esportiva de forma geral, ou seja, a transmissão de modalidades praticadas por homens, fato que também se relaciona com a necessidade de aderência do público consumidor.

Portanto os JEBs passaram a ter, nesse sentido, as mesmas características de uma transmissão esportiva de alto rendimento, tornando-se um evento comercial. Conseguindo explorar patrocínios, direitos comerciais, obtendo vantagens comerciais. Para entender a dimensão comercial que se tornou o evento, abrangendo até as fases estaduais, é preciso mencionar o seguinte trecho:

> Em 2014, houve algumas alterações no regulamento comercial dos JEBs. A Coca-Cola se tornou o patrocinador na "Categoria Master" e foi permitida a utilização da marca "Jogos Escolares da Juventude" na Etapa Estadual, sendo que os Estados que aderissem à marca, e consequentemente ao acordo comercial

COB e Coca-Cola, deveriam respeitar as regras comerciais dos Jogos, não podendo qualquer "associação comercial com marcas concorrentes da Lista apresentada no documento (inclusive Coca Cola)" (REGULAMENTO GERAL 2014a, p. 131; 2014b, p. 133). Além da Coca-Cola a lista englobava: Atos, Dow, GE, Mc Donalds, Omega, Panasonic, P&G, Samsung, Visa, Bradesco, Bradesco Seguros, Embratel, Claro, Nissan, Ernst & Young, Sadia, Batavo, Skol e Nike. (KIOURANIS, 2017, p. 190).

Percebemos que muitas dessas empresas foram também patrocinadoras dos Jogos Olímpicos Rio 2016[3]. Em reflexões trazidas por Kiouranis baseadas em estudos de Jackson e Coakley, a autora afirma que a publicidade ganhou grande importância na nossa sociedade e que o esporte tem sido explorado na tentativa de se vender cada vez mais. Os eventos esportivos estão relacionados ao público masculino de meia-idade, como no caso dos JEBs, que tinha como patrocinadores marcas de carros, bebidas alcóolicas, marcas esportivas e empresa de seguro.

Outras características dos JEBs nesse período, que trazem muita similaridade com a realização dos JEMG, são as exigências técnicas próximas ou idênticas às oficiais e as regras rígidas das modalidades esportivas; a questão da arbitragem, sendo ressaltada a contratação de árbitros com experiência nacional e até internacional em esporte de alto rendimento; a direção técnica dos eventos, tendo como parceiras as federações das modalidades esportivas; os três poderes constituídos (Comissão de Honra; Comitê Organizador; e Comissão Disciplinar Especial); e as recomendações relacionadas a confecção dos uniformes das esquipes. Os uniformes deveriam seguir um padrão rigoroso em que são estipulados tamanho dos números, letras, marcas esportivas e patrocínios.

Uma questão está relacionada com as modalidades esportivas que integram os JEBs, sendo definidas por setores ligados ao esporte de rendimento do COB, sendo buscadas as que têm potencialidades em estabelecer relações com os Jogos Olímpicos. Todos esses fatores são fortes indícios da relação do evento com o esporte de alto rendimento.

Em um primeiro momento, percebemos que as práticas inerentes ao esporte de alto rendimento sempre nortearam as práticas do esporte escolar. Em nosso entendimento, esse foi um fator determinante para que o COB assumisse, com

---

[3] O site oficial, no ano de 2020 se apresenta a Coca-Cola como patrocinadora e a Ajinomoto e as Organizações Globo como parceiras.

> legitimidade, a responsabilidade de desenvolver os JEBs no século XXI. Em um segundo momento, sendo o COB uma instituição original do campo esportivo, notamos que uma série de ações, consolidadas nesse campo, como o marketing e o consumo esportivo, a promoção de mercadorias/produtos atrelados à imagem do esporte, rigorosidade técnica e de equipamentos/uniformes, entre outros, adentraram o subcampo do esporte escolar. Essas práticas sociais foram então possíveis graças às intersecções entre esses campos e os agentes que deles fazem parte e à legitimidade do COB e do campo esportivo no cenário nacional. (KIOURANIS, 2017, p. 195).

Assim como o Campeonato Brasileiro de Futebol, os JEBs também organizaram a competição das modalidades coletivas, de 2005 a 2014, em divisões; antes de 2012, em duas divisões; a partir de 2013, em três. Isso permitiu que mais equipes fossem premiadas, além das mais fortes tecnicamente; ao mesmo tempo, otimizou-se o sistema de disputa desmembrando competições com 28 (26 estados, Distrito Federal e cidade-sede) participantes em três competições de 9 ou 10 participantes.

A autora apresenta uma análise dos números de participações por estados, por modalidades esportivas, resultados alcançados pelos estados, pódios alcançados por regiões e estados. O que cabe destacar neste trabalho é a diferença significativa de pódios alcançados entre as escolas públicas e as escolas privadas nas modalidades coletivas. No esporte de maior disparidade, no período de 2005 a 2014, as escolas públicas estiveram em 26 pódios, enquanto as escolas privadas estiveram em 149. O handebol era o esporte com a menor diferença, ainda assim sendo significativa, 100 a 53 em favor das escolas privadas. Essas diferenças podem estar relacionadas ao fato de que as escolas privadas oferecem atividades de treinamento extraclasse e estabelecem parcerias com empresas e clubes privados. Outra possibilidade apontada é que os alunos participantes dos JEBs não tenham recebido essa formação esportiva nas escolas. Dados do Censo Escolar de 2015 apontam que 65,5% das escolas não possuíam quadras esportivas. A estrutura física e a disponibilidade de materiais das escolas, sobretudo as públicas, podem estar relacionadas a essa hipótese de que os estudantes desenvolvem as atividades esportivas em locais diferentes das escolas.

> Nesse sentido, o desapossamento cultural no âmbito dos JEBs e do subcampo do esporte escolar se dá no nível do rendimento esportivo, pois não podemos afirmar (embora

desconfiemos) que os estudantes brasileiros com idade de 12 a 17 anos não têm acesso às modalidades esportivas que são disputadas nos JEBs, mas podemos notar a partir do panorama que, em termos de rendimento esportivo existe uma distinção clara entre os alunos de escolas públicas e privadas que chegam aos pódios. Os JEBs, nesse modelo competitivo e excludente, reforçam diferenças culturais no âmbito do esporte escolar e contribui para a reprodução dessas diferenças. Ao serem realizados pelo COB, com propósitos bem definidos, sobretudo na direção da descoberta do talento esportivo e na valorização dos resultados, os JEBs reforçam a reprodução de desigualdades, ao assumir apenas uma forma legítima de cultura (esporte de rendimento), e a ideia de esforço individual na obtenção do sucesso, ou seja, a meritocracia no esporte, ignorando as diferenças desses alunos em sua origem social. Desse modo, esses eventos JEBs em certa medida contribuem para a reprodução da estrutura de dominação e, consequentemente, com o exercício de poder de violência simbólica. Por isso o acesso aos JEBs não significa superação de desigualdades no âmbito do esporte escolar. (KIOURANIS, 2017, p. 221).

Finalizando essas reflexões acerca das relações dos JEBs com o rendimento esportivo enquanto um modelo de competição esportiva competitivo e excludente, e tendo em vista a finalidade de descoberta do talento esportivo e valorização dos resultados, o evento acaba reproduzindo desigualdades ao assumir características do esporte de rendimento, além de valorizar a meritocracia e ignorar as diferenças sociais dos alunos. A autora encerra parte do texto utilizado neste trabalho com uma importante reflexão que serve de pista para as análises e reflexões sobre os JEMG.

Ao tratarmos de resultados finais em um período de 10 anos, o panorama revela nuances que, embora muitos já suspeitavam, fica em segundo plano ou escondido no discurso de agentes interessados no modelo de alto rendimento do esporte escolar, ao ressaltarem, sobretudo, as vantagens e benefícios dessas competições. [...] Desse modo, o discurso de que os JEBs contribuem para a promoção do esporte escolar deve ser analisado criticamente. Em um primeiro momento devemos compreender a qual esporte escolar estão se referindo e em segundo investigar se a realização desses eventos, no modelo que são realizados promovem mudanças efetivas no acesso ao esporte de qualidade (sem esquecer de pensar sobre o que significa essa qualidade) a todos estudantes de escolas públicas e privadas brasileiras, ou se apenas representam uma ação isolada e interessada a alguns agentes e instituições específicos. (KIOURANIS, 2017, p. 221-222).

Portanto, ao trazermos as informações e análises dos JEBs no período de 2005 a 2014, essas reflexões tornam-se essenciais, visto que os JEBs são um evento esportivo escolar de abrangência nacional, portanto podemos dizer que a competição exerce influência sobre as demais seletivas estaduais, que é o caso dos JEMG. Além disso, podemos perceber que os JEBs apresentam características que se aproximam da forma de organizar e pensar o esporte nas escolas ou, melhor dizendo, a competição esportiva entre as escolas. Há escassos trabalhos que fazem uma análise aprofundada dos JEBs e mais ainda dos JEMG. Por isso, o trabalho de Kiouranis (2017) tornou-se referência para compreendermos as mudanças recentes nesses eventos. No sentido de uma "modernização conservadora" ou uma "reprodução modernizada", segundo as palavras da autora.

OS JOGOS ESCOLARES DE MINAS GERAIS (JEMG)

Neste capítulo faremos análises e considerações sobre os Jogos Escolares de Minas Gerais; portanto dividimo-lo em seis subcapítulos, intitulados: "Breve histórico", "JEMG a partir dos anos 2000", "Os JEMG enquanto política pública", "A avaliação dos JEMG 2019", "O Regulamento Geral dos Jogos Escolares de Minas Gerais" e "Os Jogos Escolares de Minas Gerais e o *Currículo Referência de Minas Gerais*".

4.1 BREVE HISTÓRICO

As primeiras competições escolares de abrangência estadual em Minas Gerais, financiadas pelo setor público, surgiram a partir da década de 1970. Antes, é preciso mencionar que em 1946 foi criada a Diretoria de Esportes de Minas Gerais (DEMG), setor que passou a ser responsável por gerir e estruturar as políticas públicas no departamento de Esportes até o ano de 1987. Nesse período o órgão passou por diversas mudanças, reformas em sua estrutura e esteve ligado ao gabinete do governador e a outros órgãos e entidades. A partir dos anos 1970, a DEMG passou a seguir, com maior vigor, as orientações do Departamento de Educação Física (DED) do Ministério da Educação e Cultura (MEC). As políticas públicas em Minas nesse período estavam em sintonia com a política educacional do governo federal. O apoio DED/MEC permitiu a construção de praças de esportes, construção de quadras poliesportivas, apoio a federações esportivas e ao esporte estudantil, tendo contribuído com a realização de diversos jogos estudantis em cidades do interior. Mas o fato de destaque nesse período foi a realização dos III Jogos Estudantis Brasileiros (JEBs), em 1971, ocorridos em Belo Horizonte, que receberam 1.900 estudantes de todo o Brasil e em que disputaram várias modalidades esportivas. No ano seguinte, aconteceram os I Jogos Estudantis Mineiros, que no ano de 1975 contaram com a participação de 25 municípios de Minas Gerais e 2.265 estudantes. Esses jogos tiveram por objetivo a formação das seleções mineiras que participariam dos JEBs. Esses eventos continuaram existindo, porém não foram encontrados materiais que pudessem descrever o andamento dos Jogos Estudantis Mineiros ao longo desses anos. Entre o final da década de 1980 e início de 1990, foi criada a Secretaria de Esporte, Lazer e Turismo, que substituiu o DEMG e deu prosseguimento às políticas públicas relacionadas ao esporte (RODRIGUES; ISAYAMA, 2013).

Não é possível afirmar que os jogos escolares aconteceram anualmente, nem dimensionar o tamanho do evento, os objetivos e a quantidade de participantes nos anos 1980 e 1990. Houve crescimento no número de participantes e cidades envolvidas a partir dos anos 2000. Segundo informações do site oficial da Secretaria Estadual de Educação, o primeiro ano da nova versão, essa que conhecemos atualmente como JEMG, foi em 2003.

4.2 JEMG A PARTIR DOS ANOS 2000

Minha experiência enquanto estudante com os JEMG aconteceu justamente nesse período. Durante os anos de 1998 a 2001, quanto tinha entre 11 e 14 anos, participei ativamente dos Jogos Estudantis de Além Paraíba (Jeap), evento que tinha grande adesão das escolas da cidade, porém era a única competição escolar disponível para os estudantes. Não existia uma seleção dos campeões para uma etapa posterior. Aconteciam, ocasionalmente, amistosos entre as escolas da cidade e entre escolas das redes particulares, e jogos com escolas particulares de outra cidade.

Isso começou a mudar a partir de 2002. Os campeões das modalidades coletivas foram disputar uma etapa microrregional (não recordo se era esse nome) na cidade de Leopoldina, a 55 km de Além Paraíba. O transporte para o evento foi de responsabilidade das escolas, o que limitou a participação das instituições públicas, promovendo, dessa forma, a adesão apenas das escolas particulares (a escola onde eu estudava era uma delas). Recordo-me de que a participação na competição se limitou a dois jogos de handebol, contra a mesma escola. Perdemos esses dois jogos, e a escola vencedora avançou para a etapa regional. A escola onde eu estudava nesse período de 1998 a 2001 disputou a modalidade futsal, que também teve a participação de seis cidades, as quais foram divididas em dois grupos de três participantes, com semifinal e final. A escola que venceu disputou a etapa regional no município de Cataguases, onde jogaram apenas dois jogos, ambos contra a mesma escola. Também tiveram êxito e foram participar da etapa estadual em Poços de Caldas. Segundo relato de amigos, os estudantes tiveram de colaborar com o transporte para a etapa estadual, porém a hospedagem em hotel e a alimentação foram de responsabilidade do Estado. O que chamou a atenção deles nesse evento foi a "profissionalização" de uma escola de Belo Horizonte. Os alunos chegavam para as partidas com mesmo agasalho, mochilas, materiais esportivos iguais: parecia uma equipe profissional. A diferença técnica também era marcante, tendo vários atletas que recebiam bolsas de estudos, disputavam competições pela federação de futsal, representando os clubes.

No ano de 2003, já morando em Leopoldina e estudando em instituição pública federal, participei novamente dos JEMG. Nessa participação, recordo-me de maior presença das escolas na etapa microrregional. As escolas foram divididas em dois grupos, com semifinais e final. Nossa equipe não obteve êxito, não chegando a avançar para a semifinal. As etapas microrregionais tinham a configuração diferente da configuração de hoje. Não participavam apenas os municípios ligados às Superintendências Regionais de Ensino (SREs); a abrangência era maior. Alguns dias depois da etapa microrregional, a cidade de Leopoldina sediou a etapa regional, que atualmente reúne os campeões das nove SREs da Zona da Mata (em 2003 só participaram duas cidades na categoria futsal). Uma disputa entre a nossa escola, representando o município (que tinha vaga assegurada) contra um campeão de outra etapa microrregional. O sistema de disputa foi melhor de três jogos. Essa participação maior na etapa microrregional do que na regional pode ter acontecido devido às dificuldades de financiamento pelas escolas no transporte, na alimentação e na possível hospedagem. Essas questões só foram aperfeiçoadas, vamos dizer assim, alguns anos depois.

Por meio da minha experiência de estudante de uma cidade do interior, pude perceber que o início dos JEMG teve uma abrangência pequena, reunindo poucas escolas nas etapas microrregional e regional. É considerável que parte dessas escolas (se não quase a totalidade delas) era particular, visto que o transporte tinha de ser financiado por elas. Esses eventos tinham execução rápida, devido a seu sistema de disputa e a poucas escolas envolvidas. Na etapa estadual ficou explícita a diferença entre a escola de Belo Horizonte e a do município de Além Paraíba, não apenas as questões técnicas, mas também de um envolvimento maior, por parte da escola de Belo Horizonte, com o esporte de rendimento. Os JEMG, até mesmo, apresentavam as mesmas características ligadas ao esporte de rendimento.

Segundo Rodrigues e Isayama (2013, p. 225), "Apesar com a preocupação com o esporte educacional, é possível identificar a intenção do evento de favorecer o esporte competitivo e seletivo, já que existe a presença de um discurso de 'caça talentos' esportivos". Os autores fazem essa constatação citando as finalidades dos JEMG, que são próximas das que encontramos nos documentos atualmente.

A baixa adesão nos anos iniciais dos JEMG foi rapidamente revertida. No ano de 2008, em pesquisa realizada com gestores esportivos, foi relatado que:

> Atualmente, o JIMI e o JEMG são considerados por vários gestores municipais e do governo estatual como as duas majores maiores competições de esporte especializado em Minas Gerais. Nas doze entrevistas realizadas, nove citaram que os municípios participam regularmente de ambos os eventos. Para alguns, esses jogos assumem características de esporte de rendimento, uma vez que são realizados no interior dos municípios e das escolas, processos de seleção para a escolha dos membros atletas que formarão as equipes esportivas. Geralmente, essa seleção é feita por meio de campeonatos realizados entre as escolas do próprio município, para que, a partir disso, sejam escolhidas as melhores equipes – as campeãs – em cada modalidade esportiva. (LINHALES 2008, p. 42 *apud* RODRIGUES; ISAYAMA, 2013, p. 226).

Segundo seu site oficial, os Jogos Escolares de Minas Gerais (JEMG) tornaram-se a maior competição escolar do país. No ano de 2019 se inscreveram no evento 839 dos 853 municípios mineiros, totalizando mais de 160 mil estudantes e 8 mil professores. O número de inscritos cresce a cada ano. Por exemplo, em 2003, em uma das primeiras edições da nova fase dos jogos, 230 municípios inscreveram-se, mas apenas 123 participaram; já em 2004, quando as Superintendências Regionais de Ensino (SREs) da Secretaria Estadual de Educação começaram a participar da organização dos JEMG, participavam 261 cidades mineiras, 1.300 escolas e cerca de 56 mil estudantes. Percebe-se que, de um ano para o outro, o número de escolas dobrou. Em 2009 a participação aumentou para 604 municípios, 160 mil estudantes de 4.249 escolas. O número de cidades e escolas inscritas aumentou significativamente nos últimos anos, chegando aos 839 municípios da edição de 2019. O site oficial dos JEMG ainda relaciona: 16 mil profissionais envolvidos, 3 mil empregos diretos, 8 mil indiretos e cerca de 500 mil espectadores. Porém, não foi encontrado por esta pesquisa como se chegou a esses números (JEMG, [2019]).

A imagem a seguir foi obtida no site oficial da Secretaria de Estado de Esportes (Seesp) e apresenta esse crescimento no número de inscritos a partir de 2013.

Figura 1 – Municípios inscritos nos JEMG (2013 – 2019)

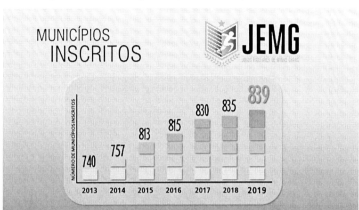

Fonte: Inscrições... (2019)

Porém, em outra imagem presente no mesmo site, são apresentados os seguintes números, baseados em relatórios gerenciais do programa.

Figura 2 – Número de atletas, escolas e municípios participantes dos JEMG (2003 – 2019)

Ano	Atletas Participantes	Escolas Participantes	Municípios Participantes
2003	11.100	700	128
2004	17.312	1.307	261
2005	21.777	1.980	322
2006	33.626	2.596	434
2007	38.208	1.826	531
2008	47.081	2.209	560
2009	52.988	2.784	604
2010	47.050	1.730	591
2011	52.577	1.838	622
2012	48.020	1.809	630
2013	43.722	1.618	623
2014	41.950	1.682	611
2015	46.226	1.748	636
2016	39.913	1.554	645
2017	37.594	2.128	695
2018	40.993	2.156	727
2019	40.673	1.987	686

FONTE: Jogos... ([2019])

Como se pode perceber, há diferenças significativas entre o número de municípios inscritos e o de participantes. Parece que, para propagandear o sucesso dos JEMG, é mais interessante, e até uma estratégia por parte dos gestores, fazer ampla divulgação dos municípios inscritos, dando essa sensação de uma política pública que envolve todo o estado e consequentemente todos os estudantes de Minas Gerais. Nesse sentido, as divergências entre o site oficial e a Figura 2 — que, segundo o site oficial, se baseia em relatórios gerenciais — com relação ao número de atletas participantes são ainda maiores. Enquanto o site oficial considera que 160 mil estudantes participaram da edição de 2019, o número encontrado na Figura 2 é 40.673 participantes, quatro vezes menor. Há divergência em outras edições. Por exemplo, em informação encontrada em outro site oficial do governo de Minas, chamado de *Agência Minas*, relata-se que na edição de 2004 os jogos contaram com cerca de 56 mil alunos/atletas e em 2005 cerca de 80 mil estudantes. Números bem divergentes dos encontrados na Figura 2: 17.312 e 21.777, respectivamente (ETAPA..., 2005).

Essas diferenças significativas podem ser explicadas por duas hipóteses: a primeira é: uma fonte de informação pode considerar as competições municipais como integrantes dos JEMG, por isso um número maior de participantes. A segunda pode estar relacionada com a primeira: pode ter sido considerada a participação do mesmo estudante nas diversas etapas e em modalidades esportivas coletivas e individuais como participações distintas. Assim, o mesmo estudante que participou da etapa microrregional e regional pode ter sido considerado como aluno diferente. Ou até dentro da mesma etapa, participando, por exemplo, do futsal e da peteca. Como mencionei, são hipóteses, já que não encontrei referências que justificassem essas divergências nos números.

4.3 OS JEMG ENQUANTO POLÍTICA PÚBLICA

Os JEMG são uma ação do governo de Minas, realizado por duas secretarias estaduais, a Secretaria de Estado de Desenvolvimento Social (Sedese) e a Secretaria de Estado de Educação (SEE). A partir de 2019, a Secretaria de Estado de Esportes (Seesp) tornou-se a Subsecretaria de Esportes (Subesp), que:

> [...] "tem por competência formular, planejar, dirigir, executar, controlar e avaliar as atividades setoriais a cargo do Estado que visem à promoção do esporte, da atividade física e do

lazer, com vistas ao desenvolvimento humano, à redução da vulnerabilidade social e à melhoria da qualidade de vida da população. É composta pela Superintendência de Programas Esportivos e Superintendência de Fomento e Incentivo ao Esporte (INSTITUCIONAL, [2019], s/p).

Quem executa a competição é a Federação de Esportes Estudantis de Minas Gerais (FEEMG). Essa entidade é responsável por logística, arbitragem e execução das etapas.

Figura 3 – Organograma atual dos JEMG em 2020

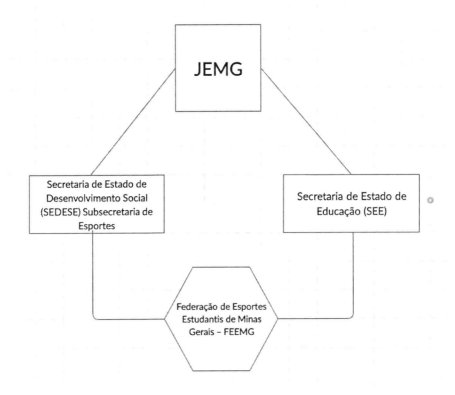

Fonte: Minas Gerais (2020)

Essa ação do governo de Minas, entre os anos de 2016 e 2019, está relacionada ao Plano Plurianual de Ação Governamental (PPAG), que, segundo o site da Assembleia Legislativa, visa ao Planejamento de médio prazo do governo. Define as estratégias, diretrizes e metas da administração para um período de quatro anos. Foi definida uma ação de número 4.551, nominada "Desenvolvimento do Esporte Educacional", de responsabilidade da Secretaria de Estado de Esportes, com a finalidade de "Proporcionar, através da prática esportiva, o aperfeiçoamento de capacidades e habilidades indispensáveis ao processo de formação e de desenvolvimento humano dos estudantes" (MINAS GERAIS, 2017, p. 339).

O documento mais recente e que, de certa forma, apresenta as relações entre a Subsecretaria de Esportes (Subesp), a Secretaria de Estado de Educação (SEE) e a Federação de Esportes Estudantis de Minas Gerais (FEEMG) é o Termo de Parceria n.º 049/2020 (MINAS GERAIS, 2020). Não é objetivo deste trabalho aprofundar as questões administrativas e financeiras dos JEMG. Porém, torna-se importante mencionarmos esses pontos, visto que não há trabalhos acadêmicos que apresentam essas informações e, além disso, essas questões são desconhecidas por grande parte de nós, professores, envolvidos com os jogos escolares; muitas vezes preocupados com questões técnicas, burocráticas, preocupados com a prcparação, com a competição, desconhecemos como se operacionaliza esse evento enquanto política pública.

O termo de parceria estabelece a Sedese, por meio da Subsecretaria de Esportes, como Órgão Estatal Parceiro (OEP); a Secretaria de Estado de Educação (SEE) como Órgão Estatal Interveniente (OEI); e a FEEMG como Organização da Sociedade Civil de Interesse Público (Oscip). Essa parceria tem por objetivo, mediante a cooperação entre as partes, a realização dos JEMG e o fomento ao desporto e para desporto escolar. Para realizar o evento no ano de 2020 e 2021, foi estabelecido o valor de R$ 7.232.903,26 para a FEEMG executar os JEMG. Desse montante, R$ 3.053.046,12 vieram da Sedese e R$ 662.895,58 da SEE, por meio da dotação orçamentária vinda do Desenvolvimento do Ensino Fundamental e Desenvolvimento do Ensino Médio. A soma desses valores não alcança os R$ 7.232.903,26 previstos no termo. É ainda prevista a captação de R$ 800 mil em receitas obtidas pela Oscip. Essas possíveis receitas captadas via parcerias com o setor privado têm a obrigação de ser aplicadas no objeto do instrumento jurídico, ou seja, no que é estabelecido por esse termo de parceria, e devem ser prestadas contas desse recurso captado e utilizado.

A cláusula sexta do documento discorre sobre as responsabilidades de cada órgão no desenvolvimento dos JEMG: para o Órgão Estatal Parceiro (OEP) são designadas 15 responsabilidades. Para o Órgão Estatal

Interveniente (OEI) foram designadas 12 responsabilidades. Já para a Organização da Sociedade Civil de Interesse Público (Oscip) foram atribuídas 31 responsabilidades.

São atribuições do Órgão Estatal Parceiro (OEP), representado pela Subsecretaria de Esportes:

6.1.1 elaborar e conduzir a execução da política pública executada por meio do termo de parceria; 6.1.2 acompanhar, supervisionar e fiscalizar a execução do termo de parceria, devendo zelar pelo alcance dos resultados pactuados e pela correta aplicação dos recursos a ele vinculados; 6.1.3 prestar o apoio necessário e indispensável à Oscip para que seja alcançado o objeto do termo de parceria em toda sua extensão e no tempo devido; 6.1.4 repassar à Oscip os recursos financeiros previstos para a execução do termo de parceria de acordo com o cronograma de desembolsos previsto no Anexo II deste termo; 6.1.5 analisar as prestações de contas anual e de extinção apresentadas pela Oscip; 6.1.6 disponibilizar, em seu sítio eletrônico, na íntegra, o termo de parceria e seus respectivos aditivos, memória de cálculo, relatórios gerenciais de resultados, relatórios gerenciais financeiros, relatórios de monitoramento e relatórios de avaliação no prazo de 5 (cinco) dias úteis a partir da assinatura dos referidos documentos; 6.1.7 comunicar tempestivamente à Oscip todas as orientações e recomendações efetuadas pela Controladoria-Geral do Estado - CGE e pela Seplag, bem como acompanhar e supervisionar as implementações necessárias no prazo devido; 6.1.8 fundamentar a legalidade e conveniência do aditamento do termo de parceria; 6.1.9 zelar pela boa execução dos recursos vinculados ao termo de parceria, observando sempre sua vinculação ao objeto; 6.1.10 analisar e aprovar, anteriormente à liberação da primeira parcela de recursos do termo de parceria, regulamentos próprios que disciplinem os procedimentos que deverão ser adotados para a contratação de obras, serviços, pessoal, compras, alienações e de concessão de diárias e procedimentos de reembolso de despesas; 6.1.11 elaborar juntamente com a OEI e com a OSCIP o regulamento geral, os regulamentos específicos por modalidade, o sistema de disputa e o projeto de sediamento do JEMG; 6.1.12 fomentar, juntamente com a OSCIP e a OEI, a participação do público alvo, quando necessário; 6.1.13 gerenciar, juntamente com a OSCIP, o sistema de inscrições, quando necessário; 6.1.14 articular, juntamente com a OSCIP e a OEI, com as cidades sedes das competições, **quando necessário; 6.1.15 monitorar o lançamento das súmulas dos jogos/lutas/ provas por amostragem, de forma a atestar os números apresentados nos Relatórios das etapas; (MINAS GERAIS, 2020, p. 2-3).**

A presença dos verbos prestar apoio, repassar, analisar, zelar, aprovar, fomentar, articular e monitorar indica que o papel desempenhado pela Subsecretaria de Esportes é supervisionar, acompanhar e fiscalizar a execução dos JEMG. As atribuições delegadas para o Órgão Estatal Interveniente (OEI), representado pela Secretaria de Estado de Educação (SEE), seguem essa mesma direção, porém apresentam algumas responsabilidades que se destacam, como vemos a seguir:

6.2.1 colaborar com o OEP no desenvolvimento das ações necessárias à plena execução do objeto do termo de parceria; 6.2.2 indicar ao OEP um representante para compor a comissão de avaliação do termo de parceria, de que trata o art. 32 da Lei Estadual nº 23.081, de 2018; 6.2.3 zelar pela boa execução dos recursos vinculados ao termo de parceria, observando sempre sua vinculação ao objeto; 6.2.4 elaborar juntamente com a OEP e com a OSCIP o regulamento geral, os regulamentos específicos por modalidade, o sistema de disputa e o projeto de sediamento do JEMG; 6.2.5 arcar com despesas, tais como diárias e deslocamentos, dos servidores da OEI, quando necessário; **6.2.6 fornecer à OSCIP as informações das escolas do Estado para o desenvolvimento das ações do Programa de Trabalho e fomentar institucionalmente, junto ao diretores escolares e às Superintendências Regionais de Ensino-SRE, as ações do Termo de Parceria; 6.2.7 disponibilizar as instalações das escolas estaduais, conjuntamente com o município sede, que serão utilizadas como alojamentos dos estudantes nas sedes do JEMG, adequando o calendário escolar ao calendário dos Jogos;** 6.2.8 acompanhar vistorias das sedes do JEMG, prioritariamente das escolas que servirão como alojamentos para os estudantes; **6.2.9 realizar, quando possível, os reparos necessários nas escolas estaduais que servirão de alojamentos para os estudantes;** 6.2.10 organizar a logística de distribuição dos estudantes nas escolas estaduais que servirão de alojamentos nas sedes do JEMG; 6.2.11 divulgar amplamente o calendário dos Jogos às escolas estaduais, adequando o calendário escolar das mesmas ao JEMG; 6.2.12 colaborar no fomento da execução das etapas seletivas municipais para o JEMG. (MINAS GERAIS, 2020, p. 2-3, grifo meu).

As funções designadas para a SEE, como dissemos, vão no sentido de colaborar com a organização dos JEMG. Todavia destacam algumas atribuições: fornecer informações à Oscip das escolas do estado para desenvolvimento das ações (não se explicita quais seriam essas informações); a questão da disponibilização das escolas estaduais para alojamento. Os reparos necessários para as escolas se transformarem em alojamentos só acontecem quando possível, e isso gera vários problemas, como número insuficiente de banheiros e chuveiros, falta de instalações elétricas e ventiladores nas salas. Essa ação é muito relevante para a organização dos jogos. Há indicação de alteração de calendário escolar, porém isso acontece com maior frequência na etapa estadual e regional dos JEMG e somente com as cidades que recebem as etapas. As demais cidades que participam dos JEMG não têm seu calendário modificado[4]. Uma atribuição que não aparece nessa parte do documento como responsabilidade da SEE, mas se efetiva na prática, é a alimentação dos alunos nos alojamentos, o que acontece com maior frequência na etapa regional e estadual. Como podemos perceber, o envolvimento da SEE acontece mais no sentido de fomentar, fiscalizar, auxiliar na organização dos JEMG e apresentar uma estrutura física para alojamento das escolas participantes. É interessante constatar que, embora os jogos tenham diversos objetivos de cunho educacional e pedagógicos, a Secretaria de Estado de Educação não se envolve com essas questões.

Apesar de ser uma lista extensa de atribuições, acreditamos ser relevante mencionar as responsabilidades da FEEMG, estabelecidas na parceria. Como dissemos, são 31, mais que o dobro em relação à Subsecretaria de Esportes. Decidimos suprimir alguns trechos do documento para a leitura não ficar demasiadamente cansativa:

6.3.1 executar todas as atividades inerentes à implementação do termo de parceria [...] e zelar pela boa qualidade das ações e serviços prestados, buscando alcançar eficácia, efetividade e razoabilidade em suas atividades; 6.3.2 observar [...] todas as orientações emanadas pelo OEP,

---

[4] No ano de 2019, nas etapas regionais e estadual, foi estabelecido que os professores responsáveis pelas equipes das escolas estaduais deveriam organizar horários nos intervalos das partidas para o desenvolvimento de um plano de estudos elaborado pelas escolas.

pela Seplag e pelos órgãos de controle interno e externo; **6.3.3 responsabilizar-se integralmente pela contratação e pagamento do pessoal que vier a ser necessário** [...]6.3.4 disponibilizar em seu sítio eletrônico, estatuto social atualizado, a relação nominal atualizada dos dirigentes da entidade sem fins lucrativos, ato da qualificação ou ato de renovação da qualificação da entidade sem fins lucrativos como Oscip, termo de parceria e a respectiva memória de cálculo [...] relatórios gerenciais de resultados, relatórios gerenciais financeiros, relatórios de monitoramento e os relatórios da comissão de avaliação [...] 6.3.5 **assegurar que toda exposição de peças gráficas e divulgação das ações objeto do termo de parceria seja realizada com o consentimento prévio e formal do OEP** [...] 6.3.6 manter registro, arquivos e controles [...] 6.3.7 permitir e facilitar o acesso de técnicos do OEP, de membros do OEI e do conselho de política pública da área, [...] prestando-lhes todas e quaisquer informações solicitadas; **6.3.8 utilizar os bens imóveis e bens permanentes, custeados com recursos do termo de parceria ou cedidos pela administração pública estadual para fins de interesse público, sem prejuízo à execução do objeto pactuado do instrumento jurídico;** 6.3.9 zelar pela boa execução dos recursos vinculados ao termo de parceria, observando sempre sua vinculação ao objeto pactuado; 6.3.10 prestar contas ao OEP, acerca do alcance dos resultados e da correta aplicação de todos os recursos vinculados ao termo de parceria e bens destinados à Oscip; 6.3.11 incluir em todos os contratos celebrados no âmbito do termo de parceria cláusula prevendo a possibilidade de sub-rogação; 6.3.12 comunicar ao OEP as alterações de quaisquer tributos ou encargos legais criados, alterados ou extintos[...] 6.3.13 estabelecer e cumprir o regulamento próprio que discipline os procedimentos que deverão ser adotados para a contratação de obras, serviços, pessoal, compras, alienações, concessão de diárias e procedimentos de reembolso de despesas, que deverá ser submetido à aprovação, prévia e formal, do OEP e da Seplag; 6.3.14 manter o OEP e a Seplag informados sobre quaisquer alterações em seu estatuto[...] 6.3.15 enviar as alterações estatutárias [...] 6.3.16 indicar ao OEP um representante para compor a comissão de avaliação[...] 6.3.17 abrir conta bancária exclusiva para repasse de recursos por parte da administração pública estadual [...] 6.3.18 elaborar uma tabela de rateio de suas despesas, considerando os termos de parceria celebrados e demais projetos que utilizem a mesma estrutura [...] 6.3.19 quando da extinção do termo de parceria, a Oscip deverá entregar à administração pública estadual as marcas, o sítio eletrônico e os perfis em redes sociais vinculados ao objeto do termo de parceria; **6.3.20 cumprir o disposto no Capítulo VI do Decreto Estadual nº 45.969, de 2012; 6.3.21 fomentar a participação do público alvo;** 6.3.22 gerenciar o sistema de inscrições; **6.3.23 articular com as cidades sedes das competi**ções, no que diz respeito ao incen**tivo à participação e sediamento de etapas do JEMG** 6.3.24 elaborar, juntamente com a OEP e com a OEI, o regulamento geral, os regulamentos específicos por modalidade, o sistema de disputa e o projeto de sediamento do JEMG. **6.3.25 executar as etapas do JEMG em, no máximo, 56 (cinquenta e seis) sedes na etapa microrregional, 6 (seis) na etapa regional e 2 (duas) sedes na etapa estadual; 6.3.26 planejar, organizar, executar e acompanhar todos os procedimentos necessários para a participação da delegação do estado de Minas Gerais na etapa nacional dos jogos escolares, sendo eles os "Jogos Escolares da Juventude" e as "Paralimpíadas Escolares"; 6.3.27 executar e monitorar a aquisição de materiais esportivos, uniformes e premiação, com a posterior devolução dos materiais passíveis de reutilização ao Órgão Estatal Parceiro.** 6.3.28 conservar os bens adquiridos com recursos do Termo de Parceria e responsabilizar-se pela sua guarda, manutenção e conservação; 6.3.29 gerenciar e manter atualizado o sítio eletrônico do JEMG e as páginas da competi**ção nas redes sociais; 6.3.30 planejar e executar a logís**tica de fixação, retirada e armazenamento dos materiais de comunicação utilizados nas sedes do JEMG; **6.3.31 lançar, no sistema JEMG, as súmulas dos jogos/lutas/provas de todas as etapas da competi**ção. (MINAS GERAIS, 2020, p. 3-4, grifo meu).

Com base em todas as atribuições citadas, podemos afirmar que o Estado de Minas Gerais delega à FEEMG a função de executar os Jogos Escolares do estado, no repasse de recursos e atribuições em diversos segmentos. Percebemos a grande preocupação do documento em buscar e exigir a transparência na execução do evento e na prestação de contas. Contabilizamos oito atribuições relacionadas a essas questões. A FEEMG passa a ser responsável pela contratação e pelo pagamento do pessoal envolvido com os JEMG, assim como passa a ser responsável pela compra de bens imóveis e bens permanentes, utilizando os recursos da parceria, tendo responsabilidade pela guarda, manutenção e conservação desses materiais.

Outro destaque está na preocupação com a divulgação e a propaganda do evento. A entidade deve manter as redes sociais atualizadas e assegurar que as peças de publicidade estejam em conformidade com a identidade visual do governo de Minas. A responsabilidade de fomentar a participação, gerenciar as inscrições, incentivar as cidades-sede das competições a participarem e se candidatarem para sediar os jogos, a elaboração conjunta com os outros órgãos do regulamento da competição e o lançamento de súmulas no sistema são atribuições, vamos dizer assim, relacionadas à parte de execução técnica dos JEMG. Outra responsabilidade que se destaca é assegurar todas as condições necessárias para a participação da delegação do estado de Minas Gerais no Jogos Escolares da Juventude e nas Paraolimpíadas Escolares. Uma atribuição que, de certo modo, não está relacionada com os Jogos Escolares de Minas Gerais.

Não se percebe, mais uma vez, nenhuma incumbência em relação a aspectos educacionais da competição. As responsabilidades relacionam-se muito mais ao esporte hegemônico do que a uma competição de caráter escolar. Poderíamos dizer que o papel da FEEMG se assemelha ao papel do Comitê Olímpico Brasileiro (COB) na execução dos Jogos Escolares da Juventude. Em âmbito nacional, o governo federal, representado por órgãos ligados ao esporte e à educação, também delega a função de organização e execução a essa entidade.

O termo de parceria segue apresentando cláusulas relacionadas a fiscalização, monitoramento, supervisão, avaliação dos resultados. A cláusula 11 apresenta resoluções sobre os bens permanentes. Quando findada a parceria, a OEP deverá conferir se está em conformidade a relação de bens adquiridos pela Oscip. Assim sendo, o Órgão Estatal Parceiro poderá tomar duas decisões: incorporar o bem ao patrimônio do Estado ou não, mantendo-o sob propriedade da Oscip, tendo de realizar uma justificativa contendo uma fundamentação técnica pelo dirigente máximo da OEP. O documento continua abordando outras questões, como: prestação de contas, ação promocional, da extinção do termo, da publicação e do foro.

O documento apresenta no total 20 páginas, sendo 13 destinadas aos anexos. O Anexo I tem o título "Concepção da política pública" e busca justificar a realização dos JEMG. É citado o artigo 7º da Lei n.º 9.615, conhecida como Lei Pelé, para defender a destinação dos recursos do Ministério do Esporte para o desporto educacional e desporto para pessoas com deficiência. É comentado que a maioria dos recursos é obtida pela *"Fonte 38 - Transferências de Recursos da União Vinculados ao Esporte"* para a realização dos JEMG. O anexo segue dizendo que os JEMG são a mais tradicional competição esportiva-educacional promovida pelo Estado, sendo realizada há mais de 40 anos, "com a participação de mais de 40.000 (quarenta mil) beneficiários distribuídos por, em média, 700 (setecentos) municípios mineiros" (MINAS GERAIS, 2020, p. 8).

São apresentados então os objetivos para a realização dos JEMG:

> O JEMG é uma **ferramenta pedagógica** que valoriza a prática esportiva escolar e a **construção da cidadania** dos jovens estudantes-atletas mineiros, de **forma educativa e democrática**, aumentando o vínculo estudante-atleta com a escola e, assim, contribuindo para a diminuição da evasão escolar. Por abranger diversas regiões do Estado, o JEMG atua como canal de **integração, sociabilidade e aprendizado** dos estudantes-atletas envolvidos nos Jogos, além de possibilitar o surgimento de **novos talentos esportivos** ao longo de toda extensão territorial do estado. (MINAS GERAIS, 2020, p. 8, grifo meu).

O documento segue relacionando as modalidades esportivas presentes nos jogos escolares; destaca-se a informação de que elas podem ser inseridas ou excluídas dos JEMG para seguir as designadas pelo Comitê Olímpico do Brasil (COB) e pelo Comitê Paralímpico Brasileiro (CPB), presentes nos Jogos Escolares da Juventude e nas Paralímpicas, respectivamente. Foi, por exemplo, a justificativa para a retirada da Peteca nos JEMG, uma modalidade esportiva com origem em Minas Gerais, que não faz parte das categorias disputadas nos Jogos Escolares da Juventude.

As principais ações a desenvolver nos jogos são:

> [...] **o fomento à participação** do público alvo; o gerenciamento do sistema de inscrições; a articulação com as cidades-sede das etapas da competi**ção; a aquisição de material espor**tivo, uniformes e premiação para a realização das etapas; a execução das etapas Microrregional, Regional e Estadual do JEMG; e o suporte logístico à participação da delegação mineira no "Jogos Escolares da Juventude" e nas "Paralimpíadas Escolares (MINAS GERAIS, 2020, p. 8, grifo meu).

Essas ações possuem os seguintes resultados esperados:

> [...] fomentar a prática do esporte com fins educativos; desenvolver o talento esportivo e paradesportivo; desenvolver integralmente os estudantes-atleta como seres sociais, democráticos e ativos, estimulando o exercício da cidadania; promover o intercâmbio socioesportivo entre os participantes e as comunidades envolvidas; reforçar o elo de identidade do educando com sua unidade de ensino (MINAS GERAIS, 2020, p. 8).

Quando fazemos uma análise da relação entre os objetivos, as ações e os resultados esperados, podemos perceber que as ações desenvolvidas para a efetivação dos jogos estão pouco relacionadas com seu objetivo. Quando se afirma que os JEMG são uma *ferramenta pedagógica* que busca a formação da cidadania, de forma educativa e democrática, e atua como canal de integração e sociabilidade, supõe-se que as ações para efetivar essas atribuições tenham relação com esses objetivos. O que se percebe é que as ações estão ligadas mais às de organização da competição esportiva, como se os objetivos fossem alcançados pelo simples fomento à participação dos estudantes. Que ações visam ao desenvolvimento integral dos estudantes e estimulam o exercício da cidadania? A simples participação nos JEMG? Quais se efetivam na direção de uma ferramenta pedagógica, e não de uma competição esportiva? É como se existisse uma essência no esporte e na competição esportiva que naturalmente a tornaria uma ferramenta pedagógica.

O Anexo I segue apresentando as funções dos três atores envolvidos na organização dos JEMG, já mencionados neste trabalho. O anexo encerra apresentando algumas resoluções e instrumentos de planejamento em médio e longo prazo [Plano Mineiro de Desenvolvimento Integrado (PMDI), Plano Plurianual de Ação Governamental (PPAG) e Ação 4.551 – Desenvolvimento do Esporte Educacional], onde está prevista e justificada a realização dos JEMG.

O Anexo II apresenta o Programa de Trabalho, como listado a seguir:

Figura 4 – Programa de Trabalho JEMG (2020 – 2021)

Área Temática	Indicador		Valor de Referência (V0)	Peso (%)	1°PA 03/2020	2°PA 04/2020 a 06/2020	3°PA 07/2020 a 09/2020	4°PA 10/2020 a 12/2020	5°PA 01/2021 a 03/2021	6°PA 04/2021 a 06/2021	7°PA 07/2021 a 09/2021	8°PA 10/2021 a 12/2021	9°PA 01/2022 e 02/2022
1 Etapas Microrregional, Regional, Estadual e Nacional.	1.1	Número de atletas participantes nas modalidades coletivas e individuais	35.000	10	-	35.000	3.750	-	-	35.000	4.000	-	
	1.2	Número de atletas participantes nas modalidades paradesportivas	200	10	-	-	300	-	-	-	350	-	
	1.3	Número de municípios participantes nas modalidades coletivas e individuais	696	10	-	700	200	-	-	700	200	-	
	1.4	Número de municípios participantes nas modalidades paradesportivas	35	10	-	-	35	-	-	-	40	-	
	1.5	Percentual de satisfação dos beneficiários	25	10	-	-	80%	85%	-	-	80%	85%	
	1.6	Número de escolas participantes	2.000	10	-	1600	700	-	-	1600	700	-	
	1.7	Percentual de municípios participantes em relação aos inscritos	80%	7	-	80%	80%	-	-	80%	80%	-	
2 Comunicação	2.1	Número de inserções geradas por mídia espontânea impressa, televisiva, radiodifusora e digital em sítios eletrônicos, cadernos ou veículos impressos	1.450	10	50	150	350	650	750	850	1150	1350	1450
	2.2	Número de seguidores do JEMG nas mídias sociais	61.500	5	62.000	62.500	63.500	64.500	65.000	66.000	67.500	68.500	69.000
3 Captação de parcerias	3.1	Número de instrumentos de parcerias com entidades para apoio qualitativo à atividade do Termo de Parceria	70	5	-	32	4	-	-	32	4	-	
	3.2	Captação acumulada de receita	-	5	-	-	R$400.000,00	-	-	-	R$400.000,00	-	
	3.4	Número de projetos de captação submetidos	-	5	-	-	2	-	-	-	4	-	
	3.5	Percentual de aprovação dos projetos de captação de recursos	-	3	-	-	-	50%	-	-	-	75%	

FONTE: Minas Gerais (2020)

Essa tabela apresenta informações relevantes para entendermos a realização dos Jogos Escolares de Minas Gerais, bem como é avaliada pelos gestores. São três áreas temáticas: Etapas Microrregional, Regional, Estadual e Nacional; Comunicação e Captação de Parcerias. São apresentados indicadores para a efetivação dessas áreas, valores de referência para o alcance das metas, um peso em porcentagem para cada indicador e as metas para o período de avaliação.

A primeira área temática está relacionada às etapas dos JEMG. Possui o peso de 67% na avaliação total dessa política pública. Dos sete indicadores, dois estão relacionados ao número de participantes: os *atletas participantes nas modalidades coletivas e individuais* apresentam o valor de referência em 35 mil por ano; tendo como meta também 35 mil participantes na fase microrregional e 3.750 estudantes envolvidos no período do segundo semestre, que corresponde à realização da fase estadual dos JEMG. Não há indicador relacionado ao número de participantes das etapas regionais e nacional. O outro indicador é a quantidade *de atletas atuantes nas modalidades paradesportivas*, com valor de referência em 200 participantes.

Outros três indicadores estão relacionados com o envolvimento dos municípios, que tem como indicador 696 *municípios nas modalidades coletivas e individuais*. O número de *municípios participantes nas modalidades paradesportivas* tem como referência apenas 35. Estabelece-se como indicador e meta que se obtenha 80% entre o *número de municípios participantes em relação aos inscritos* (esse indicador tendo peso 7% na avaliação do programa; todos os outros indicadores dessa área possuem 10% de peso avaliativo).

Há ainda indicadores com relação à quantidade de *escolas participantes*, que tem como referência 2 mil escolas, tendo como meta 1.600 no primeiro semestre e 700 no segundo semestre (podendo ser contabilizadas as mesmas do primeiro semestre). No Censo Escolar do ano de 2018, existiam 8.568 escolas envolvendo a faixa etária de alunos com idade para participar dos JEMG no estado de Minas Gerais, sendo: 5.400 escolas dos anos finais do ensino fundamental e 3.168 escolas de ensino médio (CENSO..., [2019]).

Dentro ainda da primeira área temática, existe o *percentual de satisfação dos beneficiários*, que tem por objetivo avaliar o nível de satisfação dos "estudantes-atletas", "professores/treinadores" e árbitros. É realizado pela Subsecretaria de Esportes por meio de formulários respondidos nas etapas regionais e estadual dos JEMG e pelos participantes dos Jogos Escolares da Juventude. A pesquisa conta com os seguintes critérios: "atendimento médico, segurança, pontualidade dos jogos, qualidade dos materiais esportivos e no contato com o público externo, entre outros a serem definidos pela SUBESP" (MINAS GERAIS, 2020, p. 12). A entidade deve alcançar a meta de 80% de avaliação positiva nas etapas regionais e estadual e 85% na avaliação dos envolvidos com os Jogos Escolares da Juventude. Percebe-se que não é avaliada a etapa microrregional, em que há uma abrangência maior de cidades-sede, podendo chegar a 56. Além da quantidade de cidades envolvidas na etapa microrregional, há um número significativamente maior de participantes comparando essa etapa à estadual: 35 mil, aproximadamente, contra 4 mil estudantes.

Ainda com relação a essa comparação entre a participação e a avaliação das etapas microrregional e nacional (Jogos Escolares da Juventude), tivemos acesso a uma planilha chamada "Memória de cálculo", em que é discriminada, com detalhes, toda a previsão de gastos com os JEMG no ano de 2020 e 2021. Sem querer aprofundar a análise desse documento, a meta de alunos participantes na etapa microrregional é de 35 mil; sendo a previsão de gasto em 2020 de R$ 342.282,58. Se pegarmos o valor total desse prognóstico e o dividirmos pela meta do número de participantes, teremos o valor de R$ 9,77 por aluno; o que era previsto em 2020 com a etapa nacional era de R$ 841.304,46; como não há antecipação no número de participantes, buscamos essa informação no ano de 2019. Essas referências só foram conseguidas via notícias dos sites oficiais dos JEMG e do governo de Minas. O número total de participantes nas duas etapas dos JEJ foi de 359 estudantes, e parte dos atletas atuou em ambas, pois em 2019 atualmente havia uma etapa regional seguida da nacional. Vamos supor que em 2020 tenham participado 500 estudantes, 141 alunos a mais que 2019; teríamos o valor de R$ 1.682,60 por aluno. Talvez seja esse o motivo da não avaliação da etapa microrregional e que se busque 85% de avaliação positiva na nacional. Esses valores impressionam e revelam-nos características do evento. Visam ao desenvolvimento do esporte educacional como ferramenta pedagógica ou vão no sentido de selecionar e permitir a participação de estudantes nos Jogos Escolares da Juventude?

Há ainda outra questão: não é levada em consideração a avaliação dos "vencidos", aqueles que participam da etapa microrregional e não avançam para as posteriores. Os "vencedores" participantes das finais dos JEMG podem tender a avaliar mais positivamente o evento. Ao mesmo tempo que não é levado em consideração o número de participantes nos Jogos Escolares da Juventude, a avaliação desses alunos e desses professores tem um peso importante na avaliação da satisfação dessa política pública.

Quanto ao programa de trabalho, a respeito da área temática relacionada às etapas dos JEMG, percebe-se uma atenção acentuada com relação aos números do programa: participantes, escolas e municípios inscritos. Há ainda uma ênfase no nível de satisfação dos participantes, com relação à estrutura e à organização das etapas. Podemos afirmar que não há nenhum indicador que avalie os resultados esperados em relação aos princípios educacionais dos jogos, seja no fomento do esporte com fins educacionais, seja no desenvolvimento integral dos participantes. O evento é considerado mais como uma competição esportiva do que uma ferramenta pedagógica.

Com relação à área temática comunicação, há dois indicadores: *o número de inserções geradas por mídia espontânea impressa, televisiva, rádio difusora e digital em sítios eletrônicos, cadernos ou veículos impressos* e *o número de seguidores dos JEMG nas mídias sociais*. Percebe-se uma grande intenção em dar publicidade ao evento. O objetivo, segundo o termo de parceria, é "ampliar o conhecimento e divulgação do JEMG para a sociedade, visando a melhora da visibilidade e publicidade do evento" (MINAS GERAIS, 2020, p. 13). Essa publicidade acontece em dois segmentos: nos veículos tradicionais de imprensa e nas redes sociais, alcançando o público mais jovem.

A terceira área temática intitula-se *Captação de Parcerias* e tem o objetivo da "captação de recursos e parceiros para potencializar serviços e incrementar do escopo do Termo de Parceria, no sentido de prover melhorias e novos serviços/funcionalidades aos beneficiários da política pública" (MINAS GERAIS, 2020, p. 13). É prevista a parceria visando ao atendimento médico e à segurança, com apoio de hospitais e forças policiais ou empresas de segurança privada. Há ainda a possibilidade de arrecadação de receitas por meio de patrocínios, leis de incentivo, direitos sobre marcas e patentes, recursos obtidos de incentivos fiscais e outros.

Está presente nesse documento um quadro de produto, em que se estabelece a entrega de regulamentos, relatórios, planos de ação, em determinadas datas e períodos de avaliação do projeto. São apresentados: cronograma de avaliações, quadro de pesos para a avaliação e cronograma de desembolsos. O Anexo III apresenta *a sistemática de avaliação* que define fórmulas, estabelece atribuições a comissão de avaliação. O Termo de Parceria n.º 049/2020 visa à execução dos JEMG no ano de 2020 e 2021. Apesar de estar relacionado com o "vir a ser", esse termo apresenta bastantes similaridades com os termos de parcerias de anos anteriores. Como o objetivo de apresentar o que já se efetivou na prática, vamos trazer informações e reflexões sobre a avaliação dos JEMG 2019.

4.4 A AVALIAÇÃO DOS JEMG 2019

O termo de parceria celebrado entre os três envolvidos com a realização dos jogos escolares estabelece a elaboração de relatórios gerenciais financeiros, de resultados, da comissão de avaliação e de monitoramento para cada período. O período de dois anos de parceria foi dividido em sete. Portanto, foram produzidos aproximadamente 28 relatórios em dois anos. Dizemos "aproximadamente" pois há períodos em que não é exigida a apresentação de um relatório ou outro. Nesta pesquisa vamos nos ater aos *Relatórios de Resultados e de Monitoramento do 5º, 6º e 7º Períodos Avaliatórios*, que correspondem ao período de abril a dezembro de 2019. Esses relatórios têm como objetivo apresentar:

> [...] o comparativo entre as metas propostas e os resultados alcançados, acompanhado de informações relevantes acerca da execução, de justificativas para todos os resultados não alcançados e de propostas de ação para superação dos problemas enfrentados na condução das atividades. (MINAS GERAIS, 2019e, p. 2).

O *7º Relatório de Resultados* (MINAS GERAIS, 2019e) apresenta a tabela "Comparativo entre as metas previstas e realizadas", como observamos a seguir:

Figura 5 – Comparativo entre as metas previstas e realizadas

2 – COMPARATIVO ENTRE AS METAS PREVISTAS E REALIZADAS

QUADRO 1 – COMPARATIVO ENTRE AS METAS PREVISTAS E REALIZADAS[1]

	Área Temática		Indicador	Peso (%)	Metas	Resultados
					7º Período Avaliatório 01/10/19 a 31/12/19	7º Período Avaliatório 01/10/19 a 31/12/19
1	MICRORREGIONAL	1.1	Número de atletas participantes na etapa microrregional	10	33.000	37.202
		1.2	Número de municípios participantes na etapa microrregional	10	-	-
		1.3	Número de parcerias na etapa microrregional	4	-	-
2	REGIONAL	2.1	Número de parcerias na etapa regional	3	-	-
		2.2	Percentual de satisfação dos envolvidos na etapa regional	3	80%	78,03%
3	ESTADUAL	3.1	Número de atletas participantes - Modalidades coletivas e individuais	10	4.500	4.147
		3.2	Número de municípios participantes	10	200	232
		3.3	Número de atletas participantes- Modalidades paradesportivas	6	350	199
		3.4	Número de parcerias por sede estadual	3	-	-

[1] Este Quadro deve conter todos os indicadores pactuados no Programa de Trabalho do Termo de Parceria/Termo Aditivo. Naqueles que não existe meta para o período, as colunas de metas e resultados devem ser preenchidas com "-".

Fonte: Minas Gerais (2019e)

Figura 6 – Comparativo entre as metas previstas e realizadas (continuação)

		3.5	Percentual de satisfação dos envolvidos na etapa estadual.	3	80%	79,92%
4	NACIONAL	4.1	Percentual de satisfação dos participantes nos Jogos Escolares da Juventude –módulo I	3	87%	94,33%
		4.2	Percentual de satisfação dos participantes nos Jogos Escolares da Juventude – módulo II	3	87%	91,19%
		4.3	Percentual de satisfação dos participantes nas Paralimpíadas Escolares	3	87%	93,50%
5	COMUNICAÇÃO	5.1	Número de visitas no sítio eletrônico do JEMG	5	400.000	551.443
		5.2	Número de inserções geradas por mídia espontânea impressa, televisiva, radiodifusora e digital em sítios eletrônicos, cadernos ou veículos cuja abrangência seja estadual, nacional ou internacional.	4	300	371
		5.3	Número de inserções geradas por mídia espontânea impressa, televisiva, radiodifusora e digital em sítios eletrônicos, cadernos ou veículos cuja abrangência seja municipal ou regional	4	1400	1540
		5.4	Número de seguidores do JEMG nas mídias sociais.	4	51.000	51.796
6	Nº TOTAL DOS JOGOS	6.1	Número de escolas participantes no JEMG	8	1.900	1987
		6.2	Percentual de municípios participantes em relação aos inscritos	4	80%	83,43%

Fonte: Minas Gerais (2019e)

Os documentos buscam avaliar cada uma das áreas temáticas por meio dos indicadores, estabelecendo metas e apresentando resultados. O que se observa é que há muita similaridade com o programa de trabalho para os JEMG 2020 e 2021. Há uma intenção em avaliar o número de participantes, de municípios envolvidos e de escolas que participaram dos JEMG em 2019. Além disso, é percebida uma ênfase na questão da propaganda da competição, dando importância ao número de visitas ao site, de notícias geradas na mídia tradicional e de seguidores nas redes sociais.

Quando analisamos o peso em porcentagem dado a cada indicador, percebemos a soma de 17% em indicadores relacionados à propaganda e 15% em relação aos níveis de satisfação dos envolvidos com os jogos; e, desses 15%, 9% estão relacionados à avaliação dos Jogos Escolares da Juventude, competição organizada pelo COB — a FEEMG tem a função de planejar, organizar, executar e acompanhar a delegação que representa Minas Gerais. Os outros 6% estão relacionados ao nível de satisfação dos participantes das etapas regionais e da estadual; não são levadas em consideração as etapas microrregionais, em que há número maior de estudantes, municípios e escolas envolvidas.

Participou da etapa microrregional dos JEMG 2019 o total de 37.202 estudantes. A região da Zona da Mata é a terceira no estado em relação ao número de municípios e alunos participantes. O vale do aço é a região com maior participação, seguida da região Sul. No ano de 2019, participaram da etapa microrregional 696 municípios.

Com relação às parcerias na etapa microrregional, foram estabelecidas 34 (a meta eram 29), que se dividiram em dois serviços: atendimento médico e segurança. A maioria das parcerias foi firmada com Secretarias Municipais de Saúde, Polícia Militar de Minas Gerais e Guardas Municipais. Já na etapa regional foram quatro (a meta eram três), envolvendo atendimento médico e segurança (duas empresas privadas) (MINAS GERAIS, 2019a).

O percentual de satisfação dos envolvidos na etapa regional foi auferido via questionário. Participaram da amostra 599 estudantes e 109 professores, técnicos ou árbitros. Como não há informação do número total de alunos envolvidos nas seis cidades-sede das etapas regionais, não é possível verificar o que representa essa quantidade de questionários respondidos em relação ao número total de participantes. Foram avaliados: *estrutura dos locais de competição, do alojamento; higiene dos locais de competição; higiene do alojamento; segurança dos locais de competição e do alojamento; material esportivo*; *pontualidade dos jogos*; *eficácia do atendimento médico*; e *arbitragem*. Com relação à percepção dos estudantes que responderam ao questionário, o item mais bem avaliado foi *Material Esportivo*, com 81,88% de aprovação. O item com maior reprovação foi *Segurança do Alojamento*, com 61,83% de aprovação. A média geral de satisfação dos estudantes foi de 75,72%. Já os professores/técnicos/árbitros avaliaram como ponto mais positivo a pontualidade dos jogos, tendo média de 84,38%. Já o pior item avaliado foi o material esportivo, com 74,23% de média. A média geral de avaliação desse segmento foi superior à dos estudantes, tendo 78,03%.

Como não é apresentada a quantidade total de participantes, não sabemos o que representa essa amostra. Outro problema é relacionar, na mesma categoria, professores e árbitros, pois o número de 109 professores/árbitros parece ser pequeno. O que se percebe é que nessa avaliação os JEMG não são entendidos, mais uma vez, como uma ferramenta pedagógica, e sim como uma competição esportiva. Os itens avaliados dizem respeito à estrutura da competição, do alojamento e a questões de logística. Não é considerado se os JEMG atingem os objetivos propostos; ficam várias questões, por exemplo: como os JEMG fomentam a prática de esportes com fins educativos? Como desenvolvem integralmente os estudantes, estimulando o exercício da cidadania? Como é avaliado se a competição promove o intercâmbio entre os participantes e as comunidades? Como os jogos reforçam o elo de identidade dos alunos com as instituições de ensino?

Outra questão que é fundamental, mas ignorada: quais são as condições que os professores possuem em relação à preparação para os jogos? Como funciona o antes e o depois das competições esportivas? São questões fundamentais que deveriam ser consideradas para medir a efetividade dessa política pública. O foco da avaliação está nas questões estruturais, organizacionais da competição esportiva. O que nos faz questionar: o que se espera realmente dos JEMG?

Os relatórios passam a avaliar a etapa estadual dos JEMG. O primeiro item diz respeito ao número de alunos participantes: no ano de 2019, foram 4.147 estudantes; a meta prevista era 4.500 alunos. Grande parte deles participou da etapa microrregional e regional. Apenas os atletas da cidade-sede, nas modalidades coletivas, podem não ter participado das outras etapas, já que o município-sede tem vaga assegurada na competição. Os alunos atuantes nas modalidades individuais (exceto o xadrez) participaram apenas da etapa estadual. Os relatórios não fazem essa distinção da atuação nas modalidades coletivas e individuais. Portanto, não há como saber quantos atletas desse total de 4.147 já haviam participado das outras etapas e quais estariam envolvidos apenas na etapa estadual. A meta pode não ter sido alcançada, segundo o relatório, devido às restrições financeiro-orçamentárias enfrentadas pelos municípios, afetando a logística para a participação das cidades.

Participaram da etapa estadual, no ano de 2019, 232 cidades de Minas. A meta prevista eram 200 municípios. Percebe-se que o número de cidades envolvidas com a etapa estadual é consideravelmente inferior ao das microrregionais (696 municípios). Essa questão pode ser compreendida pelo fato de as etapas anteriores, envolvendo as modalidades coletivas, serem seletivas, só avançando as equipes campeãs.

Em relação aos participantes nas modalidades paradesportivas, na etapa estadual estiveram envolvidos 199 estudantes, de 39 municípios. Estava prevista a execução de 12 modalidades: 3 não aconteceram por não haver estudantes inscritos (basquete em cadeira de rodas, vôlei sentado e tênis em cadeira de rodas); 4 não foram realizadas por número insuficiente de inscritos (parabadminton, judô PCD, futebol de 5 e *goalball*). Aconteceram efetivamente cinco modalidades: atletismo PCD (129 participantes), bocha (23), futebol de 7 (12), natação PCD (18) e tênis de mesa PCD (17). Caso um estudante tenha atuado em mais de uma modalidade, é contabilizada apenas uma participação. Esse pode ter sido o motivo de terem sido contabilizados 12 participantes no futebol de 7. O motivo apresentado para a pequena participação é a baixa abrangência do movimento paradesportivo escolar em Minas Gerais. Acreditamos que outra hipótese pode ser a falta de apoio e a infraestrutura das escolas mineiras para a realização dessas modalidades (MINAS GERAIS, 2018g).

O próximo indicador a ser avaliado é o *Percentual de satisfação dos envolvidos na etapa estadual*. Foram avaliados os mesmos itens da etapa regional. Dando a entender que foi aplicado o mesmo questionário para estudantes e professores/árbitros. Portanto, não vamos fazer as mesmas análises e considerações já mencionadas. Responderam à pesquisa 185 estudantes, num total de 4.147 participantes da etapa. Esse número representa 4,46% dos estudantes. A amostragem foi aleatória e simples. Com relação ao número, 48 professores/técnicos/árbitros fizeram parte da pesquisa. O número de participantes da pesquisa mostrou-se pequeno, e não foram considerados, por exemplo: diferença entre alunos de escolas públicas e particulares, região dos estudantes, locais de alojamentos e locais de competições distintos. O item mais bem avaliado, tanto pelos estudantes quanto pelos professores/árbitros, foi a estrutura dos locais de competição. O pior item avaliado pelos dois segmentos também foi o mesmo: a higiene do alojamento (MINAS GERAIS, 2019e).

Com relação às parcerias firmadas na etapa estadual, foram duas com a mesma empresa: Tigre Soluções Patrimoniais — na área de primeiros socorros, nas áreas de competição e nas de segurança, disponibilizando segurança nos locais de competição e alojamento (MINAS GERAIS, 2019b).

A área temática que envolve a etapa nacional apresenta três indicadores: *Percentual de satisfação dos participantes nos Jogos Escolares da Juventude – módulo I*; *Percentual de satisfação dos participantes nos Jogos Escolares da Juventude – módulo II*; e *Percentual de satisfação dos participantes nas Paralimpíadas Escolares.* Vamos fazer uma análise conjunta desses três indicadores, pois eles possuem as mesmas características: foram realizadas pesquisas com estudantes, técnicos e professores; não foi informada a quantidade de participantes da pesquisa. Foram avaliadas nesses indicadores:

> [...] a experiência geral; a qualidade do deslocamento do município de origem até a sede; a qualidade da alimentação fornecida durante a viagem e durante a competição; qualidade do atendimento médico; a cordialidade da delegação de Minas Gerais e a cordialidade do professor responsável pela modalidade. O percentual de satisfação se dá após a média das respostas dadas. (MINAS GERAIS, 2019g, p. 12).

Algumas atribuições são de responsabilidade da FEEMG, outras são do COB, organizador dos Jogos Escolares da Juventude. O percentual de satisfação foi alto nos três indicadores (acima de 90%), e as três metas foram alcançadas.

Passamos a avaliar a área temática *Comunicação*, na qual foram estabelecidos quatro indicadores: *número de visitas no sítio eletrônico dos JEMG*; *de inserções geradas por mídia espontânea impressa, televisiva, radiodifusora e digital em sítios eletrônicos, cadernos ou veículos cuja abrangência seja estadual, nacional ou internacional*; **número de inserções geradas por mídia espontânea impressa, televisiva, radiodifusora e digital em sítios eletrônicos, cadernos ou veículos cuja abrangência seja municipal ou regional**; e **número de seguidores dos JEMG nas mídias sociais**. Esses itens demonstram a preocupação dos gestores em dar visibilidade ao evento, sendo avaliados itens relacionados à propaganda sobre a competição esportiva e ao envolvimento nas redes sociais.

O número de visitas ao site dos JEMG alcançou o número de 551.443 acessos no período entre 10 de fevereiro a 5 de dezembro de 2019. Segundo Minas Gerais (2019g, p. 15):

> Os bons resultados demonstrados no presente indicador ates-tam o grande alcance do sítio eletrônico do JEMG, abrindo, assim, possibilidades futuras de captação de recursos via exposição de marcas. No contexto de restrição financeira vigente, tal ferramenta pode ser imprescindível para o aporte de recursos privados no financiamento de políticas públicas como o JEMG.

Portanto, o número de acessos ao site possibilita, além de propagandear o evento, na visão dos gestores, a chance de captação de recursos por meio da exposição de marcas, ampliando a quantidade de subsídios advindos da iniciativa privada para a realização dos JEMG. O site do evento é um canal de comunicação para a divulgação de regulamentos, notas oficiais, boletins; isso não é citado pelos documentos.

Sobre o número de inscrções gcradas por mídia espontânea em âmbito nacional ou internacional, foram contabilizadas 371 inserções; já em âmbito regional ou municipal foram 1.540; números relativos ao período do termo de parceria vigente (2018 e 2019). Ambas as metas foram alcançadas. Per-cebe-se, na análise dos relatórios desse período, uma grande preocupação em divulgar o evento. Quase que na totalidade dos relatórios analisados foram apresentadas informações sobre a comunicação. Podemos perceber essa preocupação nas seguintes informações:

> Continuaremos com a parceria com a assessoria de Comuni-cação da SEDESE, com a Secretaria de Estado de Educação e com a Agência Minas, que tem rendido muitas inserções ao longo dos períodos. Além deles, é importante ressaltar o crescente interesse do Jornal O Tempo e da Globo Minas na divulgação do JEMG/2019, que nos trouxe dezenas de matérias nesse período.
> [...]
> Alcançamos um resultado bastante satisfatório com as inser-ções de abrangência municipal e regional. Foram enviados centenas de e-mails para veículos de imprensa de todo o estado, com informações da etapa microrregional e regional do JEMG/2019. O resultado alcançado já ultrapassou o esta-belecido (1400 inserções) até o final da vigência do Termo de Parceria nº 46/2018. (MINAS GERAIS, 2019c, p. 9, 12).

Com relação ao número de seguidores nas redes sociais, as páginas oficiais dos JEMG no Facebook e no Twitter alcançaram, juntas, 51.796 em dezembro de 2019. Os relatórios ainda mencionam os números de seguidores no Instagram, não contabilizados no indicador da parceria. A rede social possuía 12.600 seguidores no fim de 2019 (MINAS GERAIS, 2019e).

A última área temática avaliada nos relatórios dos JEMG 2019 intitula-se *Número total de jogos* e apresenta dois indicadores: **número de escolas participantes nos JEMG** e *Percentual de municípios em relação aos inscritos.* Participou dos JEMG 2019, levando em consideração todas as etapas dos jogos, o total de 1.987 escolas. Segundo o relatório, cada uma foi considerada apenas uma vez, independentemente do número de participações nas etapas. Esses números não levam em consideração o nível de participação de cada instituição, por exemplo: representada por um atleta que atua em uma modalidade individual, na etapa estadual é contabilizada da mesma maneira que uma participação envolvendo três equipes coletivas (podendo participar até 42 estudantes) na microrregional. Com relação ao percentual de municípios participantes em relação ao número de inscritos, 83,43% dos municípios inscritos participaram. Foram 700 municípios envolvidos dos 839 que se inscreveram nos JEMG 2019 (MINAS GERAIS, 2019g).

Quando são divulgados esses números sem as devidas considerações e análises, os JEMG podem ser entendidos como uma política pública que abrange quase que o total de estudantes mineiros. Mas percebe-se, em análises já realizadas por este trabalho, uma abrangência ainda pequena dessa competição esportiva. E o que salta aos olhos é que o único indicador capaz de medir a qualidade do evento, que é o nível de satisfação dos estudantes, é realizado de maneira limitada. Os dados apresentados por essa pesquisa de satisfação podem ser considerados quase irrelevantes, pois não envolvem a etapa de maior abrangência e participação, que são as microrregionais. E, quando realizada nas etapas posteriores, poucos alunos participam e não é realizada uma metodologia adequada para que a amostra pequena seja considerada relevante.

Cabe ainda mencionar que acontece anualmente um seminário de avaliação dos JEMG em Belo Horizonte, geralmente vinculado a outro evento, os "Melhores do Ano", que busca premiar atletas, professores, técnicos, profissionais da comunicação e outras personalidades do esporte mineiro (DESTAQUES..., 2016). Grande parte das pessoas presentes nessa avaliação, portanto, são os "vencedores"; professores e gestores municipais que, de certa forma, foram para ambos os eventos, que habitualmente acontecem no mesmo dia e mesmo espaço. Participam também dessa reunião de avaliação os analistas educacionais das SREs, responsáveis pelo apoio na organização dos JEMG em suas regiões. O evento em 2016, por exemplo, aconteceu em uma terça-feira, num dia em que havia previsão de aulas no calendário escolar. Evidentemente que grande parte dos professores do Estado de Minas Gerais não pôde comparecer. Esses seminários, nos últimos anos, têm reunido 50 a 100 pessoas, sendo a maioria representantes dos três órgãos que organizam os JEMG. No seminário de avaliação são apresentados os números da edição daquele ano e o formato das competições no próximo ano. Portanto, parece-nos ser restrita qualquer sugestão de mudança avaliada por esse evento.

No meu entendimento, os objetivos propostos para a realização dos JEMG 2019 estabelecidos pelo Termo de Parceria n.º 46/2018 (MINAS GERAIS, 2018b) não são efetivamente avaliados pelos relatórios analisados por esta pesquisa. Não se pode constatar, por meio da avaliação, se os JEMG fomentam a prática de esporte e paradesporto com fins educativos. A simples participação incentiva a prática com fins educativos? Acredito que não. Não se pode inferir se os JEMG contribuem para o desenvolvimento do talento esportivo. Pelo que é avaliado, não se pode constatar se os jogos escolares contribuem para o desenvolvimento integral do estudante, como ser social, democrático e participante, estimulando o pleno exercício da cidadania. Assim como tampouco pode ser avaliada como a participação nos JEMG estimula a prática esportiva nas instituições de ensino. A participação em uma competição esportiva estimula naturalmente a prática esportiva nas escolas? Suspeito que não, mas isso poderia ser avaliado pelos gestores. Como os JEMG promovem o intercâmbio socioesportivo entre os participantes? Esse intercâmbio dá-se pelo simples fato de jogar a escola A versus a B? Onde está a avaliação dessa questão nos diversos relatórios analisados? Da mesma maneira, como se estabelece o elo do estudante com a sua instituição de ensino? O último objetivo proposto pode ser considerado o único que realmente é avaliado pelos relatórios analisados: indicar o representante do Estado de Minas Gerais nos eventos promovidos por Ministério do Esporte, Ministério da Educação, COB e CPB.

Não estou afirmando que por meio da participação dos JEMG não seja possível alcançar esses objetivos. O que estou afirmando é que não é avaliado como se efetiva essa participação. A ênfase está em aferir os números, a comunicação, a participação nos Jogos Escolares da Juventude. Não se avalia o evento de forma qualitativa, apenas quantitativa. Resta saber se a "não avaliação" é intencional ou um equívoco por parte dos gestores da Subsecretaria de Esportes, da Secretaria de Estado de Educação e da FEEMG.

4.5 O REGULAMENTO GERAL DOS JOGOS ESCOLARES DE MINAS GERAIS

O Regulamento Geral dos JEMG é provavelmente o documento relacionado a esse evento a que os professores participantes possuem mais acesso. Há alguns anos esse documento era distribuído de forma impressa nas competições. Atualmente ele está disponível no site oficial do evento. Segundo o Regulamento Geral dos JEMG 2019 (MINAS GERAIS, 2019f), os jogos são realizados em quatro fases, a etapa municipal é de responsabilidade dos municípios que selecionarão as escolas e os estudantes para as subsequentes. A etapa microrregional é realizada nas 47 regiões das Superintendências Regionais de Ensino (SREs). A quantidade de municípios envolvidos é diferente em cada microrregião. Na SRE Leopoldina, por exemplo, são 10 cidades; já na SRE de Barbacena participam 24 municípios. As modalidades disputadas nessa etapa são: futsal, handebol, basquete, voleibol e xadrez, nos sexos masculino e feminino. Participam dos JEMG estudantes entre 12 e 14 anos, que são denominados Módulo I; e entre 15 e 17 anos, Módulo II. É permitida ao estudante a participação em apenas uma modalidade coletiva por etapa. Os campeões da fase microrregional e os quatro alunos mais bem colocados nas competições de xadrez classificam-se para a etapa regional.

A etapa regional é realizada em seis regiões do estado: Centro, Norte, Sul, Triângulo, Vale do Aço e Zona da Mata. Nela participam as escolas campeãs da fase microrregional e as escolas indicadas pela cidade-sede. Até 2018 eram realizadas, na etapa regional, competições de peteca e vôlei de praia. A peteca foi excluída da edição 2019 por ser uma modalidade que não classificaria alunos para os Jogos Escolares da Juventude, já que era uma categoria apenas dos JEMG. Isso gerou algumas críticas dos professores, pois a peteca, entre as modalidades disputadas nos JEMG, é a única de origem mineira, rememorando práticas de tribos indígenas. O vôlei de praia passou a ser disputado apenas na etapa estadual.

O transporte dos estudantes é de responsabilidade das prefeituras; o alojamento, quando necessário, acontece nas escolas públicas dos municípios; e a alimentação é oferecida nos alojamentos, sob responsabilidade das delegações, segundo o regulamento, mas é ofertada pelo Estado. Os municípios que desejam sediar uma etapa dos JEMG devem enviar um projeto de sediamento, no qual devem oferecer condições de logística, como segurança, atendimento médico, transporte interno, quadras com uma série de requisitos, local para a instalação do comitê, organizar a cerimônia de abertura, oferecer recursos humanos etc. Como contrapartida, há uma pontuação para o repasse anual do ICMS esportivo.

A etapa estadual é a final dos Jogos Escolares de Minas Gerais e também seletiva, pois os campeões desse evento representarão Minas Gerais nas etapas nacionais. Nas modalidades coletivas participam, nessa fase, os campeões da etapa regional, as escolas indicadas da cidade-sede e os campeões das escolas de Belo Horizonte, selecionados por meio dos resultados dos Jogos Escolares de Belo Horizonte (JEBH).

Além das modalidades coletivas, foram previstas para realização da etapa no ano de 2019 as modalidades: atletismo, badminton, ciclismo, ginástica rítmica, judô, natação, tênis de mesa, voleibol de praia. Além das seguintes modalidades paralímpicas: atletismo PCD, basquete em cadeira de rodas, bocha, futebol de 5, futebol de 7, *goalball*, judô PCD, natação PCD, parabadminton, tênis de mesa PCD, tênis em cadeira de rodas e vôlei sentado. Essas categorias individuais e paralímpicas aconteceram somente na fase estadual, cabendo aos representantes municipais indicar os alunos para as competições. A quantidade permitida por município pode variar conforme a modalidade.

Apesar de ser a maior competição escolar do país e envolver 839 municípios e mais de 160 mil atletas (JEMG, [2019]), a participação é restrita para a maioria dos estudantes mineiros. Para integrar a etapa microrregional, o aluno deve ser campeão na fase municipal, o que de certa forma já exclui a maioria dos estudantes. Mesmo os que conseguem participar da etapa microrregional têm a participação restrita nos JEMG, pois apenas os campeões seguem para as etapas regionais e estadual. Como o sistema de disputa é pensado para uma competição de cinco ou seis dias (quando há número grande de municípios na SRE), permite-se que as equipes joguem no máximo seis jogos e no mínimo dois por etapa. Em uma equipe, um estudante pode, portanto, participar de uma edição dos JEMG e atuar em apenas dois jogos. Já os praticantes das modalidades individuais participam apenas da competição na etapa estadual; dependendo da categoria, podem participar de apenas duas provas ou jogar duas partidas; por exemplo, se participarem do Badminton no simples e estiverem em um chaveamento com três participantes.

A finalidade dos jogos escolares, segundo seu regulamento, é "o aumento da participação da juventude estudantil mineira em atividades desportivas, promovendo a integração social, o exercício da cidadania e a descoberta de novos talentos" (MINAS GERAIS, 2019f, p. 4). A justificativa para a realização dos jogos é: "[...] no contexto de integração e sociabilidade, crianças e jovens constroem valores e formam conceitos por meio das atividades desportivas, promovendo benefícios à saúde física e psicológica, atendendo seu direito constitucional à prática de esportes" (MINAS GERAIS, 2019f, 2019, p. 4). O documento apresenta sete objetivos para a realização dos JEMG:

> Fomentar a prática de esportes com fins educativos; contribuir para o adequado desenvolvimento do talento esportivo; contribuir para o desenvolvimento integral do estudante como ser social, democrático e participante, estimulando o pleno exercício da cidadania; estimular a prática esportiva nas instituições de ensino fundamental e médio das redes públicas (municipal, estadual e federal) e particular; promover o intercâmbio socioesportivo entre os participantes e as comunidades envolvidas; estabelecer um elo de identidade do educando com sua unidade de ensino; indicar o representante do Estado nas modalidades e categorias, quando for o caso, em eventos promovidos pelo Ministério do Esporte, Ministério da Educação e Comitê Olímpico do Brasil. (MINAS GERAIS, 2019f, p. 4).

O regulamento dos JEMG, ao apresentar sua finalidade, justificativa e objetivos, explicita as contradições presentes no documento norteador dos jogos. Sua finalidade: buscar aumentar a participação da juventude em atividades desportivas, que pode acontecer somente para os "vencedores", pois da etapa municipal à estadual uma equipe que participa de quatro fases dos jogos pode jogar aproximadamente 20 vezes e estar envolvida com preparação para as etapas durante seis meses. Já os "vencidos", na etapa municipal, não participam de fato dos JEMG; e os eliminados da fase microrregional podem integrar as competições em apenas dois jogos. Como então os jogos poderiam provocar o aumento da participação em atividades esportivas nas escolas?

Parece-me bastante contraditório que, num mesmo evento em que se busca promover a integração social, tenha-se como objetivo a descoberta de talentos esportivos. Kunz (2016, p. 66) apresenta-nos uma importante indagação: "[...] é pedagogicamente correto, ou melhor, qual é a responsabilidade sociocultural no encaminhamento de atletas (talentos encontrados na Educação Física escolar) para a prática do Esporte de Rendimento?" Conforme Bracht (2005, p. 72) salienta: "Um Estado que privilegia em grande medida o esporte de alto rendimento ou espetáculo, certamente não espera com isso melhorar significativamente o nível de saúde de sua população". Ou seja, a saúde "física e psicológica" do estudante dificilmente melhorará com uma simples participação em uma competição esportiva escolar. Entre os objetivos educacionais e de saúde que buscam legitimar o esporte, Bracht explicita:

> A organização esportiva que dirige o esporte-espetáculo e que procura manter-se enquanto dirigente da instituição esportiva, somente mantém a questão da educação, da saúde e da confraternização no seu discurso, para suprir eventuais déficits de legitimidade social, no entanto, concretamente, trata-se de mero exercício de retórica: a lógica interna que dirige, que orienta as ações no interior do sistema esportivo de alto rendimento é impermeável aos argumentos educacionais da saúde e da confraternização. (BRACHT, 2005, p. 110).

Apesar de o autor se referir ao esporte-espetáculo para realizar essas considerações, os JEMG, embora sejam uma competição esportiva envolvendo estudantes, apresentam características do esporte-espetáculo ou em sua forma hegemônica; podemos fazer essa relação e pensar que o discurso presente no regulamento também não passa de uma retórica; fica difícil identificar no Regulamento Geral dos jogos quais ações são realizadas para fomentar a prática de esportes com fins educativos, contribuir para o desenvolvimento integral do estudante e promover o intercâmbio socioesportivo entre os participantes e as comunidades envolvidas. Até com relação à contribuição do adequado desenvolvimento do talento esportivo.

O regulamento segue no Capítulo III, "Dos poderes", estabelecendo as seguintes atribuições: Comissão de Honra, Comissão Organizadora, Comissão Disciplinar, Junta Disciplinar, a qual se assemelha a uma competição de alto rendimento, e dá ênfase à questão disciplinar ao estabelecer uma comissão e uma junta disciplinar.

Três atribuições aos representantes dos municípios e das instituições destacam-se: *responsabilizar-se, por meio de atestado médico, de que o estudante-atleta está apto à prática de atividades físicas, pelo transporte intermunicipal e interno de sua delegação, pela alimentação de sua delegação durante todos os eventos e todas as viagens.* Dessa forma, o Estado, organizador dos jogos, exime-se de responsabilidade na saúde e no bem-estar dos estudantes durante as competições, não se responsabiliza pelo transporte e pela alimentação dos alunos, cabendo esse compromisso ao representante do município ou das instituições.

Enquanto o regulamento geral atribui 9 funções à comissão organizadora — que é composta por representantes da Subsecretaria de Estado de Esportes, da Secretaria de Estado de Educação (por meio das Superintendências Regionais de Ensino) e da Federação de Esportes Estudantis de Minas Gerais (FEEMG), como já foi dito —, em sua maioria atribuições técnicas, para as cidades-sede são 15 atribuições, por exemplo:

> [...] providenciar o apoio dos órgãos responsáveis pela limpeza das áreas públicas a serem utilizadas antes, durante e após o evento; providenciar o apoio da Polícia Militar e dos órgãos responsáveis pela segurança, controle de tráfego e ordem pública durante a realização dos jogos e competições; oferecer e organizar alojamento; disponibilizar instalações esportivas adequadas às competições com a devida acessibilidade, incluindo equipamento esportivo; preparar o cerimonial de abertura (convite às autoridades, Hino Nacional Brasileiro, bandeiras, som, palanque, pira, pauta e tocha olímpica); disponibilizar atendimento médico e ambulância, providenciar convênio com um hospital público ou particular para atendimento a todos os participantes em emergências; disponibilizar veículos para o transporte interno das equipes de arbitragem e da Comissão Organizadora; disponibilizar local e material de expediente para a montagem do comitê (sala com chave, banheiro, mesas, cadeiras, máquina fotocopiadora, telefone, fax, computadores com acesso à internet, impressoras, material de escritório, etc.), proporcionando suporte administrativo ao evento. (MINAS GERAIS, 2019f, p. 6-7).

Fica evidente que, apesar de o evento ser organizado pelo governo do estado, as atribuições mais importantes e presentes no regulamento geral são direcionadas para as cidades-sede e para os representantes dos municípios e das instituições. Enquanto aos municípios cabe executar uma série de atribuições envolvendo infraestrutura e logística, aos responsáveis pelas instituições cabe cuidar da saúde, do transporte e da alimentação, o Estado, representado pelas três instituições citadas, fica encarregado de acompanhar, supervisionar, coordenar, inspecionar e buscar fomentar ações relacionadas aos jogos.

O Capítulo V, "Das competições e modalidades", apresenta as modalidades a disputar, as etapas dos jogos, as idades permitidas para a participação dos estudantes, o sistema de disputa, os critérios de desempate por modalidades esportivas, a premiação, a cerimônia de abertura, os uniformes e a comunicação (boletins).

Cabe destacar desse capítulo as seguintes informações: o artigo 22 afirma que, se uma equipe comparecer 15 minutos depois do horário da partida, ela será declarada perdedora de W X O; terá também esse resultado a equipe que comparecer com o número insuficiente de alunos na modalidade, desistir ou abandonar uma partida. O artigo 23 deixa claro que não serão aceitas justificativas para atrasos, e a equipe perdedora por W X O, além de ter seus resultados desconsiderados e ser eliminada da competição, poderá ser excluída dos jogos no ano seguinte. Parece-me contraditório uma competição que tem por finalidade aumentar a prática esportiva da juventude mineira tomar esse tipo de decisão tão drástica. Além disso, como a competição diz ter finalidades educativas, seria fundamental que essa questão fosse encarada de outra maneira, distinta do que acontece nas competições esportivas de alto rendimento. Esse item do regulamento gera cenas muitas vezes constrangedoras, como: uma equipe que, por diversos motivos, chega atrasada para uma partida e é declarada perdedora por W X O, o professor tenta argumentar com a organização, os estudantes muitas vezes choram, a equipe adversária aceita jogar, mesmo com atraso, mas a organização segue à risca o regulamento.

Outro fato curioso é que, por exemplo, uma equipe de futsal tem de inscrever no mínimo 8 e no máximo 12 alunos. Caso ela tenha inscrito oito estudantes e em uma partida tiver um jogador expulso, na próxima ela será considerada perdedora por W X O por ter número insuficiente de atletas.

O sistema de disputa tem por finalidade organizar a competição em no máximo seis dias, fazendo com que as equipes disputem no máximo seis partidas por etapa. Quando uma modalidade tem apenas dois participantes, são realizados confrontos entre si em melhor de três jogos. Quando a competição tem de três a cinco equipes, são realizados confrontos entre as equipes em forma rodízio (todos jogam contra todos). Acima de seis equipes, o sistema de disputa é dividido em fase classificatória (em chaves de três ou quatro participantes), fase semifinal e fase final.

O artigo 32 versa sobre a cerimônia de abertura dos jogos, diz ser obrigatória a presença das delegações e padroniza as cerimônias: um desfile de entrada das delegações, hasteamento das bandeiras ao som do hino nacional, entrada do fogo simbólico e acendimento da pira olímpica, juramento do estudante-atleta (texto do juramento consta no regulamento), discurso das autoridades, declaração de abertura pela maior autoridade presente, desfile de saída das delegações e apresentações artísticas. O modelo de abertura dos JEMG simula uma abertura dos jogos olímpicos, a padronização deixa pouco espaço para a criatividade, originalidade. Seria interessante que cada cidade-sede pudesse construir uma abertura, se permitisse que realizassem uma apresentação da sua cultura regional e que houvesse mais atividades de integração e intercâmbio entre os jovens e delegações. Cabe aos estudantes entrar com as bandeiras de suas respectivas escolas e municípios, fazer o juramento do atleta e ouvir os discursos das autoridades.

Em relação aos uniformes, são de responsabilidade das equipes, tendo coincidência entre eles; a equipe posicionada do lado esquerdo da tabela tem 15 minutos para realizar a troca; se ultrapassar esse tempo e não conseguir realizar a troca, é considerada perdedora por W X O. Diante dos recursos cada vez mais escassos nas escolas públicas, seria razoável uma alternativa que não fosse a eliminação da equipe por não ter outro uniforme disponível para a partida, visto que não são destinados, pelo menos para essas instituições, recursos específicos para a aquisição de uniformes esportivos para a participação nesse e em outros eventos.

O Capítulo VI, "Das delegações e das inscrições/participações", apresenta informações sobre o número mínimo e máximo de estudantes, técnicos e assistentes por modalidade. Cabe salientar que, no Módulo I (alunos entre 12 e 14 anos), a participação de todos os inscritos na partida é obrigatória (na fase classificatória) e são observados critérios de proporcionalidade entre as equipes. O artigo 41 diz: "[...] na etapa municipal, a execução deverá seguir este Regulamento Geral e os Regulamentos Específicos" (MINAS GERAIS, 2019f, p. 26). Esse trecho obriga os municípios a adotarem o mesmo regulamento na etapa municipal, tirando a autonomia dos agentes municipais para organizarem a competição esportiva conforme suas demandas e seus anseios.

Essa parte do regulamento e outras características do evento fazem-nos recorrer às considerações de Allen Guttmann (1978 *apud* STIGGER, 2011, p. 50-51) sobre as particularidades do esporte moderno. Guttmann apresenta sete características que distinguem o esporte moderno de diferentes contextos históricos: secularismo, igualdade, especialização, racionalização, organização burocrática, quantificação e recorde. Dentro dessas características, duas relacionam-se com maior intensidade com os aspectos dos JEMG, a igualdade e a organização burocrática:

> Igualdade: no esporte moderno, todos os indivíduos (independentemente de classe social, idade, sexo, etc.) têm o direito de competir em igualdade de condições, sendo que muitos regulamentos são desenvolvidos para que isso seja garantido [...] Organização burocrática: o esporte moderno é realizado dentro de um sistema de organização (com hierarquia, funções, etc.) de competições unificadas e universais, que permitem disputas em diversos níveis (local, nacional e internacional). (STIGGER, 2011, p. 50).

Essas marcas do esporte moderno relacionam-se com os JEMG no sentido de buscarem uma igualdade de condições, por meio das regras do regulamento; e uma burocratização, no sentido de "estandardizar" o evento: fazer com que ele aconteça com as mesmas características em todas as cidades de Minas até chegar a sua última fase, a etapa estadual.

Sobre a participação dos estudantes, é permitida a participação nos jogos dos alunos matriculados nas escolas até 31 de março e frequentes na unidade de ensino. Um estudante pode participar de uma modalidade coletiva por etapa; não há limite para a participação de modalidades individuais, muito embora elas aconteçam simultaneamente na fase estadual.

Nenhuma partida poderá ser iniciada sem a presença de um professor ou técnico. Caso ele não compareça à partida, a sua equipe será declarada perdedora de W X O; se um técnico ou professor for expulso de uma partida, ela só continua com a presença de um acompanhante maior de idade devidamente inscrito no sistema dos JEMG; e, se não houver outro responsável, a equipe é considerada perdedora por um placar que varia conforme a modalidade. Embora o regulamento não exija que o professor ou técnico seja professor de Educação Física, o que permite em muitas situações a presença de técnicos que foram ex-alunos das escolas, como não se estabelece garantia para os professores desenvolverem essas atividades, o regulamento não exige a presença dos professores de Educação Física. Fica evidente que, para atingir os objetivos propostos, seria imprescindível a presença de professores, não como uma garantia, mas como uma possibilidade de uma melhor intervenção na competição.

O regulamento dos jogos diz que poderá haver fiscalização de Conselhos Regionais Profissionais e que a organização não é responsável por atitudes legais desses respectivos conselhos. De fato, a fiscalização já aconteceu na prática. Em duas situações, fui autuado por exercício ilegal da profissão por um fiscal, mesmo sendo licenciado e registrado no Cref/MG. O entendimento da entidade é que, para atuar nos jogos escolares, por ser uma competição esportiva, o profissional deve ser bacharel em Educação Física. Mais uma constatação de que o evento é encarado, por seus diferentes atores, mais como competição esportiva do que uma ferramenta pedagógica.

Os documentos exigidos para a participação de técnico, professor e acompanhante são um destes documentos: Cref válido, carteira de identidade original ou cópia legível e autenticada, passaporte original, CNH e carteira de trabalho (modelo digitalizado). Para os estudantes, apenas três documentos são permitidos, sendo exigida a apresentação de apenas um destes documentos: carteira de identidade original (ou cópia legível e autenticada); passaporte original (ou cópia legível e autenticada); carteira de trabalho original (modelo digitalizado ou cópia legível e autenticada).

Existe um capítulo que aborda o atendimento médico, dizendo unicamente que a organização não se responsabiliza pelo tratamento médico devido a possíveis acidentes causados nas competições.

No penúltimo capítulo, "Das sanções", são estipuladas punições para escolas, estudantes e responsáveis que infringirem *regulamento geral*. As punições disciplinares são advertência, suspensão e exclusão e são julgadas pela junta e pela comissão disciplinar. O último capítulo, "Disposições finais", não apresenta nenhum tópico relevante. Cabe ressaltar que cada modalidade conta com um regulamento específico, que visa realizar algumas alterações nas regras oficiais das modalidades, como tempo de jogo, substituições, uniformes e punições, mas estes documentos não são objetos de análise deste trabalho.

O Regulamento Geral dos Jogos Escolares de Minas Gerais é, digamos, o documento a que professores e alunos têm maior acesso e do qual obtêm mais conhecimento sobre essa competição escolar. Não há outros documentos que orientam as atividades extraclasse relacionadas aos jogos. Diferentemente, por exemplo, do estado de São Paulo, que possui as Atividades Curriculares Desportivas (ACDs), atividades regulamentadas em resoluções e que devem fazer parte da proposta pedagógica das escolas que oferecem essas atividades.

4.6 OS JOGOS ESCOLARES DE MINAS GERAIS E O *CURRÍCULO REFERÊNCIA DE MINAS GERAIS*

Apesar de essas atividades no estado de Minas não estarem, muitas vezes, relacionadas com as aulas de Educação Física, podemos dizer que elas fazem parte do currículo no sentido ampliado das escolas que optam por participar dos JEMG. Como não há documentos norteadores para essas práticas, escolhemos relacioná-las ao *Currículo Referência de Minas Gerais*.

O *Currículo Referência de Minas Gerais* é o mais novo documento norteador das escolas públicas do Estado e de prefeituras municipais que adotam o currículo como documento norteador:

> [...] elaborado a partir dos fundamentos educacionais expostos na nossa Constituição Federal (CF/1988), na Lei de Diretrizes e Bases da Educação Nacional (LDB 9394/96), no Plano Nacional de Educação (PNE/2014), na Base Nacional Comum Curricular (BNCC/2017). (MINAS GERAIS, 2018a, p. 13).

Esse documento, segundo seu texto, foi elaborado em colaboração entre a Secretaria de Estado de Educação e a União Nacional dos Dirigentes Municipais de Educação de Minas Gerais, seccional Minas Gerais (Undime/MG). E por meio de consultas públicas e reuniões foram ouvidos os diversos atores envolvidos com o processo educacional no estado. Esse documento foi elaborado no ano de 2018 e aprovado no fim do ano no Conselho Estadual de Educação. O ano de 2019 ficou planejado como o ano de adequação das escolas, de mudanças nos projetos político-pedagógicos e da capacitação dos professores e gestores escolares. O documento começou a ser utilizado efetivamente no início de 2020.

No espaço reservado no documento para a Educação Física, a palavra "esportes" é encontrada 77 vezes. Em grande parte, em dois contextos: quando mencionados os conteúdos/temas da Educação Física escolar e na organização curricular em unidades temáticas, objeto de conhecimento e habilidades. O documento apresenta uma brevíssima discussão sobre o tema Esportes, em apenas duas páginas apresenta um trecho da Lei 9.615/98, que institui normas gerais sobre desporto, já descrita neste trabalho, que apresenta a divisão amplamente conhecida entre Esporte Educacional, de Participação, de Rendimento e, a partir de 2015, de Formação. O documento cita a referida lei, em seu artigo 3º, parágrafo I: o esporte deverá ser ensinado nas escolas "evitando-se a seletividade, a hiper competitividade de seus praticantes, com a finalidade de alcançar o desenvolvimento integral do indivíduo e a sua formação para o exercício da cidadania e a prática do lazer" (BRASIL, [2018], s/p). O currículo-referência então articula o que o estudante deve aprender, nas aulas de Educação Física, com o conteúdo esportes:

> Os estudantes precisam conhecer essa prática corporal em todas as suas dimensões, reconhecendo e compreendendo os princípios e valores ligados a cada uma delas. Precisam ter acesso aos conceitos estruturais e definidores dessa manifestação "(...) um conjunto de regras formais, institucionalizadas por organizações (associações, federações e confederações esportivas), as quais definem as normas de disputa e promovem o desenvolvimento das modalidades em todos os níveis de competição (BNCC, 2017)" e ao mesmo tempo saber se posicionar criticamente, seja como participante, promotor ou expectador. (MINAS GERAIS, 2018a, p. 585).

O documento, de certa forma, avança em afirmar que os estudantes precisam conhecer o esporte em suas diferentes dimensões, ou seja, de rendimento, educacional e de participação, reconhecendo os princípios e valores relacionados a cada uma delas. Precisam conhecer os princípios que caracterizam os esportes e ao mesmo tempo se posicionar criticamente sobre esses princípios. O documento finaliza apresentando as classificações baseado na lógica interna e nas teorias do desenvolvimento motor presente na Base Nacional Comum Curricular (BNCC), com algumas ressalvas, sendo ressaltada a autonomia dos professores na escolha das modalidades a tematizar em cada ano e em cada série. Por fim, apresenta as categorias dos esportes conforme são relacionados na BNCC: esportes de marca; de precisão; técnico-combinatório; rede/quadra dividida ou parede de rebote; campo e taco; invasão ou territorial e combate; e faz uma caracterização breve sobre cada uma delas.

O *Currículo Referência*, por ser um documento importante e norteador das aulas de Educação Física, deveria aprofundar as discussões sobre o ensino dos esportes. Entendo ser bem limitada a visão e os objetivos que devem ser alcançados ao abordar o conteúdo durante todo o percurso no ensino fundamental. Ficam algumas questões: quais dimensões do esporte os alunos precisam conhecer? Quais são esses princípios e valores ligados à prática esportiva? O que o documento quer dizer com níveis de competição?

Relacionando o Regulamento Geral dos JEMG, que explicita as finalidades, a justificativa e os objetivos dos jogos com o *Currículo Referência* no texto que aborda o conteúdo esportes, vemos similaridades e contradições. A primeira grande contradição diz respeito à seletividade e à hipercompetitividade, que, segundo o *Currículo Referência*, devem ser evitadas nas escolas. A seletividade e a hipercompetitividade estão fortemente presente nos JEMG quando se busca selecionar estudantes para as competições, para o futsal, por exemplo, no mínimo 8 e no máximo 12 alunos. Quando se observa por finalidade a descoberta de talentos esportivos, vemos outro indício evidente de seletividade. Apesar disso, ambos os documentos ressaltam a formação para exercício da cidadania; o currículo inclui nesse trecho a formação para a prática do lazer. Já no regulamento da competição a palavra "lazer" nem sequer aparece. Se no regulamento geral dos JEMG é apenas citada a formação para a cidadania, o *Currículo Referência* apresenta como uma das diretrizes para o ensino da Educação Física: *a democracia como fundamento do exercício da cidadania*, uma formação pautada no reconhecimento dos direitos humanos e no exercício de direitos e deveres, buscando a equidade, o combate às formas de preconceito e discriminação, buscar a igualdade de oportunidades e diversidade no tratamento com os alunos e uma prática pedagógica inclusiva, e não discriminatória. Poderíamos considerar os JEMG um evento democrático?

Ambos os documentos apresentam a ideia de que os estudantes, ao praticarem esportes, criam valores, princípios, formam conceitos. Como vimos, esses valores podem estar pautados na ideia de reprodução do esporte-espetáculo, reforçando a ideia de acomodação e adaptação à sociedade capitalista (BRACHT, 1986). Ou, como ressaltam Pires e Silveira (2007, p. 38):

> [...] existe sempre um conjunto de valores, habilidades, aptidões, conhecimentos e condutas que são aprendidos, consciente ou inconscientemente, na relação que estabelecemos com o esporte [...] Que aprendizados serão estes vai variar de acordo com os interesses, objetivos, valores, conhecimentos que estão presentes na relação que se trava com as manifestações da cultura esportiva, inclusive com os seus agentes. Assim, podemos sugerir, como Paulo Freire (1970), que também no esporte escolar não existe uma prática pedagógica que se constitua como neutra: ou se educa para a libertação e fruição autônoma desta manifestação da cultura de movimento, ou com certeza se estará educando para a domesticação e a reprodução acrítica de valores, práticas, entendimentos a respeito do esporte.

Assim, temos duas visões distintas sobre o fenômeno esportivo: se para Bracht (1986) o esporte leva a internalização de valores que gerarão a adaptação do indivíduo à sociedade, levando à acomodação, e não ao questionamento, para Pires e Silveira as aprendizagens vão variar de acordo com objetivos, valores que estarão presentes nas suas manifestações, até mesmo com seus participantes. Porém está evidente que, mesmo construindo valores e formando conceitos, os estudantes não adquirirão, automaticamente, benefícios para saúde física e psicológica, como sugere a justificativa dos JEMG.

Outra comparação interessante entre o *Currículo Referência* e o Regulamento Geral dos JEMG é que, enquanto o currículo ressalta que os estudantes precisam conhecer a prática corporal em todas as dimensões, até mesmo se posicionar criticamente enquanto participante, expectador e promotor, o regulamento ignora a aquisição de conhecimentos por parte dos estudantes e não se relaciona com possíveis outras aprendizagens, além da prática esportiva.

Fica evidente a dificuldade em relacionarmos os dois documentos, o Regulamento dos Jogos e o *Currículo Referência*, por serem documentos que possuem objetivos diferentes e tratam de questões distintas. Também pelo fato de o *Currículo Referência* não se aprofundar nos objetivos ou em parâmetros para o ensino dos esportes nas escolas. Seria importante a existência de um documento, para além do Regulamento Geral dos JEMG, que buscasse orientar as práticas pedagógicas relacionadas com a preparação para o evento e que orientasse o próprio evento. Estando este documento em conformidade com o *Currículo Referência de Minas Gerais* e que dialogasse com as propostas pedagógicas das escolas. Estas orientações poderiam estar pautadas nos objetivos dos jogos escolares, por exemplo.

Ao analisarmos o Regulamento Geral dos Jogos Escolares de Minas Gerais, percebemos que esse documento tem mais relações com o esporte na sua forma hegemônica do que com o esporte educacional, se nos pautarmos pela ideia de dimensões do esporte. Se excluirmos sua finalidade, sua justificativa e seus objetivos e levarmos e consideração o restante, fica evidente que se trata de um regulamento de uma competição de alto rendimento. A justificativa e os objetivos parecem buscar a legitimidade da competição por meio de discursos como: o esporte educa, esporte é saúde, o esporte integra e o esporte desenvolve a sociabilidade. Enquanto o restante do documento, não levando em consideração esses princípios, busca organizar a competição com princípios e características do esporte moderno. Ao regulamentar os poderes, atribuir responsabilidades, pensar na forma de organizar as competições, ao estabelecer sanções disciplinares, o regulamento não apresenta relação com princípios educacionais, mas sim se assemelha a uma competição de uma federação esportiva, por exemplo.

Diante dessas questões, como os professores se relacionam com essas contradições e tensões presentes no regulamento dos jogos? Como será que enxergam essas relações entre a preparação e participação nos JEMG e os objetivos do ensino dos esportes na escola?

PERCURSO INVESTIGATIVO

O percurso investigativo para realizar este trabalho talvez tenha iniciado na minha primeira aproximação com o esporte, nos treinos da escolinha de futsal ou talvez ao assistir às várias vitórias do Senna nas manhãs de domingo ou aos gols de Romário no Tetra, em 1994. Ou talvez tenha iniciado mais tarde, nas participações como estudante nos jogos estudantis. Ou teria tido início durante a graduação, nas primeiras leituras de textos dos autores do Movimento Renovador da Educação Física, quando questionavam e criticavam a presença dos esportes nas escolas? Talvez tenha iniciado no meu primeiro envolvimento enquanto professor com os jogos escolares. Lembro, como se fosse hoje, os meninos cobrando-me para organizar a famosa "peneira" em que deveria observar a participação de todos e escolher os 12 alunos para participar dos jogos. Lembro que organizei uma lista de presença, e a tal "peneira" não aconteceu da maneira que eles esperavam: após as atividades de preparação no período extraclasse, relacionei os 12 pela frequência nas atividades. Organizei também uma equipe de futsal feminino, com meninas que nunca tinham chutado uma bola. Para mim era importante também incluir a presença feminina nessas atividades.

Com certeza, esse percurso investigativo teve início nas participações das reuniões preparatórias das etapas municipais dos Jogos Escolares de Leopoldina. Era interessante, e ainda é interessante, perceber as diversas visões, as opiniões, os pensamentos dos colegas professores quanto aos objetivos dos jogos, as maneiras de enxergar a presença do esporte nas escolas. Eu sempre tive uma grande curiosidade em tentar entender mais sobre aquelas opiniões e visões distintas das minhas. Eram e são reuniões anuais que acontecem na véspera dos jogos, sempre atrasadas, buscando solucionar problemas, formas de disputa, as inscrições das escolas, mas quase nunca com o objetivo de discutir os objetivos, o que se espera de resultados, os motivos da existência desses jogos etc. Foi com base na participação dos professores nessas reuniões que pude selecionar os professores participantes desta pesquisa.

Sem dúvida, outro fator fundamental para iniciar este percurso investigativo foi a entrada no mestrado profissional e aí ter entrado em contato com discussões até então desconhecidas. Em especial a primeira disciplina, Problemáticas da Educação Física, que elencou, por meio de textos e debates nos fóruns, os principais problemas enfrentados pelos professores nas escolas. As aulas presenciais também foram muito importantes. Por meio delas tivemos contato com professores que, apesar de estarem na universidade, tinham grande relação com a Educação Física escolar, relação teórico/prática ou uma relação mais próxima daquelas até então observadas por mim na graduação. Foi interessante constatar que esses professores, longe de ignorarem toda a produção teórica no campo da Educação Física escolar, levavam em consideração as experiências dos professores nas escolas, encaravam-nos como professores capazes de ser autores da nossa própria docência. Que deveríamos ensinar não algo que estivesse engessado dentro das abordagens da Educação Física escolar, como de certa forma foi ensinado no curso de graduação, mas algo que tivesse relação com a nossa prática, algo que nos estimulasse a criatividade e a criticidade no ensino dos diversos temas nas aulas de Educação Física. Essas reflexões permitiram que eu ressignificasse as minhas práticas pedagógicas e também as relações que eu tinha/tenho com os jogos escolares.

Todo esse movimento fez com que eu buscasse, por meio deste trabalho, dialogar com as experiências dos colegas professores relacionadas com as diversas participações nesse evento e também com os colegas professores que optam por não participarem dos jogos escolares. Essas distintas experiências relacionam-se com a formação na infância, na adolescência, na graduação e, durante a docência, com fazer reflexões sobre a presença dos jogos escolares, na minha prática docente e na prática docente desses professores, nas escolas onde eles atuam.

É importante ressaltar que, diante do crescimento dos JEMG nos últimos anos, há poucas pesquisas relacionadas ao evento. Em pesquisa na base de dados *Nuteses*, não são encontrados resultados para o termo "Jogos Escolares de Minas Gerais". No *Portal de Periódicos Capes/MEC*, são encontrados oito resultados, com alguns resultados duplicados; os trabalhos estão relacionados a: incidência de gols nas partidas de futebol de salão, análise na capacidade cardiorrespiratória em jogadores de futsal. Em busca realizada no *Sistema de Bibliotecas da UFMG*, tampouco foram encontrados resultados, assim como também não foi encontrada nenhuma referência na *Revista Brasileira de Ciências do Esporte*. No *Google Scholar*, são encontrados aproximadamente cem resultados, além dos mesmos trabalhos encontrados no portal de periódicos da Capes foram encontrados textos relacionados a: *ICMS esportivo, análise do processo de treinamento dos esportes coletivos em equipes escolares, análise qualitativa dos fundamentos em jogos de voleibol escolar, pequenos eventos esportivos, turismo e impactos locais: os jogos JIMI e JEMG em Minas Gerais*. Todos esses textos são trabalhos que mencionam os JEMG ou foram realizados com base nessa competição. O único trabalho encontrado que busca fazer uma análise dos jogos foi uma monografia para a conclusão do curso de bacharel em Administração Pública intitulado "Política de estímulo a prática esportiva em Minas Gerais: uma análise dos jogos escolares", que teve por objetivo analisar os JEMG do ano de 2016 dando ênfase ao sucesso enquanto política pública.

Esta pesquisa foi realizada no município de Leopoldina, Minas Gerais, cidade na qual moro e leciono desde 2013. A cidade conta com população estimada em 52.587 habitantes (2019) e está a 317 km da capital Belo Horizonte. Segundo dados do IBGE, em 2018 o município contava com 6.145 matrículas de estudantes no ensino fundamental e 1.948 matrículas de estudantes no ensino médio, sendo 32 escolas de ensino fundamental e 12 escolas de ensino médio. O município conta ainda com 373 docentes de ensino fundamental e 226 de ensino médio.

Dentro desse universo, foram entrevistados oito professores de Educação Física da rede municipal, estadual e federal de ensino e da rede particular. Alguns desses professores com a atuação em diversas redes de ensino. Optou-se, dentro desse grupo de oito professores, por buscar a maior diversidade possível objetivando: englobar professores de diversas redes, buscar professores com tempo de formação e atuação distintos, buscar professores com graus de envolvimento diversos com os Jogos Escolares de Minas Gerais, envolvendo desde professores que conseguiram classificar equipes para a fase estadual dos jogos, o que induz um maior envolvimento com a competição, até professores que atualmente não participam dos jogos escolares. Outro desafio foi incluir professores que estivessem envolvidos tanto na participação com equipes quanto na organização e gestão desse evento. Portanto, para poder incluir nesse universo de pesquisa um professor que atuasse tanto na gestão quanto na participação com equipes, foi selecionado um professor do município vizinho de Juiz de Fora.

Como forma de selecionar esses professores e atingir essa diversi-dade de envolvimento com o evento, buscou-se rememorar a participação dos professores nas reuniões de organização da etapa municipal dos jogos escolares e a participação desses professores nos diversos eventos desde o início da minha docência no município em 2013. É importante mencionar que esse grupo de professores se reúne virtualmente por meio de um grupo de WhatsApp intitulado "JEMG Municipal", e esse instrumento também auxiliou tanto na seleção dos participantes quanto no contato inicial e convite para participação da pesquisa. Apesar do nome do grupo, estão presentes também professores que não participam dos jogos escolares. Os professores pré-selecionados aceitaram o convite em participar da pesquisa e foram solícitos em colaborar ao mostrarem grande disponibilidade e abertura para a realização das entrevistas.

Os professores participantes desta pesquisa serão apresentados por meio do quadro a seguir. Foram criados pseudônimos, alterando o nome original dos participantes, como forma de preservar o anonimato; além disso, foram e serão omitidas informações de caráter pessoal, a fim de dificultar a identidade dos entrevistados.

Quadro 1 – Perfil biográfico dos professores entrevistados

Identificação do Professor	Rede de Atuação	Informações Biográficas
Tales	Estadual e Municipal	Professor, 31 anos, formado em 2011 pela Universidade Federal de Juiz de Fora. Mora e trabalha em Leopoldina, em uma escola da rede estadual, há oito anos e atua na rede municipal de um município vizinho a Leopoldina há seis anos. Começou a se envolver com os JEMG logo no início da carreira, e no último ano uma de suas equipes conseguiu classificação para a etapa estadual. Atua somente como professor das escolas, não tendo realizado nenhuma outra função fora do campo escolar.
Aline	Estadual e Municipal	Professora, 48 anos, formada também na Universidade Federal de Juiz de Fora, em 1994. Quando se formou, trabalhou com ginástica, academia e natação, mas já atua como professora da rede municipal e estadual do município de Leopoldina há alguns anos. Já participou dos jogos escolares, mas nos últimos anos decidiu não se envolver mais com os JEMG.

Identificação do Professor	Rede de Atuação	Informações Biográficas
Wiliam	Estadual, Municipal e Particular	Professor, 39 anos, formado pela Universidade Gama Filho, do Rio de Janeiro, no ano de 2013. Durante a graduação se envolveu com treinamento de voleibol, com iniciação em clubes de alto rendimento. Após a formação iniciou a carreira trabalhando em uma escola particular, posteriormente atuou em cargo de confiança na Secretaria de Esportes com a gestão esportiva do município, por aproximadamente seis anos. Logo depois, após aprovação em concursos, começou a atuar na rede municipal e estadual no município de Leopoldina, além de atuar na escola particular já mencionada. Já esteve muito envolvido com os Jogos Escolares, com equipes que se classificaram para a etapa estadual e com a organização e gestão da etapa municipal, mas hoje não está envolvido e não participa dos JEMG.
Marina	Estadual e Particular	Professora, 38 anos, formada pela Faculdade Estácio de Sá, em Nova Friburgo, município do interior do estado do Rio de Janeiro. Durante a graduação atuou em academias e recreação. Logo quando se formou, atuou na recreação e no spa de um hotel por um ano. Posteriormente retornou ao município de Leopoldina; é moradora de um distrito da cidade. Iniciou a atuação com a Educação Física escolar em municípios da região, trabalhou durante a maior parte do tempo com os anos iniciais do ensino fundamental. Recentemente começou a se envolver com os jogos escolares, por começar a atuar na segunda etapa do ensino fundamental e ensino médio. Declara ter pânico ao ser técnica em uma partida, mas, mesmo assim, participa dos jogos escolares. Atualmente atua em duas escolas estaduais e uma particular do município de Leopoldina.
Gustavo	Particular	Professor, 46 anos, natural de Coronel Fabriciano, mudou-se para Leopoldina após se formar em 1998 pela Universidade Federal de Viçosa. Portanto, formado. É dono de uma academia e escola de natação na cidade. Já atuou na rede estadual, no início da carreira, e desde o ano 2000 trabalha em uma escola da rede particular de ensino da cidade. Além disso, atua em um curso superior em Educação Física na cidade, recentemente reativado. Participa dos jogos escolares e durante as reuniões de organização da etapa municipal sempre apresentou ideias e propostas que se destoavam dos demais professores, por buscar mudanças com objetivo de aumentar a participação dos jovens na competição.

Identificação do Professor	Rede de Atuação	Informações Biográficas
Oscar	Federal	Professor, 52 anos, formou-se em 2007 pela Faminas em Muriaé. Começou trabalhando como monitor esportivo e já atuava como professor antes da formação. Trabalhou com a iniciação esportiva e o treinamento de duas modalidades coletivas. Foi coordenador e professor da Escola de Esportes de um clube e durante a realização da pesquisa estava como professor substituto da rede federal do município de Leopoldina. Tem destaque na cidade e na região pela formação e iniciação de atletas em uma modalidade coletiva. Participa dos jogos escolares e desenvolveu uma parceria entre esse clube e posteriormente uma associação da cidade com a escola estadual onde atuo.
André	Particular	Professor, 55 anos, formado em duas instituições, na Universidade Gama Filho, do Rio de Janeiro, e na Universidade Federal de Juiz de Fora. Atua em uma escola da rede particular de Leopoldina. Mesma escola em que estudou durante parte do ensino fundamental e ensino médio. Trabalhou como instrutor de esportes em um clube da cidade e já atuou por algum tempo em escolas estaduais. Hoje atua somente nessa escola particular. Participa dos jogos escolares desde os anos 2000 e é um grande entusiasta do evento. Além de formar sempre equipes competitivas, que alcançam bons resultados. Recentemente uma de suas atletas alcançou a convocação para a seleção brasileira da modalidade.
Flávio	Estadual	Professor, 37 anos, residente em Juiz de Fora, formado em 2006 pela Universidade Federal de Juiz de Fora. É doutorando pela Faculdade de Educação da mesma universidade. Já atuou em escolas da rede estadual e municipal do município de Juiz de Fora. Hoje é professor efetivo de uma escola militar estadual, trabalha na Secretaria Municipal de Esportes no setor de gestão de eventos esportivos e atua também como professor em uma universidade privada em Juiz de Fora. Além de participar como professor dos jogos escolares de Juiz de Fora, faz parte da organização desses jogos, motivo pelo qual foi convidado a participar desta pesquisa, mesmo residindo e atuando em outra cidade.

Fonte: o autor

O instrumento para a realização desta pesquisa foi uma entrevista semiestruturada. Foi elaborado um roteiro de entrevista com objetivo de orientar o processo. Buscou-se fazer com que as entrevistas se tornassem uma conversa na qual os entrevistados narrariam suas experiências com o esporte, antes, durante e após a sua formação e sua relação com os Jogos Escolares de Minas Gerais. Foram suprimidas algumas questões e aprofundadas outras, conforme o percurso da conversa/entrevista. O roteiro foi organizado em três partes: identificação e percurso profissional, relações com o esporte e relação com os JEMG. As entrevistas tiveram duração prevista de 60 minutos e aconteceram de forma on-line, por meio do programa *Skype*, devido às restrições e ao isolamento social provocados pela pandemia de covid-19. Tiveram a duração mínima de 51 minutos, e a mais longa durou 101 minutos. Elas totalizaram 538 minutos, perfazendo uma média de aproximadamente 67 minutos para cada entrevistado.

Esta pesquisa tem as características de uma pesquisa qualitativa, pois ela:

> [...] fornece os dados básicos para o desenvolvimento e a compreensão das relações entre os atores sociais e sua situação. O objetivo é uma compreensão detalhada das crenças, atitudes, valores e motivação, em relação aos comportamentos das pessoas em contextos sociais específicos. (GASKELL, 2002, p. 65).

Outras características das pesquisas qualitativas citadas por Godoy (1995): elas se caracterizam por envolver a coleta de dados descritivos sobre lugares, pessoas e pelo envolvimento direto do pesquisador com a situação a ser estudada, buscando entender os fenômenos segundo o entendimento dos sujeitos das pesquisas. Podemos entender que essas características estão fortemente relacionadas com este trabalho, pois ele busca, por meio das entrevistas, descrever e analisar as experiências dos professores com os Jogos Escolares de Minas Gerais e, de certa forma, entender como essas relações entre o esporte e a escola se efetivam nas suas experiências de docência.

Como técnica para analisar os dados, este trabalho teve a inspiração na análise de conteúdo, que, segundo Bardin, é:

> [...] um conjunto de técnicas de análise das comunicações visando a obter, por procedimentos sistemáticos e objetivos de descrição do conteúdo das mensagens, indicadores (quantitativos ou não) que permitam a inferência de conhecimentos relativos às condições de produção/recepção (variáveis inferidas) destas mensagens (BARDIN, 2011, p. 47).

Essa técnica auxilia-nos a compreender as estruturas, os modelos que estão por trás das entrevistas. Além disso, permite compreender as estruturas e características que estão presentes nos discursos e auxilia a enxergar outros possíveis significados que podem estar por trás de respostas e afirmações dos entrevistados.

A análise de conteúdo auxiliou-nos nas três fases propostas pela técnica: a pré-análise, via leitura flutuante das entrevistas, a fim de realizar um levantamento de hipóteses, questões norteadoras, objetivos e confirmar ou criar categorias de análise. Auxiliou também na exploração do material: nesse processo já se busca a categorização e a classificação das entrevistas. E, na última fase, o tratamento dos resultados: inferência e interpretação, que buscam deixar as entrevistas significativas e válidas por meio da interpretação dos conceitos e significados.

A maneira de analisar as entrevistas, utilizando como inspiração a análise de conteúdo, como já mencionado, é relacioná-las com as minhas próprias experiências enquanto professor participante dos jogos escolares e com o referencial teórico pesquisado.

DESCRIÇÃO E ANÁLISE DAS ENTREVISTAS

Antes de iniciarmos as discussões, as análises e a apresentação dos estratos das entrevistas, é preciso considerar algo muito importante e que aprendi com as discussões tanto nos fóruns das disciplinas quanto, sobretudo, nas aulas presenciais do Mestrado Profissional em Educação Física na Escola de Educação Física, Fisioterapia e Terapia Ocupacional (EEFFTO) da UFMG. Talvez esse sentimento se resuma em duas palavras: amor e respeito. Amor pelas escolas, pelas práticas pedagógicas inovadoras, pela possibilidade de fazer algo significativo, embora se entenda que muitas vezes seja possível fazer apenas o "inédito viável". Amor pelos alunos, que merecem um ensino de qualidade, sobretudo os alunos das escolas públicas, advindos das classes populares. Eles merecem o melhor, a melhor aula de Educação Física, a melhor escola, merecem ser tratados como sujeitos de direitos. Isso eu chamo de amor, e foi um sentimento constante nas aulas desse mestrado profissional.

Outro fator sempre presente foi o respeito. Respeito em nos ouvir, em considerar as dificuldades existentes em lecionar em uma escola pública; em nos considerar, os professores da educação básica, como capazes de ser autores da nossa própria prática. Além do respeito dos professores, valorizo também o respeito entre os colegas de turma; ao relatarem e até "desabafarem" sobre as nossas práticas, houve sempre uma relação de respeito e amor muito grande.

Seria totalmente contraditório que, após essa experiência transformadora de formação continuada, eu chegasse a este momento deste trabalho e, ao analisar as entrevistas dos colegas professores de Leopoldina, não os tratasse com o mesmo amor e respeito com o qual fui tratado neste percurso formativo. Isso significa estabelecer um diálogo próximo com suas práticas, suas experiências e suas maneiras distintas de pensar o esporte, a escola, as aulas de Educação Física e os Jogos Escolares de Minas Gerais. Entendê-los como sujeitos de experiência e em(de) formação. Isso significa que não vamos operar com o binômio dogmatismo/relativismo trazidos por Demo (1987 *apud* OLIVEIRA, 1999, p. 152), em que se busca uma análise rígida e determinista com o objetivo de se obter uma verdade absoluta; e muito menos sendo relativista, ou seja, considerar que todas as opiniões são válidas, não sendo passíveis de ser criticadas com objetivo de analisar seus méritos e deficiências. Ao apontar, por meio das análises críticas, divergências de opiniões, tenho a intenção de que seja sempre com respeito e proximidade com os professores. O objetivo dessas análises é, primeiramente, a melhoria da minha própria prática pedagógica e que essas discussões auxiliem outros professores a pensarem sobre as suas práticas, suas relações com o esporte e com os JEMG.

Outra questão que o mestrado profissional permitiu e que de certa forma este trabalho procura trazer é uma *reflexão sobre a ação e sobre a reflexão da ação*, trazida por Perez Gómez (1992 *apud* OLIVEIRA, 1999, p. 157-158), também conhecida como reflexão de terceira ordem, com base na apresentação de três conceitos que fazem parte do pensamento prático:

> [...] um *conhecimento na ação*, mais relacionado a solução de problemas; uma reflexão na ação, onde o educador reflete durante as ações tomadas, *reflexão* essa constrangida pelas pressões de tempo e espaço, bem como das solicitações psicológicas e sociais do cenário onde se atua; e uma reflexão sobre a ação e sobre a reflexão na ação (também chamada pelo autor de reflexão de terceira ordem), em que o educador toma um certo distanciamento e reflete de forma mais aprofundada sobre a sua pratica. A relação entre essas formas de conhecimento não são lineares e sequenciais, mas condicionam-se mutuamente.

Parece-me que, diante das circunstâncias em que nós, professores da educação básica, estamos submetidos — docência em mais de uma escola, cargas de trabalho extenuantes, condições ruins de infraestrutura e materiais para o trabalho, cumprimento de funções cada vez mais burocráticas, como relatórios, pré-conselho de classe, conselho de classe, pós-conselho de classe, diário eletrônico digital e outros —, além de termos de conciliar isso tudo com a vida familiar, como todas essas questões, estamos conseguindo pensar somente em dois aspectos: no conhecimento na ação, ou seja, na resolução de problemas do dia a dia; e na reflexão na ação, em que conseguimos refletir durante as ações tomadas, mas estamos sempre condicionados às pressões de tempo, espaço, além de fatores sociais e psicológicos.

Fazendo uma rápida analogia com a participação dos professores nos jogos escolares, seria o fato de pensarmos em soluções para a organização das equipes, as inscrições, o uniforme de jogo, a liberação das aulas nas escolas etc., e entre uma etapa, um jogo ou outro, nós até conseguirmos pensar sobre essa participação, sobre os problemas encontrados, desafios superados, pensar sobre situações pontuais que ocorreram durante o processo. Mas, por estarmos numa pressão constante em relação a tempo, cobranças vindas das escolas, além de existirem as nossas relações com o esporte estabelecidas desde a infância, o valor que as escolas (e os alunos) dão a essas competições, nesse emaranhado de situações, não conseguimos realizar uma reflexão de terceira ordem. Não temos tempo de parar, respirar, refletir sobre a nossa prática docente. Este trabalho tem este objetivo: fazer com que possa refletir sobre a minha prática pedagógica e minhas relações com os JEMG, por meio das entrevistas, que tiveram a característica de uma conversa, propondo que os colegas (professores entrevistados) também pudessem realizar essa reflexão de terceira ordem; e, nesse movimento, buscando proporcionar aos leitores reflexões que possam auxiliar em suas práticas pedagógicas.

No sentido de buscar atender a esses anseios, organizamos este capítulo em: "O esporte na infância e adolescência dos professores", "A presença do esporte na formação acadêmica" e "Experiência de professores de Educação Física com os Jogos Escolares de Minas Gerais".

6.1 O ESPORTE NA INFÂNCIA E ADOLESCÊNCIA DOS PROFESSORES

Um dos aspectos importantes nessa etapa da vida é o brincar. Nessa fase da vida, há possibilidades de explorar diversas formas de se movimentar por meio das brincadeiras. Ayoub (2001, p. 57) diz que:

> A riqueza de possibilidades da linguagem corporal revela um universo a ser vivenciado, conhecido, desfrutado, com prazer e alegria. Criança é quase sinônimo de movimento; movimentando-se ela se descobre, descobre o outro, descobre o mundo à sua volta e suas múltiplas linguagens. Criança é quase sinônimo de brincar; brincando ela se descobre, descobre o outro, descobre o mundo à sua volta e suas múltiplas linguagens. Descobrir, descobrir-se. Descobrir, tirar a cobertura, mostrar, mostrar-se, decifrar... Alfabetizar-se nas múltiplas linguagens no mundo e da sua cultura.

Essa possibilidade de brincar e se movimentar não é uniforme em toda a sociedade. Por isso, poderíamos dizer que não existe uma *infância*, mas sim *infâncias*, em diferentes culturas, classes sociais etc. Nesse sentido, Brougère (2010 *apud* MONTEIRO; DELGADO, 2014) afirma que é preciso ampliar o entendimento do brincar, passando da compreensão como apenas uma vivência interna da criança para a compreensão de um processo de produção e produto da cultura. Estando atrelado aos exercícios de significação social. Assim, o brincar passa ser entendido como uma representação social: precisa ser aprendido, a criança aprende depois que um adulto introduz nessa atividade e ensina a entendê-la como algo fictício, que possui suas limitações.

> Todas as atividades lúdicas desde o primeiro contato (quando a criança assiste e interpreta a brincadeira) até sua prática (quando a criança reproduz, ressignificando essa brincadeira) são modos de a criança inscrever-se na cultura. Não só na cultura geral, de sua sociedade, mas também na cultura que vivencia entre seus pares – outras crianças da mesma ou de diferentes idades. [...] que a cultura lúdica não é a única maneira de a criança manifestar culturas infantis. Primeiro porque, como explicitamos anteriormente, o brincar é atrelado às crianças e está presente em muitos dos seus contextos por uma construção histórica, ou seja, nem sempre a criança teve ou tem espaço para brincar (CHAMBOREDON & PRÉVOT, 1986) e, ainda assim, já existia um significado para a palavra infância e um lugar diferente para as crianças. Em segundo lugar, porque, mesmo na contemporaneidade, as crianças não brincam apenas (SARMENTO, 2004, p. 6), fato que pode ser percebido pelas inúmeras atividades opostas às brincadeiras às quais elas são submetidas. Um exemplo são as rotinas carregadas de compromissos como cursos de línguas estrangeiras, balé, música, natação, por exemplo, até as rotinas de trabalho pesado lado a lado com os adultos. (MONTEIRO; DELGADO, 2014, p. 112).

Assim, podemos entender o período da infância como um período importante na vida dos sujeitos; e as atividades lúdicas, como capazes de produção e ao mesmo tempo produto da cultura. Poderíamos dizer que, nesse processo, crianças também vivem experiências que podem influenciar sua identidade, sua maneira de enxergar o mundo, de se relacionar com os outros etc. Essas experiências são heterogêneas em nossa sociedade, fazendo com que haja diversas infâncias brasileiras. É necessário entender esse "as infâncias" de maneira não romantizada e considerar que, sobretudo das mais pobres, são caracterizadas pela privação de atividades lúdicas, das brincadeiras. É preciso:

> [...] desmistificar a idéia de criança brasileira abstrata, uma vez que estas pertencem às classes sociais e culturas distintas, tendo, portanto, oportunidades, vivências plenas, precarizações ou supressões distintas no que concerne ao uso do tempo de lazer em suas diferentes infâncias. Isto quer dizer que, ao analisar a criança concreta inserida na sociedade brasileira, não se pode perder de vista o que vem se verificando de modo crescente, ou seja: [...] o *furto da possibilidade da vivência do lúdico na infância, ou pela negação temporal e espacial do jogo, do brinquedo, da festa, ou mesmo através do consumo obrigatório de determinados bens e serviços oferecidos como num grande supermercado (Ibidem)*. Deste modo, fica claro, que o *furto do lúdico* atinge as crianças independentemente de classes sociais, gênero e cultura. Assim, todo esse processo é resultante do fato de que a sociedade burguesa instrumentaliza a cultura, priorizando a sua faceta produtiva e sua manifestação apenas como produto. Desta maneira, a criança é desvalorizada, pois não é vista como sujeito das relações sociais e produtora de uma cultura infantil, mas como mera consumidora dos produtos da Indústria Cultural. (SILVA, 2000, p. 179).

É importante destacar que, além das próprias diferenças de infâncias, considerando as sociais, as culturais, de gênero, há também que afirmar as diferenças temporais na infância dos professores entrevistados. Com relação a estas, dois professores viveram a infância na década de 1970: Oscar (52 anos) e André (55 anos). Dois professores, no final da década de 1970 e início da década de 1980: Gustavo (46 anos) e Aline (48 anos). Outros três professores viveram a infância no final da década de 1980 e início de 1990: Wiliam (39 anos), Marina (38 anos) e Flávio (37 anos). Já Tales (31 anos) viveu sua infância na década de 1990. Assim, recorremos a Oliveira e Almeida Júnior (2007, p. 23) para entender os sujeitos — em nosso caso, os professores entrevistados — como sujeitos-territórios:

> Com isso, queremos dizer que professores de Educação Física e estudantes são sujeitos territórios onde coisas lhes acontecem, lhes atravessam e lhes alcançam, isto é, os docentes e educandos podem ser transformados por tais experiências [...] ou mesmo ao longo de suas trajetórias pessoais e profissionais.

Assim, trazemos essa maneira de enxergar os professores e principalmente nós mesmos. Como, de certa forma, essas experiências da infância e adolescência, suas brincadeiras, suas relações com o esporte, enfim, nossas trajetórias pessoais podem ter influenciado, ou ainda mesmo continuar influenciando, nossa forma de pensar, de agir, de aprender, de ensinar, enfim, de viver.

Dos oito entrevistados, pelo menos seis manifestaram ter uma infância muito ativa, com destaque para as brincadeiras na rua.

> [...] a gente brincava, na minha rua por sorte tinha um campinho gramado, que era muito difícil a cidade ter isso, na casa de um amigo meu, a gente tinha esse campinho que praticamente a gente jogava bola todo dia, todo dia, brincava muito na rua aqui que ela soltar papagaio, bilosca[5] né? Que a gente tinha búlica e triângulo (brincadeiras com bola de gude). Pique de tudo quanto é jeito que você pode imaginar. A gente vai crescendo, a gente vai aumentando os desafios, estão a gente brincava tinha época de pique no quarteirão depois brincava no bairro inteiro. Então sempre fui garoto de rua, acompanhei a construção das pontes aqui do feijão cru[6], a gente pulava bambu o feijão cru, caçava barrigudinho. Eu fui um uma criança muito ativa na minha juventude, eu não vejo mais possibilidade nenhuma os meninos fazerem isso hoje, só quem tem sítio na roça que pode fazer. Eu vivia muito na rua, bicicleta tudo, tudo que você possa imaginar a gente fazia. (Entrevista com o professor André, 2020).

Essas brincadeiras estão atreladas ao esporte (no caso, o futebol), mas outras atividades tinham maior destaque, como piques, bola de gude etc. É interessante destacar que o professor se coloca, de certa forma, como tendo uma infância privilegiada ao mencionar a existência de um campinho gramado na casa de um amigo e ao ver a impossibilidade de se ter hoje uma infância parecida com a que ele teve. As possibilidades de se movimentar nas cidades estão ficando cada vez mais escassas, por vários fatores.

A esse respeito, Marcellino (2007) afirma haver uma série de descompassos entre o lazer e os espaços públicos gerada pelo crescimento das cidades e pela aceleração e pelo imediatismo da vida urbana. Com o aumento da população nas cidades, não houve o desenvolvimento de uma infraestrutura adequada, ocasionando desigualdade na ocupação desses espaços. Em áreas centrais ou nos bairros nobres, concentram-se os benefícios, a maior oferta desses espaços; enquanto nas periferias, os "bolsões de pobreza, verdadeiros depósitos de habitações" (MARCELLINO, 2007, p. 16). Apesar de Leopoldina não ser um grande centro urbano, a cidade também sofre/sofreu as influências dessas mudanças nas relações sociais:

---

[5] Jogo com bola de gude.

[6] Córrego da cidade.

A visão utilitarista do espaço é determinante nos processos de renovação urbana, ou seja, nas modificações do espaço já urbanizado ditadas pelas transformações verificadas nas relações sociais. Trata-se de prática inevitável se considerada a evolução das necessidades da vida nas cidades. Deve-se questionar, no entanto, a maneira como vem se processando a renovação. Além da alteração da paisagem, fato mais facilmente observado e que, pela ausência de critérios, geralmente contribui para a descaracterização do patrimônio ambiental urbano e a conseqüente perda das ligações afetivas entre o morador e o habitat, a diminuição dos equipamentos coletivos, o aumento do percurso casa/trabalho, enfim, favorece pequenos grupos sociais em detrimento dos antigos moradores. (MARCELLINO, 2007, p. 17).

Mas uma das coisas que parecem que pouco sofreram alteração é a influência da mídia na divulgação e propagação do esporte. Vimos isso presente na fala do professor Oscar:

Primeiro contato que esporte que eu tive foi no programa na Band Esporte Espetacular[7] a gente via pela música que tocava e basquetebol. E o meu primo trouxe uma bola de futebol aqui, pegou um balde na casa dele, colocava ali. Então primeiro contato meu especificamente com o esporte em si, foi mais o basquetebol, a gente arremessava aqui alguma coisa assim. Futebol a gente brincava também, mas não era tão chegado com futebol não. (Entrevista com o professor Oscar, 2020).

É interessante perceber que essas brincadeiras, no caso a bola de futebol no balde, ligadas ao esporte, consideradas pelo professor como basquetebol, tinham de certa forma uma relação com o que se assistia na televisão, muito embora estivessem mais ligadas a uma brincadeira do que à reprodução do esporte de rendimento. Conforme comentei na introdução do trabalho, a influência da mídia também esteve muito presente na minha infância, nas relações com o esporte, principalmente o futebol. Fato esse que pode ter me levado à escolinha de futsal, a querer de alguma forma praticar o que via na TV e até me tornar um craque como Zetti e Romário. Esse processo crescente de envolvimento e participação dos meios de comunicação na propagação do esporte, segundo Bracht (2005), está ligado ao processo de mercadorização do esporte, que se relaciona com duas dimensões: a

---

[7] Talvez o professor tenha se referido ao programa "Show do Esporte", da TV Bandeirantes, que no auge de sua exibição tinha uma programação aos domingos, das 10h às 20h. Sua primeira fase foi de 1983 a 2004.

mercadorização do esporte-espetáculo e seus subprodutos e dos serviços ligados à prática esportiva. Sobre essas brincadeiras ligadas ao esporte, o professor Flávio apresenta-nos um relato bem interessante:

> [...] nós fazíamos muitas brincadeiras na rua, muitas delas eram relacionadas aos esportes, uma brincadeira que a gente gostava muito, a gente chamava de olimpíadas. E aí né nessas olimpíadas, meu quarteirão é grande, então a gente fazia várias modalidades nessas olimpíadas né? Então tinha provas relacionadas ao atletismo, que a gente ainda não tinha compreensão que era efetivamente o atletismo, a gente chamava de corrida, corrida de várias distâncias diferentes. Tinha corrida em volta do quarteirão, tinha corrida de 100 m, a gente marcou o quarteirão inteiro, a metragem do quarteirão para poder fazer as distâncias. Eu moro num morro, e aí é interessante que as provas elas aconteciam morro acima e morro abaixo, pouca coisa no plano. Tinha prova de 100, 200, o quarteirão ele tinha 400 e poucos metros, se dava a volta no quarteirão, [...] e aí tinha a maratona que a gente dava cinco seis voltas no quarteirão correndo. Tinha nessa prova das olimpíadas, eu lembro que nessas olimpíadas tinha salto em distância, salto em altura, fazia essas brincadeiras né? E aí além disso a gente brincava de pique esconde, pique pega, garrafão. (Entrevista com o professor Flávio, 2020).

Essas brincadeiras, relacionadas às olimpíadas, demonstram a capacidade de inventividade, criatividade e apropriação das crianças. Presumi durante a entrevista que poderiam ter sido criadas por algum responsável por alguma das crianças do bairro, mas Flávio afirmou que ele e os colegas criavam as brincadeiras, com base no que assistiam na televisão. Estas, apesar de apresentarem outros sentidos, formas de organização, de certa forma buscavam reproduzir o esporte-espetáculo e apresentavam características de competição, das olimpíadas e do atletismo.

A professora Marina refere-se a sua infância e seu envolvimento com as brincadeiras apresentando sentido próximo dos outros entrevistados:

> Aqui é brincadeira de rua, até hoje eu falo com os meus alunos, quando eu tento resgatar isso para ver se eles veem essa importância, porque a brincadeira da queimada na rua, a gente esticava, lembro como se fosse hoje, a gente esticava uma linha de barbante para jogar vôlei no meio da rua porque se não passava carro, pique bandeirinha. Os mais assim, fortes, eram pique bandeirinha, queimada, pique-esconde na cidade, até no cemitério a gente ia e vôlei. (Entrevista com a professora Marina, 2020).

A professora Marina é moradora de um distrito da cidade de Leopoldina e comenta que, apesar de o local onde vive manter as características da sua infância, ela percebeu que as crianças não brincam mais na rua, como ela brincava, fato que também é motivo de preocupação do professor André. Essas mudanças no comportamento das crianças podem estar influenciando a maneira como estas se movimentam e se relacionam com as atividades físicas e o esporte. Fato que discutiremos mais adiante.

Essas práticas, como menciona Monteiro e Delgado (2014), desde quando a criança assiste e interpreta, até a sua prática, seja as reproduzindo, seja as ressignificando, são maneiras de as crianças inscreverem-se na cultura, numa cultura, de maneira mais geral, mas também em uma cultura esportiva, incorporando símbolos, significados, mesmo por meio das brincadeiras, dessa manifestação corporal.

Vieira (2016, p. 32-33) afirma que essas brincadeiras assumem um papel fundamental na vida e na formação das crianças:

> As brincadeiras compõem as recordações da infância e a formação subjetiva em dois planos: elas oferecem conteúdo ao sujeito, mas também porque todo "hábito entra na vida como brincadeira, e nele, mesmo em suas formas mais enrijecidas, sobrevive até o final um restinho da brincadeira." (BENJAMIN, 2002, p. 102). Há um momento mimético a formar o sujeito, que se materializa nas brincadeiras infantis e que depois se incorpora como recordação.

Assim como as brincadeiras podem ter esse papel formativo, de experimentação e intercâmbio de experiências, aquelas também trazem relação com a vida adulta. Já que as crianças não brincam em um mundo isolado. Vieira (2016, p. 34) faz-nos um alerta:

> Assim, temos que estar atentos às armadilhas da própria brincadeira. Pois ela pode ser também conformadora, e tornar-se funcional, servindo a práticas conservadoras. Podemos ter nas práticas reproduzidas automaticamente, como, por exemplo, a dos esportes precocemente e nos moldes do modelo hegemônico, ou, ainda as que representam as questões de gênero, "menino não brinca de bonecas, de casinha", "menina não brinca de carrinhos, de bola", exemplos conformadores, pautados na lógica machista e dominante, de uma sociedade.

Essas recordações parecem assumir uma importância significativa na vida adulta, porque, como diz Walter Benjamin, temos mais vivências do que experiências, ou menos experiência comunicável, "o adulto, ao narrar uma experiência, alivia seu coração dos horrores da guerra" (BENJAMIN, 2002 *apud* VIEIRA 2016, p. 33). Ou seja, os professores, ao narrarem suas brincadeiras na infância, ao valorizarem os momentos de divertimento na rua, suas maneiras livres de se movimentar, trazem, muitas vezes, essas relações com o momento em que vivem no presente, em que os compromissos profissionais, as tarefas do dia a dia assumem um tempo significativo na vida deles e os tempos de lazer, ou *de experiências*, estão cada vez mais escassos.

Além disso, podemos, de certa forma, constatar que esses momentos significativos da infância podem não estar presentes em nossas práticas pedagógicas, que, muitas vezes, assumem sentido oposto ao das brincadeiras, o se movimentar livremente, tão presente em nossa infância. Nesse sentido, é importante trazermos as memórias das aulas de Educação Física dos professores entrevistados e analisar como as práticas corporais foram e são incorporadas pelas escolas e como se constituem essas relações entre as brincadeiras e os esportes.

Podemos constatar, na realização das entrevistas, diversos níveis de envolvimento dos professores com o esporte na infância e adolescência. Essa diversidade perpassa por dois extremos: o não envolvimento com atividades esportivas na infância e adolescência, caso da professora Aline (apesar de considerar ter tido uma infância ativa, com muitas brincadeiras), e o envolvimento do professor Gustavo com uma equipe de natação que representava um clube por onde já haviam passado atletas olímpicos.

Destacamos duas falas da professora Marina ao rememorar suas recordações de infância e sua relação com a prática esportiva:

> *Aqui na minha infância, nessa época, eu tinha, a gente tinha um time de futebol, tinha um rapaz aqui que treinava os meninos e também fez um time das meninas, era bem forte aqui na época, mas o futebol assim, aí depois quando eu fui estudar em Leopoldina e fui para o colégio aí joguei mais o vôlei mesmo.* (Entrevista com a professora Marina 2020).

Com o passar do tempo, chegando à adolescência, e com a mudança de escola, indo estudar, vinda do distrito, na cidade de Leopoldina, a professora Marina menciona que:

> *E como sempre gostei, como sempre fiquei na rua jogando tudo eu até senti essa falta brincar mais. Porque a gente já nasce professor de Educação Física né? Eu aqui em casa, por exemplo, eu tinha uma bola de vôlei, um tablado de basquete, que eu não tinha*

como ter tudo, aí eu tinha bola de vôlei o tablado de basquete e com essa bola eu fazia tudo, eu jogava basquete, eu jogava vôlei. (Entrevista com a professora Marina, 2020).

Apesar de mencionar positivamente a participação numa equipe de voleibol da sua nova escola, que proporcionava treinamentos em período extraclasse, Marina sentiu falta de brincar mais, como era na sua infância, e, ao que indica, sentiu falta das brincadeiras mais descompromissadas com atividades relacionadas aos esportes, como ela menciona, o basquete com a bola de voleibol.

O professor Flávio menciona seu envolvimento com uma escolinha, fazendo parte de um projeto social chamado "Bom de bola, bom de escola"; posteriormente participou de outra escolinha organizada por um pai de um colega, e essas atividades eram realizadas aos domingos. Da adolescência, menciona: *"[...] eu tinha junto com os meus amigos um time de futsal, a gente jogava futsal, jogava campo, mas não era nada institucionalizado, não era vinculada a instituição nenhuma, era organização nossa mesmo"* (Entrevista com o professor Flávio, 2020).

Já o professor Wiliam narrou que seu envolvimento com o esporte teve início da sua adolescência, no fim do ensino médio, por meio da participação em uma equipe de voleibol da sua escola. A experiência do professor Oscar com esportes apresenta relações com as aulas de Educação Física e com um espaço chamado "Praça de Esportes", vinculada à instituição escolar pública conhecida como Ginásio Leopoldinense. O professor apresenta-nos um relato interessante:

Olha na verdade quando se falava de treinamentos tinham vários espaços, a praça de esportes no caso lá meu né? A praça de esportes era dividida em vários pontos, tinha a quadra principal, que em determinado horário treinava uma galera, tinha o Mobral[8], tinha uma parte antes do Mobral, eu vou falar do voleibol que o voleibol era a o mais estruturado na época lá né? Então tinha o voleibol, quem joga bem voleibol ficava na quadra principal, quem jogava o médio voleibol ficava num tal de Mobral, colocavam o nome de Mobral, e quem não jogava nada, tava iniciando, ficava numa área gramada do lado de fora e esses, tinha na época não era nome de

---

[8] Segundo o *Dicionário inFormal, Mobral* significa: "Antes de qualquer coisa, MOBRAL (Movimento Brasileiro de Alfabetização) foi dos anos 60 até os 80 um sistema de ensino noturno mantido pelo estado, destinado a jovens e adultos, analfabetos ou semianalfabetos. Com o passar do tempo, a sigla se tornou uma gíria, e passou a ser usada pejorativamente como sinônimo de burro ou ignorante, normalmente para ofender pessoas com pouca instrução escolar". Esse termo pode ter sido designado na época para caracterizar um grupo de alunos que não jogavam bem uma modalidade esportiva (MOBRAL, 2016, s/p).

monitor, tinham alunos que falavam como alunos veteranos, eles
ficavam ajudando os fundamentos, treinando. Só sei que a praça
de esportes nesse período de jogos funcionava de 01:00 da tarde até
as 18:00 horas ou quando escurecesse. E ali era praticado todas
as modalidades, pessoal do basquete tinha um horário marcado,
pessoal do handebol. Era dentro do horário de Educação Física,
na verdade, era a Educação Física né? E eu tenho uma situação
interessante, que de primeira na praça de esportes, segundo relato do
professor Getúlio Subirá, tinha a cor da camiseta que determinava
a modalidade que você participava. Na verdade, você tinha uma
escolha de modalidade. Então tinha camisa preta era o pessoal que
não fazia nada, ficava na arquibancada, na verdade não gostava
de praticar nada. Quem jogava era vermelha, vôlei a azul e aí ia.
(Entrevista com o professor Oscar, 2020).

Dentro do horário das aulas de Educação Física, eram realizados os treinamentos das modalidades esportivas. Os alunos escolhiam uma modalidade, e, de acordo com sua habilidade, ou seu nível de interesse e participação, ele fazia parte de um determinado grupo. Os que jogavam bem ficavam na quadra principal, os que não gostavam das aulas de Educação Física ficavam na arquibancada. Os que estavam iniciando (ou não jogavam tão bem), caracterizados com o nome Mobral, ficavam *"numa área gramada, do lado de fora"*.

A organização desse espaço revela-nos como era constituída a Educação Física nessa escola, no fim da década de 1970 e início da década de 1980. A forma como eram organizadas essas práticas apresenta características desse determinado período histórico, quando, como se refere Bracht (2006), a Educação Física estava a serviço do sistema esportivo, sendo a base da pirâmide do esporte nacional, em que se buscava a performance e aumentar o nível de aptidão física dos alunos.

O relato do professor André assemelha-se às minhas experiências com o esporte na infância e adolescência. André relembra que:

O esporte de competição e o esporte dedicação mesmo foi a partir
do momento que eu entrei no colégio dos dois lados. Primeiros
os esportes de quadra que era o voleibol, handebol basicamente,
futsal não joguei muito e o futebol de campo que eu comecei a
participar do Ribeiro Junqueira[9] na época com 11 anos de idade,

---

[9] Clube tradicional da cidade de Leopoldina. Telê Santana, considerado por muitos o melhor técnico da história da seleção brasileira de futebol, teria visto um jogo do Ribeiro Junqueira aos 11 anos de idade e se impressionado com a qualidade do futebol jogado. Isto fez com que ele tivesse memorizado a escalação daquela equipe e esta o tivesse inspirado a organizar suas equipes, como a seleção brasileira da Copa de 1982 e o São Paulo Futebol Clube, campeão mundial de clubes.

a gente tinha um sub 13. Ele tinha vários times lá no Ribeiro. Nós ficamos juntos uns dois anos e meio, eu lembro que nesses dois anos e meio juntos, essa turma toda, até os 15 anos de alguns e eu fiz 13 anos, nós perdemos uma partida apenas, lá em Muriaé à noite, numa quinta à noite, para o time lá de Muriaé, que a molecada era mais velha um pouco ,a gente perdeu de 2 a 1. Mas era muito legal, era muito bacana e a gente treinava sempre, treinava duas vezes por semana, de manhã cedinho, às vezes treinava sábado de manhã cedo ou domingo e sempre jogava, tinha uma garotada bem grande. Então é a minha vida começou ali depois do colégio que a gente foi até o terceiro, eu fui até o 3º ano no colégio, daí a gente jogou voleibol, handebol a gente participou de muito. A nossa vida esportiva ela era intensa a semana inteira. Não parava não. (Entrevista com o professor André, 2020).

É interessante perceber como essa questão da performance e do resultado estava fortemente presente, a ponto de o professor recordar dia, local, placar e a única derrota daquela equipe durante o período. As atividades esportivas da escola e do clube de futebol complementavam-se e relacionavam-se, não sendo possível distinguir características distintas entre duas práticas e dois locais diferentes: o clube e a escola. Já o professor Gustavo viveu sua infância em outra cidade e em um contexto social e esportivo bem diverso em relação ao meu e ao dos outros professores entrevistados. Essa diferença fica evidente em duas lembranças:

É interessante que lá na minha cidade, pelo menos naquela época, eu sou filho de operário. Nasci e cresci num bairro operário e é muito interessante que para nós era oferecido escolinhas esportivas num clube lá da cidade né, lá na minha cidade praticamente cada bairro tem o seu clube, mas tinha um clube que era um centro de referência, que era Associação Esportiva Recreativa USIPA, então haviam várias modalidades esportivas, futebol, basquetebol, voleibol, natação, atletismo, judô, inclusive atletismo e judô tinham até atletas olímpicos, que foram para as Olimpíadas de 88. Foi Edilene Silva pelo judô e em 92 foi a Lucimar, mas eu esqueci o sobrenome dela, se eu não me engano em 84 foi um judoca também, Los Angeles, né? Então a gente cresceu com isso, isso era uma coisa muito próxima da nossa realidade, com 8 anos de idade já falando de mim, 8 anos de idade eu me inscrevi na escolinha de futebol, acho que quase todos os meninos querem jogar futebol, onde eu fiquei dois meses só, não gostei da experiência, parei de jogar futebol. [...] Mas aos 10 anos de idade eu fui praticar natação e ali eu me encontrei, eu gostei, tinha a ver com a minha personalidade, o meu pai tinha sido atleta operário também, depois de adulto e ali comecei a nadar e também na USIPA né e eu nadei dos 10 aos 16 anos. (Entrevista com o professor Gustavo, 2020).

[...] porque eu era um bom atleta na natação e aí já era uma outra estrutura, era uma estrutura de rendimento mesmo, a gente nadava era para campeonato brasileiro federado, a gente lutava era para conseguir uma vaga na seleção brasileira, para disputar sul-americano, esse tipo de coisa. Como eu te disse lá nesse clube, na USIPA, a gente tinha atletas que foram para as Olimpíadas, atletas que eram recordistas, campeões brasileiros de várias modalidades esportivas. Então essa realidade no esporte de rendimento ele era muito presente na nossa vida e ainda é na minha e eu então o esporte escolar não tinha para mim a mesma pegada, a mesma importância que tinha o esporte de rendimento entendeu? (Entrevista com o professor Gustavo, 2020).

Essas experiências relacionadas ao esporte de rendimento estiveram e estão na centralidade da vida do professor Gustavo. Como menciona, a estrutura de rendimento da qual participou — dizendo que brigava para participar da seleção brasileira da modalidade, que buscava disputar competições internacionais e que fazia parte de uma cultura esportiva na qual tinha contato com atletas olímpicos — fez com que ele considerasse que o esporte praticado em suas escolas não tinha a mesma importância. Ou, em suas palavras, a "mesma pegada".

Os professores entrevistados relacionaram-se de maneiras distintas com o esporte, na sua infância e adolescência. Isso já era esperado, visto que são sujeitos-territórios únicos. Podemos afirmar, por meio dos relatos desses professores e que citamos nas últimas páginas, que todos praticaram esportes na infância e na juventude, conforme as discussões trazidas por Helal (1990 *apud* AZEVEDO; GOMES FILHO, 2011), que afirma que esportes são jogos de alto rendimento ou competitivos organizados em que existem regras definidas, não sendo possível que seus participantes as modifiquem, e que possuem normas de organização. Porém, as participações aconteceram em níveis diferentes, uma vez que tiveram diferentes graus de organização, institucionalização, da relevância da técnica, envolvimentos distintos com federações esportivas que organizam torneios oficiais, disciplinam e organizam as regras.

O relevante para esta pesquisa é refletir como esses envolvimentos na infância e adolescência estão relacionados com a maneira como nós, professores, lidamos com o esporte em nossa prática pedagógica; e identificar se há relações com a nossa participação e o nosso envolvimento nos Jogos Escolares de Minas Gerais.

Dando continuidade às descrições e às análises, vamos abordar como os professores se recordam de suas aulas de Educação Física. As primeiras recordações dos professores entrevistados rememoram o período do ensino primário, envolvendo da 1ª à 4ª série do ensino fundamental. Em pelo menos cinco entrevistas, ressaltou-se que essas aulas aconteceram sem a presença de um professor de Educação Física. De fato, as Leis 4.024/1961 e 5.692/1971 estabeleciam a obrigatoriedade da disciplina Educação Física, e a última facultava a obrigatoriedade a estudantes que trabalhavam mais de seis horas, tivessem mais de 30 anos, prestassem serviço militar ou fossem fisicamente incapacitados. Foi criado em 1971 outro decreto que estabelecia a aptidão física como referência de planejamento, sistematização e avaliação das aulas. Porém, não foi estabelecido quem era responsável por ministrar essas aulas. Essa responsabilidade foi transferida para estados e municípios. A expansão dos cursos de Educação Física é recente; no tempo em que os professores entrevistados cursavam a graduação, havia uma quantidade muito menor de professores licenciados, principalmente em cidades do interior.

Estabelecer quem deve ministrar as aulas de Educação Física nos anos iniciais do ensino fundamental é um assunto complexo e envolve questões corporativas. Não vamos aprofundar esse tema. Porém, cabe destacar que restam dúvidas se o professor regente, que é responsável pelas demais disciplinas nos anos iniciais do ensino fundamental, possui formação adequada para ser responsável pelas aulas de Educação Física.

Com relação ao estado de Minas Gerais, esse assunto voltou à tona recentemente. Houve um movimento de professores de Educação Física buscando lecionar essas aulas. Em 2013, por meio de uma nota técnica em resposta ao Sindicato Único dos Trabalhadores em Educação de Minas Gerais (SindUTE/MG), que buscava tornar sem efeito o artigo que estabelecia a preferência dos professores regentes para lecionar nas aulas de Educação Física, a Secretaria de Estado de Educação (SEE) justifica a decisão baseando-se no art. 31 da Resolução CNE n.º 07/2010 (BRASIL, 2010, p. 9), que diz:

> Art. 31 – Do 1º ao 5º ano do Ensino Fundamental, os componentes curriculares Educação Física e Arte poderão estar a cargo do professor de referência da turma, aquele com o qual os alunos permanecem a maior parte do período escolar, ou de professores licenciados nos respectivos componentes.

A referida resolução designa aos Sistemas Estaduais de Educação estabelecer critérios alternativos para o preenchimento das vagas dos componentes curriculares Educação Física e Artes.

A nota técnica ainda faz referência ao Parecer CNE/CEB n.º 16/2001 (BRASIL, 2001), que diz que a generalidade da formação do professor regente tem fundamento na legislação então atual e que faz parte de uma tradição que se acumula por várias gerações. Diz que a modalidade normal do ensino médio habilita os profissionais a ministrarem aulas de todos os componentes curriculares. O entendimento da SEE do governo Anastasia/PSDB conclui dizendo ser inconstitucional a designação de professores de Educação Física para os anos iniciais, mesmo sendo habilitados, por comporem os critérios alternativos da Resolução CNE n.º 07/2010 (BRASIL, 2010). Termina defendendo que os professores regentes podem ministrar aulas de Educação Física e que no estado não há profissionais suficientes de Educação Física efetivos na SEE para ocuparem todas as aulas da disciplina no ensino fundamental e médio.

Esse entendimento não foi alterado com a mudança de governo, em 2015. O que mudou foi a aceleração e o aumento das nomeações dos concursos públicos; então, passaram a existir professores efetivos para lecionarem nos anos iniciais do ensino fundamental. Outro fato é que foi permitida a ampliação de carga horária dos professores nomeados com número inferior de aulas estabelecidas na legislação. Portanto, nesse entendimento recente, parece haver mais relações com as questões administrativas e organizacionais do que com as pedagógicas, no sentido de entender quais profissionais teriam melhores condições de lecionar o conteúdo Educação Física com mais qualidade. Os relatos dos professores trazem as características dessas aulas na infância deles e podem apresentar similaridade com o que acontece hoje nas aulas lecionadas pelos regentes. Vejamos o relato do professor Tales:

> Até a quarta série era professora regente que dava né, dava assim, ela tinha a opção de dar, só que ela utilizava talvez o período de Educação Física como período de descanso pra ela, então ela deixava a gente a vontade, cada um brincava do que queria [...] ou ela arrumava uma bola e a gente ficava neste espaço meio que fazendo nada sistematizado, nada orientado, era a brincadeira que a gente quisesse, da forma que a gente quisesse.[...] E aí na quinta e sexta série foi esse método aí de contra turno. Aí eu, eu gostava então eu ia. Aí na escola tinha um campinho de grama e tinha um pátio, quando tinha dois postes dava para pendurar a rede de vôlei, então assim o professor não formado em Educação Física que, não era necessário ter formação na época, nessa época ele alternava e a gente também alternava, as vezes nos dias frios

que a grama do Campinho tava molhada, que era de manhã cedo, a gente optava pelo vôlei e jogava lá , ficava jogando lá, isso até a sexta série. (Entrevista com o professor Tales, 2020).

O período escolar da 1ª a 6ª série desse professor foi caracterizado por aulas de Educação Física livres; com isso, os alunos podiam escolher as atividades, trazendo o que eles brincavam na rua. Tudo indica, pelo relato do professor, que não havia uma disponibilidade grande de materiais para as aulas. As atividades tinham mais características recreativas do que as de uma aula, com planejamento anterior ou ensino/aprendizagem de temas da cultura corporal. O professor Tales teve um contato reduzido com aulas ministradas por um professor de Educação Física, conforme relato a seguir:

Depois a partir do primeiro ano, eu acho que eu tive um primeiro contato com um professor de Educação Física mesmo. E aí eu acho que ali ele até que me despertou interesse grande pela Educação Física, o primeiro contato que eu tive com o handebol foi através dele, o vôlei de uma forma diferente, a gente começou a aprender então foi no ensino médio assim, no primeiro ano. Já no segundo e terceiro que eu fiz em outra escola, era da mesma forma, a professora nem ia na quadra quase, como a gente era maior, ela só emprestava a bola e as meninas nem subiam para a quadra. (Entrevista com o professor Tales, 2020).

Esse contato com aulas de Educação Física ministradas por um profissional formado na área marcou o professor e permitiu que houvesse o ensino das modalidades esportivas (handebol e voleibol). Ele considera que foi ensinada uma forma diferente, o que acabou gerando um aprendizado. Essa mudança foi significativa para o professor e acabou despertando seu interesse pela Educação Física.

A professora Aline não se recorda de ter feito aulas de Educação Física no 1º ao 4º ano. Afirma não lembrar ou não ter tido contato com a disciplina. Da 6ª série, recorda-se das brincadeiras, que as aulas eram divididas entre meninos e meninas; rememora brincar de queimada. Já no Ensino Médio "era muito aquela divisão: vôlei meninas e futebol meninos". Com relação à sua participação nas aulas e às características destas, menciona que:

[...] tinha apenas a Educação Física que já naquela época era daquele jeito que a gente conhece e já viu né? Que os mais, seletiva né, os mais habilidosos participavam e os outros ficavam de fora então não tinha muita cobrança e a Educação Física que eu vivenciei foi essa, até o ensino médio. E não tive contato assim, não

*participei de equipe de esporte nada disso meu contato prático com
o esporte foi mesmo na faculdade Educação Física.* (Entrevista
com a professora Aline, 2020).

As memórias dessa professora apresentam características de uma
Educação Física esportivizada, voltada para o rendimento, a participação
e a seleção dos mais aptos. Infere-se que a professora não fazia parte desse
grupo, pois ela afirma só ter contato com os esportes durante a sua graduação. Portanto, ela fazia parte do grupo dos "excluídos", porque não existia
muita cobrança para que todos os alunos participassem das aulas.

Essa exclusão também parece ter sido constante nas aulas de Educação
Física do professor Wiliam, mas apresentou desdobramentos distintos da
professora Aline. A aptidão e o rendimento também estavam fortemente
presentes, como lemos no relato a seguir:

> *A minha escola, primeiro ela era dividida em: os meninos faziam
> aulas separados das meninas inicialmente, a partir daí também
> havia uma outra divisão né? Então existia uma turma que tinha
> mais aptidão e uma turma que tinha menos aptidão, eu sempre
> figurei nessa turma de menos aptidão, só mesmo no finalzinho
> que eu consegui passar para outra turma né? Isso eu também, eu
> acho que me motivou a querer saber alguma coisa, queria sair né,
> daquela zona de conforto, eu queria sair daquilo ali, daquele meio,
> de menos, e queria ir pro meio do mais, então isso aí me incentivou
> muito.[...] Com isso a partir daí, sozinho mesmo, querendo, bus-
> cando, almejando melhorar na aula de Educação Física, pegar uma
> equipe na escola, entrar na equipe, eu comecei a treinar sozinho,
> comecei a treinar na escola também, eu fui conquistado aquilo
> que eu tinha em mente né? Chegar nas equipes da escola, isso já
> era o ensino médio e então foi muito breve essa minha passagem
> esportiva na escola.* (Entrevista com o professor Wiliam, 2020).

Esse marcante relato do professor Wiliam apresenta uma aula de
Educação Física dividida em quatro grupos: meninos aptos, meninas aptas,
meninos menos aptos e meninas menos aptas. Durante sua trajetória escolar,
o professor fez parte do grupo de meninos menos aptos. Em um determinado momento, quis sair do que ele chamou de zona de conforto, "do meio
do menos para o do mais". Para conseguir alcançar o grupo dos mais aptos
e consequentemente a vaga na equipe esportiva escolar se submeteu a um
treinamento solitário, que pode ter requisitado certo sacrifício. A chegada
ao grupo dos mais aptos, no caso do professor Wiliam, só foi possível por
meio de um esforço pessoal, do treinamento sozinho e na escola. A emoção
com que relatou essa história indica-nos ter causado um grande sentimento

de superação. As equipes esportivas da escola eram uma consequência natural da participação dos mais aptos nas aulas de Educação Física. A aptidão física e o rendimento esportivo tinham centralidade nessas aulas; os alunos foram classificados com base nisso; e suas participações, condicionadas a esses fatores. Essas características, ligadas à esportivização, como relata Machado (2012), secundarizaram a dimensão pedagógica das aulas e uma intervenção com objetivos educativos por parte dos professores, tornando-se aceitável a divisão entre mais aptos e menos aptos.

O professor Gustavo considera ter tido aulas "extremamente tecnicistas", ministradas por um professor formado em Educação Física. Recorda que suas aulas começavam sempre com um alongamento seguido de um jogo, em que o professor fazia interferências, corrigindo os movimentos, orientando os alunos. O ensino da técnica tinha centralidade, porém o professor Gustavo considera que as aulas foram desenvolvidas via método global de ensino.

As aulas de 1º a 4º ano do professor André tiveram características similares às do professor Tales. Realizadas pela professora regente, não direcionadas, meninos jogando bola; e meninas, queimada. Isso mudou quando André alcançou a 5º série e trocou de escola, conforme relato a seguir:

> Depois na escola particular de Leopoldina não, duas vezes por semana, as aulas eram bem, bem, assim puxadas nós tínhamos teste físico na época. Esse teste físico era baseado em teste do Exército [...] Então a gente fazia exercícios, fazia testes duas vezes, três vezes por ano e a gente tinha muito fundamento, eu lembro que as nossas aulas, a gente achava chato porque a gente gostava de jogar, já jogava em casa, praticava em vários locais. Então a gente tinha muito fundamento. Rodrigo dava muito fundamento para gente. Fila, pouca bola, um toque, dois, três, aí você dava cinco toques por aula, mas você tinha que fazer. E aí você usava a criatividade em casa para tentar fazer o que você aprendia no colégio. Eu tinha um quintalzinho aqui que devia ter uns 6 x 4, a gente amarrava fios de varal, bolinha de plástico e tampava no voleibol. Então essa foi a nossa infância de esporte aí e no Ribeiro Junqueira a gente competia, disputava campeonato, e a gente viajava muito, a gente conseguia. Então esporte o tempo inteiro, o tempo inteiro. (Entrevista com o professor André, 2020).

A busca por melhor aptidão física e ensino das técnicas está presente nas lembranças do professor André. O método das aulas do professor André distingue-se do método das aulas do professor Gustavo, estas caracterizadas pelo método analítico. Interessante que o professor André ele levava para casa, de certa forma, o que aprendia na escola e a prática em casa era mais livre e menos sistematizada. As aulas confundem-se com a participação esportiva em outros locais, porque, de algum modo, apresentavam semelhanças e características comuns.

Com relação às minhas aulas de Educação Física escolar na 1ª e 2ª série, não me recordo de ter havido aulas da referida disciplina. O fato de, na 3ª série, ter mudado de escola teve relação direta com a oferta dessas aulas; e também esteve relacionado à minha participação na escolinha de futsal e com a maioria dos meus "amigos de rua" estudarem nessa escola privada, que tinha uma quadra poliesportiva, materiais e professores de Educação Física; condições que não existiam nas outras escolas. Também existia a divisão entre meninos e meninas nas aulas. Inicialmente, essas atividades tiveram como característica principal o ensino dos esportes (futsal, handebol e voleibol) por meio da repetição de fundamentos técnicos e jogos das modalidades. Posteriormente, as aulas passaram a ser livres, com a prática dos esportes sendo divididas em períodos ou bimestres. Os espaços eram alternados com as meninas, mas existia a prevalência dos meninos em utilizarem a quadra principal. Existia, além da quadra, um pátio e posteriormente uma quadra menor coberta, com marcações e rede de voleibol. A participação dos alunos das equipes esportivas das escolas permitia mais destaque nas aulas de Educação Física, sendo essa participação valorizada na escolha das equipes durante as aulas, por exemplo.

Outro fato interessante dessas aulas da 3ª e 4ª série era a existência de uma "medalha de honra ao mérito" entregues no fim do ano para os alunos-destaques das aulas. Existia um ranqueamento, com uma nota separada por bimestres, exposta na porta da sala de materiais. Para a atribuição dessas notas, a participação, a disciplina e o rendimento eram considerados.

Consegui me tornar "Aluno do Ano" na 4ª série ao conquistar uma medalha de bronze. Essa sensação de conquista, pertencimento, de sucesso, de inclusão, de mérito fez com que eu tivesse grande interesse e dedicação àquelas aulas e consequentemente participasse das equipes esportivas da escola. Destaque que eu não tinha nas outras disciplinas escolares. Isso imprime uma marca em nossa personalidade, em nossa identidade. Mas, por meio da reflexão, de certa forma, hoje sou capaz de estabelecer relações distintas daquelas experimentadas nessas aulas em minha prática pedagógica.

Como pudemos perceber, essas aulas de Educação Física na infância e adolescência são relevantes em nossa formação e identidade como professor de Educação Física. As relações com o esporte, conteúdo predominante nos relatos dos professores, imprimem características em nosso modo de pensar, de agir e de nos relacionarmos com o fenômeno esportivo. Vamos trazer agora as memórias dos professores em relação à presença dos jogos escolares em suas trajetórias na educação básica.

O termo mais utilizado pelos professores entrevistados para designar os jogos escolares é "jogos estudantis". Jogos Estudantis Leopoldinenses e, no meu caso, Jogos Estudantis de Além Paraíba (Jeap). Essas competições não eram seletivas para outras etapas, tinham organizações, formas de disputas diversas. No caso de Leopoldina, no período escolar dos entrevistados, elas não aconteciam anualmente. Foram alterados períodos de realização e de não realização desses jogos. Em Além Paraíba, na década de 1990, período que envolveu a minha vida escolar, esses jogos aconteceram anualmente. Antes de participar como estudante, lembro-me de, em algumas ocasiões, ter ido ao ginásio poliesportivo municipal assistir a esses jogos. O professor Oscar apresenta-nos um panorama desses jogos em Leopoldina:

> *Na verdade, não no formato que acontece agora, na verdade era Jogos Estudantis Leopoldinenses. Participei umas duas vezes, depois ele foi até cancelado pela prefeitura, era de organização da prefeitura e era dividido em duas categorias, maiores e menores. Menores de 15 anos e maiores até o 3º ano, 17 anos mesmo, igualzinho que ocorre agora. Você podia participar, eu cheguei a jogar vôlei, vôlei e basquete, então você podia participar de duas modalidades ou três modalidades, acho que duas modalidades mesmo[...]. Atletismo acho que você poderia participar de todas as modalidades, eu não tive, não tinha condições de participar do atletismo porque tinham alunos que se destacaram melhor que eu né? Então era feito uma avaliação e nessa avaliação a gente ficava por fora. Uma comissão organizadora da prefeitura, juntamente com os professores de educação física eram os organizadores desses jogos.* (Entrevista com o professor Oscar, 2020).

As características desses jogos estudantis apresentam relações com os jogos escolares atuais. As duas categorias por idade. Uma seleção dos alunos participantes nas escolas. No caso do atletismo, um estudante poderia participar de todas as modalidades, porém havia uma seleção dos participantes por escolas. Isso evidencia mais preocupação com o rendimento, com os resultados, com o nível técnico do que com a participação de um número maior de alunos. Em compensação, era permitida a participação em mais de uma modalidade esportiva coletiva. Nos dias atuais, só é permitida a participação em uma modalidade, o que tem reduzido a participação de alunos. Resta saber se essa participação de mais de uma modalidade envolvia estudantes diversos ou eram os mesmos alunos participando de duas modalidades.

O professor André lembra com bastante entusiasmo o seu envolvimento com os jogos estudantis e apresenta informações que vão ao encontro das memórias do professor Oscar:

> Nós tivemos jogos escolares, os jogos escolares na minha época ele ficou um tempo perdido, não teve uma época, entre 10 e 13 anos, depois com 14 para 15 anos os jogos escolares voltaram com força total! Cara, muito legal! E era na praça de esportes a maioria dos jogos, Clube Leopoldina que tinha quadra coberta na época, tava começando a cobrir a quadra. Então tinha Jogos Escolares, atletismo era no Arranca-toco[10] e nós participamos do atletismo, corrida, lançamento de dardo, arremesso de peso, então era, tinha jogos escolares na minha época também. Teve uma parte, uma parte legal, dos 15 aos 17 anos a gente disputava jogos escolares direto aqui em Leopoldina. (Entrevista com o professor André, 2020).

A professora Aline afirma que, na sua etapa escolar, não existiam esses jogos. A professora viveu seu período escolar após os professores André e Oscar, portanto é possível que esses jogos tenham sido interrompidos. Já o professor Wiliam, nove anos mais jovem que a professora Aline, afirma ter participado dos jogos estudantis. O professor Gustavo, como mencionamos, viveu sua infância e adolescência em outro município e relata como era uma competição escolar realizada na sua região:

> Tinha os Jogos da Integração, que era os jogos que envolvia as escolas das três cidades, seria o nosso microrregional do JEMG hoje sabe? E era muito interessante cara, era muito legal, eu cheguei a jogar um[...] os jogos eram incríveis cara, para você ter ideia teve um ano, eu só participei um ano e a gente tinha até rádio lá entendeu? Até rádio ia lá para fazer cobertura, entrevistar os alunos, então pra gente era né, para a gente era umas Olimpíadas, era a mesma coisa que estar na televisão, nesse sentido era muito importante. O nível técnico também era muito bom né? Era motivante, era motivante, eu de fato só não me envolvi muito com o esporte escolar naquela época pela minha limitação técnica

---

[10] Campo de futebol da cidade de Leopoldina.

> *obviamente. Era mais um entusiasmado do que um bom atleta*
> *e também porque eu era um bom atleta na natação* (Entrevista
> com o professor Gustavo, 2020).

Percebe-se, por meio das memórias do professor, a relevância que esses Jogos da Integração tinham na região, existindo até uma cobertura da rádio local. Essa repercussão fazia os participantes se sentirem nas Olimpíadas, não apenas pela presença de uma mídia, mas também pelo bom nível técnico. O professor Flávio, que viveu sua infância em outro município (Juiz de Fora), rememora não ter participado dos jogos escolares, mas menciona ter assistido à equipe da sua escola em uma ocasião, afirmando ter estudado em uma escola com muitos alunos e que não havia um *"processo seletivo aberto"*.

O objetivo de trazer esse tema não foi apresentar detalhes relacionados a estrutura ou organização desses jogos, mas buscar trazer memórias do envolvimento desses professores com esse tipo de competição. Os relatos apresentam algumas características desses eventos, que envolviam a participação de escolas, portanto abrangiam estudantes, em que rendimento, desempenho, seleção eram características presentes. Não foi mencionada pelos professores nenhuma característica educacional, vamos dizer assim.

A minha experiência com os Jogos Estudantis de Além Paraíba foi extremamente marcante. O período de preparação para esse evento durava o ano inteiro. Não existia um momento de seleção dos participantes, havia treinos semanais das diversas modalidades envolvendo geralmente os mesmos alunos. Não me recordo de alguém ter sido excluído da participação nas equipes da escola. Mas, com certeza, não trago estas recordações por ser sempre incluído e me envolver consideravelmente com essas equipes e com essa participação. O evento era, vamos dizer assim, naturalmente excludente, pois era altamente competitivo, existia uma rivalidade muito grande entre as escolas, principalmente envolvendo as duas maiores escolas particulares (fazia parte de uma delas) e entre as particulares e as públicas. Existia uma forte rivalidade até entre os professores participantes. Recordo ser extremamente desigual a participação das escolas particulares e das escolas públicas, principalmente nas modalidades handebol e voleibol. As públicas não se preparavam com a quantidade de treinos como as escolas particulares. As modalidades existentes nesses jogos eram futsal, handebol e voleibol. Em umas duas edições aconteceram competições de atletismo (corrida de 100 metros em um campo gramado e salto em distância). Esses jogos eram realizados em outubro, geralmente na semana do Dia das Crianças, e duravam aproximadamente duas semanas.

Outra experiência que me marcou muito, e com certeza foi determinante para cursar Educação Física, foi ter participado dos I Jogos Intercampi do Cefet-MG, no 3º ano do ensino médio, que aconteceram em quatro etapas nas então unidades dessa instituição federal. O futsal, em Belo Horizonte; o voleibol, em Araxá; o handebol, em Divinópolis; e o basquete, em Leopoldina. Para participar das quatro etapas, havia uma seletiva na escola, e os treinamentos aconteciam em período noturno na unidade, já que as aulas aconteciam pela manhã e à tarde. Com exceção da primeira etapa, o futsal, esses jogos apresentavam "dentro de quadra" as mesmas características das competições ou jogos de que havia participado. Porém, a organização e, vamos dizer assim, o "espírito" dos jogos tinham aspectos distintos e inéditos para mim. Ficávamos uma semana alojados nas escolas, e o clima fora de quadra era de muita festa e confraternização entre os alunos das diferentes cidades. Havia eventos além das próprias partidas, e eram perceptíveis e até admiráveis as relações entre os professores de Educação Física. Havia apresentações culturais, além de uma grande cerimônia de encerramento, na qual os estudantes e os professores apresentavam relatos de suas experiências com o evento.

Com 18 anos, eu pude participar da minha primeira e talvez única competição esportiva em que o que acontecia "fora de quadra" era tão importante e relevante quanto o que acontecia "dentro de quadra". Apesar de estarem presentes seleção, competição (característica dos esportes), elementos relacionados ao esporte de rendimento (regras oficiais das modalidades, sistema de disputa, valorização do resultado), esse evento marcou-me positivamente e contribuiu, sem dúvida, com a minha formação humana. Além de ter reforçado a minha identidade esportiva e ter aumentado meu amor pelos esportes.

A seguir, buscaremos identificar como as brincadeiras na infância, as relações com o esporte, as aulas de Educação Física e o envolvimento com jogos escolares podem ter influenciado na escolha dos professores entrevistados em optarem por cursar Educação Física.

As motivações dos professores para escolherem cursar Educação Física podem estar diretamente relacionadas a práticas corporais da infância, e dentro dessas vivências o esporte teve grande relevância. Sabemos que os professores viveram diversas experiências na infância e adolescência, e esse contato com práticas esportivas foi relevante e, em alguns professores, até determinante para a escolha do curso. Porém, não podemos afirmar que foi o único fator, ou transformar o percurso deste trabalho em uma lógica linear em que não existem outros fatores: sociais, culturais, religiosos etc. O trabalho de Vieira (2007) apresenta relatos de estudantes dos cursos de Educação Física de Santa Catarina que apresentaram os motivos dessa escolha na graduação e traz-nos reflexões valiosas sobre o tema:

> Pensamos nos futuros professores/as de Educação Física como pessoas reais que experimentam suas *experiências* materialmente na vida real (THOMPSON, 1981), e que se formam por suas experiências – aqui também as esportivas. Não iremos estranhar, portanto, que essas mesmas *experiências esportivas* tenham sido determinantes na escolha da área a ser cursada na formação inicial, principalmente em se tratando de um curso onde a relação/ligação com tais experiências é inevitável. Isso nos remete ao que disse Nóvoa (1995) sobre a formação ter um caráter individual e, portanto, na implicação de um investimento individual em busca de uma identidade "que é também uma identidade profissional" (Ibid, p. 25). [...] paradoxalmente, na Educação Física a prática esportiva tende a determinar a dimensão profissional, o que parece ser perigoso, pois coloca em xeque a própria formação acadêmica na área. (VIEIRA, 2007, p. 90-91).

A afirmação de que a prática esportiva tente a determinar a dimensão profissional e "coloca em xeque" a nossa formação acadêmica na área tem grande relevância para este trabalho, pois buscamos identificar as proximidades entre prática esportiva na infância, formação acadêmica, prática profissional e relações com os Jogos Escolares de Minas Gerais. Os relatos dos professores entrevistados demonstram que as experiências esportivas foram relevantes na escolha da Educação Física como formação inicial. A única exceção em nossas entrevistas é a experiência da professora Aline, que só foi ter contato com as práticas esportivas na sua graduação. Entretanto, a professora afirma ter tido uma infância bastante ativa, com muitas brincadeiras na rua. O professor André destaca sua proximidade com a área, conforme relato a seguir:

> *Olha eu acho que eu não escolhi, a Educação Física que me escolheu entendeu? Porque desde novo, não só na parte de participar, de praticar e também de atuar em todos os tipos de competição possível eu sempre fui um organizador, aquele cara que que chamava todo mundo, que organizava material, que dividia equipe, que era responsável. [...] Então aí como acadêmico ainda, cursando a faculdade, eu "tava" trabalhando, e essa proximidade com Rodrigo*

realmente me levou a fazer Educação Física e o amor ao esporte. Felipe não tem jeito, a gente que é apaixonado, que gosta de jogar, que gosta de competir até hoje a gente brinca de sabe? Você tem isso é no sangue, da sua natureza mesmo, isso não tem uma explicação lógica, você vai porque você gosta da coisa, então você trabalhar com a coisa que você ama, dá muito prazer, muito! E muitos frutos, muita coisa boa. (Entrevista com o professor André, 2020).

Essa contundente narrativa apresenta a forte relação entre as atividades esportivas e sua identidade pessoal e profissional. Extratos como *"Educação Física que me escolheu"*, *"amor ao esporte"*, *"você tem isso é no sangue, da sua natureza mesmo"*, além do gosto de competir, demonstram o poder que o fenômeno esportivo teve na sua escolha formativa e profissional. Outro elemento que se destaca nessa memória do professor André é a influência do profissional de Educação Física, como um que o professor admirava e com quem tinha proximidade. Essas relações foram constatadas em outras entrevistas.

Eu nunca tive dúvida não. Eu falo até hoje que o André (professor entrevistado) foi um dos motivos, porque ele me incentivava muito e eu gostava dessa relação que ele tinha de treinador, assim de professor, ele me inspirava. Professor Rodrigo, foram essas pessoas que me espelharam, não para fazer educação física porque eu tinha certeza. Mas eu queria ser igual sabe? Porque eu nunca tive dúvida. (Entrevista com a professora Marina, 2020).

E aí pelo meu histórico, uma vida inteira né, movimentando, entusiasta, desportista, você sabe como é que é isso né? Eu não vi o outro curso que eu pudesse fazer lá na UFV que não fosse Educação Física [...] aí eu fui para Viçosa e comecei a me apaixonar ainda mais pela Educação Física. (Entrevista com o professor Gustavo, 2020).

Eu sempre gostei muito, no nosso papo eu já falei aí e também gostava de estar praticando atividades e estar no meio da área esportiva, das brincadeiras. Eu sempre fui muito ativo e, na verdade este professor despertou muito este interesse, por eu gostar muito, vendo as práticas dele eu acabei tendo ali um, alguém para me espelhar. (Entrevista com o professor Tales, 2020).

Assim como a influência da prática esportiva, querer ser igual ao professor ou ter alguém em quem possa se espelhar demonstra-nos uma profunda relação professor-aluno entre os professores entrevistados. Pude constatar, por meio de conversas com colegas professores, que essa influência está consideravelmente presente nas memórias de professores de Educação Física. Com relação a minha experiência, na relação com os professores, sempre tive admiração e respeito por eles, mas não posso afirmar que me espelhei neles ou queria ser igual, apesar de terem sido para mim uma referência do que era ser um professor de Educação Física. Um profissional mais próximo, que estabelecia uma relação de mais diálogo, que conversava conosco sobre os jogos de futebol do domingo e que possibilitava estar em contato com a prática corporal que eu amava: os esportes.

O fato de o professor Wiliam ter alcançado a turma dos mais aptos nas aulas e conseguir fazer parte da equipe da escola foi determinante para a escolha do curso de formação:

> *Eu acho que era esse momento que eu "tava" vivendo sabe? Esse momento que eu "tava" vivendo dentro da escola, com os esportes, essa coisa toda. Engraçado, que eu nunca pensei em ser professor de Educação Física escolar né? Eu até via muita dificuldade nisso, também na faculdade cursando as disciplinas, eu também via dificuldade nisso. (Entrevista com o professor Wiliam, 2020).*

A proximidade com a prática esportiva, com a equipe da escola, fez com que o professor vislumbrasse um percurso profissional relacionado mais à prática de esporte de rendimento, no envolvimento durante sua graduação com estágios de voleibol, do que com a própria atuação de professor nas escolas. É contraditório, porque foi esse espaço social, além das relações vivenciadas nele, que o fez decidir cursar Educação Física. A intenção em trilhar um rumo profissional relacionado ao esporte também está presente nas memórias do professor Flávio:

> *Falei vou tentar fazer vestibular, é o que os meus amigos vão fazer, é um curso que me agrada também. Pensando eu em trabalhar com futebol e quando eu entrei na faculdade eu estava determinado, falei, quero trabalhar com futebol! Coisa que eu nunca trabalhei até hoje. (Entrevista com o professor Flávio, 2020).*

Curioso observar que esse fato também está relacionado com a minha experiência. Meus pais são professores de escola pública. Minha mãe já se aposentou, e meu pai continua lecionando. E, observando de perto seus percursos profissionais, suas dificuldades na docência, a baixa remuneração, queria traçar um caminho diferente. Almejava ser um técnico de futebol ou algo relacionado aos esportes de rendimento e ter uma carreira tranquila, sem os embates e as dificuldades da docência nas escolas públicas. O percurso acadêmico fez-me perder essa "ilusão" e permitiu que eu trilhasse um caminho totalmente diferente do inicialmente pensado. Vamos falar disto mais adiante.

6.2 A PRESENÇA DO ESPORTE NA FORMAÇÃO ACADÊMICA

Nas próximas páginas, trarei as memórias dos professores entrevistados relacionadas às suas respectivas formações nos cursos de Educação Física, mais especificamente sobre o ensino dos esportes. Ao perguntar como era esse ensino, surgiram lembranças que envolviam as aulas das modalidades esportivas misturadas com outras atividades esportivas. Além disso, trarei recordações do envolvimento de parte dos professores com Jogos Universitários e Jogos Interperíodos durante a graduação. Terminarei esta parte do trabalho revelando que papel o esporte possui e possuiu na vida dos professores entrevistados. Com isso, procurarei identificar e analisar que papel a formação inicial teve na compreensão dos professores sobre o fenômeno esportivo e as relações que essa formação teve para a construção de uma prática pedagógica relacionada ao ensino dos esportes nas escolas. Trarei ainda a ideia de continuidade versus ruptura, no sentido de essa formação inicial ter contribuído na continuidade das relações com o esporte vivenciadas na infância e adolescência, nas aulas de Educação Física, na participação esportiva, ou se provocaram uma ruptura, no sentido de uma ampliação do entendimento sobre o fenômeno esportivo, estabelecendo uma prática pedagógica diversa àquela vivenciada desde então, proporcionando outras relações teórico-práticas com o esporte.

Antes de apresentar as memórias dos professores entrevistados, relatarei a minha experiência de formação inicial. Formei-me em 2012. Considero ser uma formação recente. Fiz parte da segunda turma do "currículo novo", em que os cursos de Educação Física foram divididos em bacharelado e licenciatura. A turma de veteranos, a primeira turma dessa nova fase, ficou conhecida na faculdade como "cobaias do currículo novo", devido às alterações feitas e à dificuldade que a faculdade teve para realizar essas adequações. Acredito que as maiores dificuldades foram: organizar os estágios, devido ao aumento significativo das horas a cumprir, e a obrigatoriedade da elaboração de trabalho de conclusão de curso ao final da graduação. O curso da Faefid/UFJF organizou as disciplinas em: disciplina do "tronco comum", disciplinas específicas do bacharelado e da licenciatura. As que envolviam o ensino dos esportes faziam parte desse tronco comum. A grade curricular estava organizada no sentido de oferecer primeiro essas disciplinas do tronco comum em paralelo e em continuidade as específicas do bacharelado; as disciplinas específicas da licenciatura eram trazidas posteriormente.

As disciplinas envolvendo os esportes tinham uma divisão entre a parte teórica e a prática. Essa divisão muitas vezes não era seguida, pois os professores consideravam uma única disciplina, e a avaliação e as notas eram iguais. Mas existia uma distinção na grade curricular e no currículo. Vou dar um exemplo: a disciplina Iniciação ao Atletismo I tinha quatro créditos; e a Prática da Disciplina Atletismo I, um crédito. As disciplinas ligadas aos esportes foram (não vou mencionar as práticas): Iniciação ao Atletismo I, Iniciação ao Atletismo II, Iniciação à Natação, Ética-Organização Profissional e Desportiva, Iniciação ao Voleibol, Iniciação ao Handebol, Iniciação ao Basquetebol, Iniciação ao Futebol, Gestão e Organização Desportiva, Iniciação às Artes Marciais e Lutas (era ministrada pelo departamento de Esporte e tinha as mesmas características das outras) e Metodologia do Treinamento Desportivo. Ainda existiam as disciplinas optativas, tendo a obrigatoriedade de cursar determinado número de créditos. A oferta dessas disciplinas variava a cada semestre. Cursei Psicologia do Esporte, Aperfeiçoamento em Medidas e Avaliação e Aperfeiçoamento em Fundamentos da Preparação Física.

Inicialmente, essas foram as disciplinas com que tive mais afinidade e às quais me dedicava mais. Na verdade, ao optar por cursar Educação Física, imaginava que só existiriam essas disciplinas; não considerava as da área biológica, como: Anatomia, Fisiologia, Biologia, Bioquímica, Nutrição etc.; nem as do departamento de Ginástica e Arte Corporal, as ginásticas e as danças. A graduação foi extremamente abrangente e permitiu que tivesse uma visão da Educação Física enquanto campo do conhecimento. Porém, considero ter existido um distanciamento entre esses campos. Havia uma divisão entre os conhecimentos dos esportes, das ginásticas, da área biológica e posteriormente da pedagógica, pois não dialogavam entre si e eram ministrados até em locais diversos dentro da universidade.

Falando especificamente das disciplinas envolvendo os esportes, foram 11, que continham características muito próximas. Em contraposição, as disciplinas da área biológica eram práticas. Ou seja, grande parte das aulas era na pista, nas quadras, na piscina e no tatame. Isso significou uma grande valorização dos aspectos técnicos, táticos, metodológicos (o ensino do método global, analítico e situacional), da preparação física. Aprendíamos, de certa forma, a praticar aquelas modalidades para poder ensiná-las aos alunos posteriormente. Questões sobre história da modalidade, evolução, motivações para suas existências, regras geralmente eram "pinceladas" na introdução à disciplina. Pelas características dos professores, ligados à área do treinamento e rendimento esportivo, as aulas tinham esse enfoque, isto é, fazer com que aprendêssemos a ensinar o esporte para crianças e até, de certa forma, para adultos. Quando era mencionada a Educação Física escolar, escondiam-se as bolas, os materiais e passávamos a ter de criar atividades com poucas bolas e para muitos alunos (no caso, nós mesmos), como se fossem naturais as condições de precariedade desses espaços.

Com relação ao ensino dos esportes nos cursos de graduação, Vieira e Welsch (2007, p. 134), ao analisarem as características dos currículos dos cursos de Educação Física das instituições de Santa Catarina, comentam que:

> [...] mesmo com algumas inserções de disciplinas de cunho pedagógico e mudanças de currículo, perpetua-se a indicação de uma formação acadêmica, ainda, generalista e esportivizada. Nisto, "...as experiências esportivas desde a infância até a formação inicial compõem certo etos esportivo que está ligado ao jeito de ser ou se formar professores/as, ou, melhor, a existência de tal etos contribui para compor a identidade profissional desses mesmos narradores, professores/as". (Ibid, p. 99). Isto revela a forte determinação que tais discursos exercem sobre a Educação Física e, consequentemente, sobre a representação dos seus professores/as em formação. [...] a formação tem, ainda, se orientado numa perspectiva de cunho técnico e que as práticas pedagógicas dos professores/as que atuarão na escola ficam comprometidas, ou melhor dizendo, limitadas ao ensino de habilidades, resumindo o ensino a uma mera aprendizagem para saber jogar, abstendo-se de sua função de educador.

Essa é a visão que eu tenho hoje, mas na época tudo estava ótimo. Tudo ocorrendo "às mil maravilhas". Era um processo de continuidade que sempre amei fazer; a minha identidade de esportista e, de certa forma, as práticas corporais que havia vivenciado na escola.

O processo que vou chamar de "ruptura" ou de "perda da identidade esportiva" aconteceu por meio de dois movimentos: o primeiro foi o envolvimento com o Movimento Estudantil da Educação Física (Meef). Seus encontros nacionais e regional e as reuniões do diretório acadêmico permitiram que eu entrasse em contato com conhecimentos, maneiras de enxergar o mundo, a Educação Física, os esportes, até então desconhecidas. Essa participação permitiu que eu me considerasse um sujeito capaz de pensar sobre a formação de professores, o ensino dos esportes, enfim, sobre a Educação Física e a sociedade. Travávamos debates acadêmicos "em pé de igualdade" com os professores nas reuniões de departamento, de conselho de unidade. Tínhamos um grupo de alunos comprometidos e determinados a discutir e melhorar a nossa formação.

Quanto à participação em duas versões do Encontro Nacional dos Estudantes de Educação Física (Eneef), a primeira em que participei efetivamente, em 2010, teve como tema os megaeventos esportivos (quatro anos antes da Copa do Mundo de Futebol) e como característica a denúncia desses eventos e suas consequências na organização das cidades. A segunda, no ano seguinte, em Santa Maria (RS), teve como tema "Formação unificada e sociedade: o movimento estudantil disputando os rumos da sociedade". Este evento, mais significativo para mim do que o primeiro, buscava, entre outros objetivos, dar visibilidade à campanha "Educação Física é uma só, formação unificada já!", discussão que dialogava com os nossos problemas enfrentados na graduação, ocasionados, parte deles, pela divisão curricular; e apresentava uma proposição curricular para a solução desse problema. Isso construído coletivamente, entre estudantes de todo o Brasil, com núcleo na própria UFSM e na UFRGS.

Resgatando rapidamente do Caderno de Debates (2011) desse evento, tratava-se de um documento de 91 páginas que apresentava textos com temas sobre movimento estudantil, universidade, formação, megaeventos, opressões e oposição ao sistema Confef/Crefs e relacionava, na condensação dos textos envolvendo a campanha de formação unificada, um breve texto com dez motivos para ser a favor dessa formação, que sintetizam bem os objetivos e a visão que a campanha tinha sobre a então atual e a formação desejada.

> 1- Formação ampla para atuação nos demais âmbitos de nosso campo de trabalho. 2- Sólida base científica. 3- Cultura corporal como objeto de estudo. 4- Unidade entre teoria e prática. 5- Indissociabilidade entre ensino, pesquisa e extensão. 6- Articulação do conhecimento. 7- Avaliação. 8- Formação continuada. 9- Prática pedagógica como caracterizadora da área. 10- Projeto alternativo de universidade.

Esse movimento trouxe outra visão e envolvimento com o conhecimento em relação à Educação Física, mas também outros campos sociais.

O segundo movimento de ruptura, que aconteceu paralelamente ao primeiro, foi o contato com as disciplinas específicas da licenciatura, aquelas realizadas na Faculdade de Educação da UFJF (Faced/UFJF). Antes é preciso mencionar que esse contato tardio, somado ao discurso de parte dos professores da Faculdade de Educação Física (principalmente os ligados ao esporte) — que diziam que lá estavam os teóricos do esporte, os inimigos da Educação Física, "pedagogentos", os "pedagogicistas", o conhecimento teórico inútil —, fazia com que grande parte dos meus colegas não entendesse aquelas disciplinas e reproduzisse esse discurso e essa prática preconceituosa muito presente no "espírito" e na "identidade" do curso. Acredito que esse panorama possa ter contribuído com o processo de continuidade de parte dos professores. As disciplinas teóricas, com bastantes leituras, com discussões e debates sobre a Educação Física escolar, os esportes e outros elementos da cultura corporal, contrastavam-se com as disciplinas esportivas, que eram práticas, objetivas, que buscavam fazer com que os alunos aprendessem a ensinar os esportes, e ponto final. E tornou-se muito difícil construir uma relação entre essas disciplinas da licenciatura com aquelas relacionadas aos esportes.

O Movimento Estudantil permitiu que eu adentrasse, sem preconceito, nesse espaço e nessas disciplinas e contribuiu para que eu assimilasse melhor aqueles conhecimentos, pois parte deles pude conhecer no debate com outros colegas estudantes. Porém, esse movimento teve um caráter mais de denúncia, o que nós não queríamos na formação: um currículo dividido, o ensino dos esportes que privilegiasse a técnica e o rendimento, aulas de Educação Física que excluíssem, que fossem antidemocráticas, que privilegiassem parte dos alunos, que favorecessem os mais aptos etc. Por isso digo que concluí a graduação com a ideia do "não mais". Existia uma dificuldade enorme em assimilar as abordagens críticas e construir uma prática pedagógica com base nelas. Numa concepção de que as aulas de Educação Física só seriam válidas se aplicássemos aquele conhecimento. Principalmente a abordagem crítico-superadora, que era mais relacionada nas disciplinas de licenciatura. Formei-me com muito mais dúvidas que certezas, e isso não foi ruim. O que foi ruim foi uma certa insegurança no início, mas algo totalmente comum e compreensível.

Encerrando essas minhas memórias, enxergando-me enquanto sujeito de experiências, não quero que as críticas à minha formação em uma universidade pública endossem os discursos dos que querem o fim dela. A formação nesse espaço republicano, público, plural, de diversidade de opiniões e ideias contribuiu muito para a minha formação humana e acadêmica. As lacunas presentes na formação reforçam o compromisso que a sociedade deve ter no oferecimento de um ensino gratuito e de qualidade, principalmente quando nos referimos à formação de professores da educação básica.

Trazendo agora as memórias dos professores entrevistados, é relevante dizer que três deles cursaram a sua graduação na mesma instituição que eu e que um também cursou a metade final da graduação na mesma faculdade. Por isso, talvez, apesar de épocas de formação distintas, parte deles traz memórias que se aproximam das minhas experiências. É o caso da professora Aline, que se formou no início da década de 1990 e nos apresenta esta reflexão:

> Eu acho que era muito desmembrada, a parte mais de prática né, na Faculdade de Educação, de prática que eu digo prática de ensino né? Tinha alguma coisa disso, não me recordo bem o nome da disciplina, acho que era prática de ensino mesmo, que a gente fazia os estágios. Tinha alguma coisa disso, mas não era o foco não, o foco era realmente na parte física, na parte de gesto, de fundamento, o foco maior era nisso. (Entrevista com a professora Aline, 2020).

A professora apresenta essa recordação de um desmembramento ou uma desassociação entre as disciplinas específicas da Educação Física, que tinham o foco na parte física, de gesto, fundamentos das disciplinas relacionadas à prática de ensino na Faculdade de Educação. O professor Flávio, que se formou na mesma instituição no início dos anos 2000, considera que o ensino dos esportes e a organização curricular foram da seguinte forma:

> Mas o currículo ele era organizado de forma que essas disciplinas esportivas fossem dadas antes da gente ter contato com as disciplinas ligadas a faculdade de educação e o perfil dos professores da disciplina por mais que eles tentavam dar exemplos que relacionassem com a escola, havia um certo distanciamento das práticas efetivas da escola. É ligado mais ao perfil eles têm, vinculados mais a área de treinamento do esporte do a área pedagógica, a área escolar de tratar a prática corporal dos esportes. Então assim, naquele momento eles davam, a compreensão que eu tinha era que eles estavam sim contextualizando aquilo que "tava" na escola, mas quando a gente se forma e aprofunda nessas questões a gente percebe as lacunas, consegue perceber melhor as lacunas que aquela formação deixou. Mas eles faziam esse esforço, dentro dessa limitação, dentro desse perfil que eles tinham talvez eles não conseguiam trazer. Mas essa também é uma tarefa, uma tarefa difícil, uma tarefa complexa, independente do perfil, é uma tarefa complexa que envolve a escola é algo muito, muito significativo e algo muito profundo. Então num curso de 4 meses efetivos é difícil

conseguir, é difícil conseguir dar conta de tratar pedagogicamente os esportes né? Esse elemento específico das práticas corporais. (Entrevista com o professor Flávio, 2020).

O professor Tales, formado na mesma universidade, também apresenta memórias relacionadas ao ensino dos esportes e afirma que a faculdade permitiu contato amplo com os diversos esportes, mas restrito à questão do treinamento esportivo. Identifica ausência de um ensino voltado para questões mais históricas e críticas. A professora Marina, formada em outra instituição no início dos anos 2000, faz considerações que se relacionam a minha formação, à da professora Aline e à do professor Flávio:

Tinha uma parte teórica do desporto né? Uma aula de teoria e daquela aula de teoria a gente fazia a prática. Poderia nem ser o jogo em si, só aquela teoria que a gente estudava na aula anterior, que a gente colocava em prática na aula seguinte. Até se formar o jogo em si, até a gente partir pro jogo mesmo. A gente aprendia a ensinar, a gente não aprendia, o objetivo ali não era ensinar a gente a jogar o esporte não. O objetivo era ensinar a gente a ensinar, a ser professor [...] Um dos meus professores ele trabalhava com uma escola pública lá em Friburgo. A gente até fez estágio com ele na época, então ele pegava muita realidade dele porque não adiantava ele pegar todas as bolas que a faculdade tinha, e dá uma aula, fazer dupla, e dá uma aula de vôlei, toque e tal, sendo que a gente ia chegar na escola e encontrar uma bola entendeu? Ele pegava muito isso, ele mandava muita a gente se virar com pouco material, às vezes ele dava, eu lembro disso, tem coisa que marcam a gente né? Eu lembro que ele às vezes ele tirava, a gente nem percebia, ele tirava o material e mandava a gente se virar, a gente dava aula. Eu lembro que ele ia tirando os materiais, na hora quando a gente percebia, a gente "tava" dando aula com nada, praticamente. Fazia essa criatividade da gente aparecer. Eu acho que é justamente porque ele trabalhava numa escola pública, ele via a realidade. (Entrevista com a professora Marina, 2020).

Essa relação entre teoria e prática está presente nas minhas memórias e nos relatos dos professores entrevistados. Caparroz e Bracht (2007) dizem que uma das interpretações comuns na nossa área e que dificulta a ressignificação da didática é a compreensão de que as teorias pedagógicas existem para ser aplicadas na prática. Ou no relato da professora Marina: de que a parte teórica do desporto apresentava subsídios para uma aplicação prática. Uma afirmação muito comum que se ouvia nos tempos de graduação e que demonstrava um preconceito com relação às disciplinas ditas teóricas era a de que a teoria na prática era outra.

No entanto, não compartilhamos do preconceito em relação à teoria que está presente no dito, ou seja, de que as teorias não servem porque elas não "funcionam" na prática – elas precisam, na verdade, ser modificadas pela prática. Quando hoje alguém chama um professor de teórico (da educação física), procurando dar uma conotação negativa à afirmação, e diz que sua teoria não se aplica na prática, isso, paradoxalmente, pode ser interpretado como um elogio. Isso porque uma outra leitura do dito popular é possível. A leitura de que o ditado, na verdade, desvaloriza a prática em vez da teoria, porque traz embutida, exatamente, a ideia de que a prática, se a teoria funcionasse, seria apenas uma consequência, uma mera "aplicação" daquela – o sujeito da ação seria a teoria e não a prática: o que fazem os práticos? Aplicam o que os teóricos ditam! O mérito seria todo da teoria, que conduziu bem a prática. Ainda bem que a teoria na prática é outra, pois permite que o "prático" seja autor de sua prática e não mero reprodutor do que foi pensado por outros. A prática precisa ser pensante (ou reflexiva)! (CAPARROZ; BRACHT, 2007, p. 27).

Essa ideia de prática pensante, ou reflexiva, e o entendimento de que as teorias pedagógicas precisam ser ressignificadas estão ausentes nas minhas memórias e nos relatos dos professores. Pensar o esporte na escola seria apenas uma questão de disponibilidade de material e quantidade maior de participantes. Essa divisão entre teoria e prática e a ideia de que existiam momentos de aprendizagem das teorias (no caso, do ensino dos esportes das metodologias) que posteriormente poderiam ser aplicadas na prática deixam de levar em consideração os saberes dos professores, a diversidade cultural dos estudantes, a diversidade e a complexidade das escolas. Para Caparroz e Bracht (2007), a teoria não deve ser uma orientadora da prática como algo prescritivo de ações e procedimentos, numa perspectiva técnico-racional. As teorias não podem decidir por nós, como se fosse um manual a ser seguido, um livro de autoajuda. As lembranças do professor Gustavo dizem respeito justamente a essa ideia, referindo-se ao ensino dos esportes na graduação como se fosse a aplicação de algo escrito numa espécie de manual.

[...] aí geralmente esporte 1 e 2 eram obrigatórios e era numa linha justamente, te ensinando, através de um processo bem analítico ali, você como que você ensinaria a uma criança a dominar, desenvolver cada um dos fundamentos que aquele esporte exige que fosse executado né? Então foi muito profundo nessa questão

> assim: olha você tem que ensinar assim, a estratégia é essa, se o menino não tá conseguindo você tem esse outro exercício, foi muito em cima de exercícios de cada fundamento, até se chegar no jogo e aí no 2, no 3, toda modalidade três ela já era mais a parte de treinamento mesmo, aí em uma aprofundava na parte tática e muita parte de fisiologia específica daquela modalidade, era assim na época. (Entrevista com o professor Gustavo, 2020).

Os cursos de Educação Física deveriam buscar uma formação não apenas no ensino dos esportes, mas em todos os temas da cultura corporal, entendendo que o professor:

> [...] não deve aplicar teoria na prática e, sim, (re)construir (reinventar) sua prática com referência em ações/experiências e em reflexões/teorias. É fundamental que essa apropriação de teorias se dê de forma autônoma e crítica, portanto, como ação de um sujeito, de um autor. (CAPARROZ; BRACHT, 2007, p. 27).

Retomando a questão da continuidade e ruptura, o professor Gustavo apresenta-nos um relato interessante:

> Lá na UFV, onde eu aprendi que a Educação Física ela é muito maior do que eu imaginava. Eu imaginava que ela fosse meramente esporte, a gente tinha uma discussão muito profunda né? A gente tinha um grupo de professores pedagogicistas, muito ali da área mesmo das humanas, da licenciatura e eu tinha, no entanto, outros professores extremamente tecnicistas, eu obviamente me identifiquei, no primeiro momento, com os tecnicistas né? E depois eu fui ponderando os dois lados da moeda, os dois lados que um inclusive um dos lados questionava o papel do esporte dentro da escola, como que era trabalhado, da forma tradicional e como que a gente tinha que romper com isso e eu consegui absorver alguma coisa de bom nisso e isso serviu muito para a formação do que viria ser lá na frente o meu trabalho profissional entendeu? Que embora eu esteja numa escola cujo seu projeto político-pedagógico propõe justamente o tecnicismo, a partir do sexto ano, eu ainda consigo trabalhar com algumas nuances, algumas questões de uma linha mais pedagogicista. (Entrevista com o professor Gustavo, 2020).

O professor considera ter existido uma divisão entre professores tecnicistas e pedagogicistas. Esse último termo, na minha formação, tinha um caráter pejorativo. Porém, ele o apresenta referindo-se aos professores que questionavam o papel do esporte nas escolas. Considera ter ponderado os "dois lados da moeda", disse ter conseguido compreender o debate sobre o papel do esporte dentro da escola, que teria de romper com a forma tradicional de ensino. Considera que conseguiu *absorver alguma coisa de bom* nesse processo, o que auxiliou na sua formação profissional. Porém, ao mencionar sua prática pedagógica, afirma ter de ensinar por meio do tecnicismo, devido ao projeto político-pedagógico da escola, mas diz conseguir apresentar *"algumas questões de uma linha mais pedagogicista".*

A esse respeito, Oliveira e Almeida Júnior (2007, p. 17) comentam sobre o papel que essas abordagens tiveram ao confrontar as concepções que buscavam a aptidão física.

> [...] essas abordagens contribuíram sobremaneira com o processo de discussão e elucidação da especificidade pedagógica da Educação Física na escola, além de explicitarem uma centralidade da cultura e da dimensão política como pautas da prática docente, aproximando a Educação Física das questões acerca dos condicionantes macroestruturais que pautaram o mundo, e particularmente o Brasil, ao longo das décadas de 80 e 90. Entretanto, o que se percebe é que esse movimento foi muito mais intenso no meio acadêmico, não apresentando uma repercussão esperada nas práticas docentes cotidianas, já que os professores vêm encontrando dificuldade de "implantar" essas propostas nas escolas.

Os professores André e Wiliam cursaram Educação Física na mesma faculdade, em períodos distintos. André, no fim dos anos 1980; Wiliam, fim dos anos 1990. André acabou concluindo sua formação em outra instituição. Questionado sobre como tinha sido a sua formação e o ensino dos esportes, respondeu da seguinte maneira:

> *Vou falar basicamente o futebol, para você ter uma ideia. Na Gama Filho nós entramos no torneio dos períodos, era o time dos professores e os períodos todos, os 8 períodos, então várias equipes. [...] e aí você participava, era muito legal, a Gama Filho tinha excelentes professores, na época, eu lembro que a natação dada pelo Pavel, era campeão, campeão sul-americano de nado golfinho, o assistente dele tinha competido sul-americano. Você tinha um professor que era escritor do livro de futebol, que jogava na equipe do time lá e dava aula de futebol. Você tinha no basquete treinadores de equipes profissionais de basquete. Então a Gama Filho na época era uma potência, 83 que eu entrei. A Gama Filho era uma potência esportiva, tinha Vila Olímpica cara que era um lugar que vivia cheio, a Gama Filho mantinha algumas equipes*

profissionais de atletismo, de polo aquático, então você tinha um universo de opções, de coisa bem feita, o top do Rio de Janeiro em termos de esporte amador tava ali. As pessoas que davam treino e tudo mais então você tinha muito contato. E foi muito legal essa época. [...]. A variedade de pessoas praticantes, professores praticantes era muito grande e você tinha muita base para você poder aprender entendeu? Então você já trazia sua bagagem de atleta amador, de interessado e juntava com aquela parte técnica que eles passaram para gente. Foi muito bacana, foi bem legal, e isso aí facilitou muito depois para você passar para os alunos. Porque eu acho que você pratica um pouquinho. Aí eu acho que foi muito foi muito benéfico para mim e para todo mundo entendeu? Essa parte de iniciação e de participação dos esportes. (Entrevista com o professor André, 2020).

Ao ser solicitado para falar das aulas, o professor começou relatando sobre o torneio dos períodos, afirmando que participava do evento. A qualidade dos professores era medida pelas conquistas de medalhas; o professor que jogava na equipe e os treinadores do basquete eram das equipes profissionais. A faculdade era considerada uma potência esportiva, existia uma vila olímpica, onde as equipes profissionais viviam. Pessoas praticantes, professores praticantes. Você trazia sua bagagem e juntava com a parte técnica. E pronto! Você estava preparado para passar esse conhecimento para os alunos.

Insistindo em perguntar como eram as aulas de Educação Física voltadas para a escola, o professor disse: *"[...] a gente tinha as aulas normais, de atividades recreativas de escola, tinha educação física normal de escola"*. Percebe-se uma formação voltada para o esporte de alto rendimento; a universidade tinha equipes profissionais, vila olímpica, treinadores de times profissionais, professores que eram campeões em esporte de rendimento. Essa memória do torneio dos períodos reforça a ideia de um curso extremamente prático, no qual as aulas se confundiam com os jogos e as equipes profissionais. Os estudantes, que já tinham certa aptidão, aprendiam as técnicas dos professores campeões, praticavam os esportes em torneios interperíodos e já estavam preparados para transmitir esses conhecimentos aos alunos das escolas. Busco esse relato e tento fazer ligações com as aulas de Educação Física escolar, mas André apresenta poucas memórias sobre as aulas desses esportes, sobre como era o ensino. Entretanto, pelas características da narrativa, talvez aquele ambiente de formação estivesse formando professores para atuar nas escolas visando a iniciação esportiva, treinamento, formação de atletas, melhora da aptidão física dos alunos. Apesar de ser um curso de licenciatura plena, o enfoque dado aos esportes de alto rendimento talvez buscasse professores para atuarem nessa área.

O professor Wiliam diz que existiam duas disciplinas para cada modalidade esportiva, uma era escolar e a outra mais prática, técnica e tática. A estreita relação com o esporte de rendimento e a proximidade permitiram que ele conseguisse realizar estágios em diversos clubes esportivos tradicionais:

> *A Gama Filho também tinha o esporte olímpico da Gama Filho né? Então assim em termos de, apesar de ser uma faculdade particular, era uma faculdade bem conceituada [...] E a Gama Filho tinha muito atleta cara, atleta de seleção, eu estudei com Pipoca, com Espiga, esses dois são do basquete. O Frederico Flecha [...] do judô. Os atletas de Judô da seleção eram praticamente todos da Gama Filho e tinha atleta da natação, então assim, era uma faculdade que respirava esporte né?* (Entrevista com o professor Wiliam, 2020).

> *Eu trabalhava com voleibol, a vida inteira lá no Rio eu trabalhei com voleibol, eu sempre gostei de voleibol, era meu esporte predileto, jogava futsal, mas eu gostava do vôlei. Então quando eu cheguei lá, eu já na escola me interessando nas aulas e eu sempre busquei um estágio em voleibol, um amigo meu, um professor de educação física meu que era da natação ele trabalhava no Comitê Olímpico Brasileiro e ele tava procurando um estagiário para voleibol no Fluminense, ele sabia que eu gostava e me ofereceu. A partir daí então eu comecei a fazer estágio no Fluminense com as categorias de base e Juvenil, que representava também o adulto, só masculino.* (Entrevista com o professor Wiliam, 2020).

O respirar o esporte, com os outros relatos desses dois professores, permite que possamos inferir que a formação nessa instituição privilegiasse uma formação de continuidade. Os estudantes, já aptos, aprendiam a técnica das modalidades, tinham uma vida esportiva intensa, num local que respirava esporte, e estavam formados para atuarem no ensino dessa prática corporal nas escolas, provavelmente, dando ênfase à forma como eles já tinham aprendido. Os relatos mostram que o ensino nas escolas permeava a ideia de prolongamento das instituições esportivas. As práticas são pensadas e refletidas nesse sentido, de fazer com que os alunos aprendam o esporte sem mais reflexão e problematização.

Dos oito professores entrevistados, seis comentaram ter tido alguma relação com Jogos Universitários ou Jogos Interperíodos durante a graduação. Tais jogos, apesar de estarem presentes nas faculdades, distinguem-se.

Os universitários envolvem alunos de diferentes cursos ou faculdades, geralmente são eventos organizados por federações ou até, nos últimos anos, empresas. Existe presença de torcidas, atléticas, que são responsáveis por organizar a participação das equipes. Jogos Interperíodos são jogos realizados entre estudantes do mesmo curso, frequentemente com organização, arbitragem, realizadas pelos próprios alunos. Na minha experiência, inicialmente os Jogos Interperíodos estavam vinculados às disciplinas das modalidades esportivas da graduação ou à disciplina de Gestão Esportiva e posteriormente passou a existir um projeto de extensão, com bolsistas e uma estrutura para a organização dessa competição. Ambos os eventos trazem características do esporte institucionalizado: o cumprimento das regras oficiais, as formas de organização e sua prática mais formal. Além de estarem relacionados mais ao esporte-espetáculo, por envolverem motivações externas, como a sobrepujança, a vitória, a medalha, do que a uma atividade que busque o divertimento ou uma prática mais relacionada a motivações intrínsecas.

Podemos perceber na fala do professor André as características dos Jogos Universitários no seu período de graduação:

> *Eu participei dos jogos da UFJF, somente na UFJF com os outros cursos entendeu? A Educação Física fazia a seleção dos seus esportes, a seleção de futsal, seleção do vôlei e as outras escolas também. Ô cara era uma coisa tão competitiva na minha época lá que algumas universidades contratavam treinadores entendeu? Treinador de vôlei, treinador de basquete, elas contratavam os treinadores da cidade, que trabalhavam nos clubes, para orientar as equipes. Era muito disputado, era muito quente. Os jogos aconteciam no ginásio do Sport, aconteciam no Granbery, aconteciam nas quadras maiores, porque dava muito público, entendeu? Parava realmente tudo e era muito disputado. Eu participei de três, acho que três, Olimpíadas grandes dessas, sempre no segundo semestre dos anos né? Hoje em dia não existe a continuação do JEMG, isso aí era para ser a continuação do JEMG, cada universidade levar da sua cidade e Estado pra levar esse pessoal que fica mais velho e não tem o que competir. (Entrevista com o professor André, 2020).*

Essas memórias permitem-nos fazer algumas considerações sobre o evento: participavam os mais aptos, ou mais habilidosos, e existiam seleções nas faculdades; outra característica era a contratação dos treinadores dos clubes para a preparação a esses jogos. O professor não especifica quais cursos ou faculdades tinham essa prática, mas é curioso pensar que estudantes de Educação Física poderiam contratar técnicos para organizarem suas respectivas equipes. Isso seria bem possível, de acordo com o relato do professor. Outra característica foi a ênfase dada pelo professor André na questão da disputa e da competição: "[...] *era muito quente*"; além do fato de as competições serem realizadas em ginásios maiores, com a presença de grande público. Ao fazer uma analogia com os JEMG, o professor enxerga a possibilidade da continuidade de um evento competitivo após o período escolar, que poderia incluir os alunos após concluírem o ensino médio e que, por ventura, cursassem o ensino superior. Uma forma de continuidade dessas práticas, da escola à universidade e, talvez, ao esporte de alto rendimento.

> *Nestes jogos universitários, eu calouro e tal o meu envolvimento foi de torcer mesmo, todos os jogos eu estava presente, não só da Educação Física, mas a gente estava tendo a oportunidade de ver outros cursos também né? Então a gente estava sempre presente. No Inter período a gente acabou participando né? A turma toda chegando e querendo participar então foi até uma desorganização, jogou todo mundo e tal, mas eu participei. Depois com o tempo eu continuei participando [...] E dentro disso comecei a participar também, o vôlei jogando, o handebol mais como técnico, mas quando precisava, faltava alguém, acabava participando, mesmo não sabendo jogar muito bem. [...] Era até excludente, jogava só os melhores, a minha sala mesmo. Acabou que para diminuir esta exclusão foi criado Inter período série B de futsal, que é o que tinha mais adeptos e aí aqueles que eram teoricamente, tecnicamente piores foram para a série B e formaram uma nova competição. Mas com certeza, era a reprodução de gestos técnicos, aqueles que eram melhores jogavam só. Talvez as outras pessoas participavam um pouco da torcida ali a reprodução do jogo mesmo, da competição era a reprodução das aulas, muito técnica, nada crítico, nada criativo não.* (Entrevista com o professor Tales, 2020).

O professor Tales diz ter se envolvido nos Jogos Universitários na condição de expectador. Esse evento parece ter continuado com as características em relação ao período de graduação do professor André, mesmo se passando 30 anos de um período para o outro. Quanto à participação em interperíodo, em sua fala está sempre presente a questão da aptidão e do rendimento. Uma saída encontrada pelos alunos para incluir a participação de outros alunos na modalidade futsal foi criar a "Série B". Curioso que a Série B iniciou com a ideia de ser uma alternativa à Séria A. Mas, com o passar do tempo, foi adquirindo as mesmas características da primeira divisão, com alunos que participavam da Série A se "transferindo" para a

Série B. Outra alternativa criada pelos alunos foi uma partida da Série C, envolvendo os considerados "pernas de pau" da faculdade. Interessante que esse jogo tinha característica de sátira, humor e diversão.

Na percepção do professor Tales, os Jogos Interperíodos eram uma forma de reprodução das aulas na graduação: *"[...] muito técnico, nada crítico, nada criativo não"*. Relacionando minhas memórias, considero que esses jogos possuíam tais características, uma forma de aplicar o que era aprendido nas disciplinas ainda que no papel de praticante, árbitro, técnico ou organizador. Esses eventos eram um dos poucos momentos que conseguiam reunir grande parte dos alunos da graduação. Fora de quadra, era até um espaço de construção de amizades, de conversas amigáveis, mas dentro de quadra existia sempre um clima de muita rivalidade e competição exacerbada. Refletindo sobre sua participação nos Jogos Interperíodos, o professor Flávio trouxe-nos uma interessante reflexão:

> *Mas minha participação no Inter período de futsal, que era todo ano que tinha, todo período né? Minha participação foi intensa do 1º ao 8º período. Também tinha problemas relacionados a rivalidade, relacionados a relação entre jogadores, outros jogadores, a torcida, a arbitragem, tinham esses problemas. É algo interessante de ser analisado por quê com o amadurecimento a gente consegue separar e consegue enxergar como que a gente se relacionavam com cada uma dessas coisas e depois que eu entrei na faculdade Educação Física, talvez eu nunca tenha lidado bem quando eu me tornava, digamos assim, um praticante, eu não vou chamar de atleta porque eu nunca fui atleta, mais um praticante amador daquela modalidade. Eu não lidava muito bem com a prática competitiva, quando eu estava envolvido nela enquanto praticante, então eu refletindo sobre a minha postura, era uma postura completamente reprovável em relação ao que eu acredito, que eu defendo e que exerço na minha prática, na minha prática profissional. Então nessas minhas atitudes, por ser árbitro, naquela época também eu árbitro, a minha postura não era uma postura adequada. Isso era potencializado pelo clima da faculdade também.* (Entrevista com o professor Flávio, 2020).

É interessante perceber uma contradição presente na sua fala, ao dizer que, ao entrar na Faculdade de Educação Física, ele começou a não lidar bem com a prática competitiva: no exercício de reflexão, ele enxerga ter tomado atitudes, posturas, que são opostas às da sua prática profissional. Essa reflexão provavelmente só ocorreu após a participação nesses eventos, por meio da sua formação (também a continuada) e da própria prática pedagógica nas escolas. Entendemos que essas considerações provocaram uma ruptura na sua maneira de praticar e entender o esporte.

As próximas análises vieram da seguinte pergunta feita aos professores: qual papel o esporte teve/tem em sua vida? O objetivo da pergunta foi tentar estabelecer as relações que foram constituídas (na infância e adolescência, nas escolas, nos jogos escolares, em competições esportivas, na graduação) e que são constituídas hoje nas suas atuações profissionais. Vamos considerar uma espécie de "ponte" entre as experiências vividas anteriormente para as que são atualmente constituídas em suas relações com a prática escolar.

Realizar considerações sobre essas falas é extremamente difícil, pois, de certa forma, vamos nos confrontar com a identidade dos professores. Por isso, ressalto novamente essa questão do respeito às suas experiências, ao que aconteceu na vida deles, a suas formas de pensar e agir. Porém, podemos realizar reflexões com base nessas experiências, da minha experiência, a fim de nos tornarmos pessoas e profissionais melhores. Esse é o objetivo deste trabalho e das próximas reflexões. Nesse sentido, o professor Gustavo rememora o papel que o esporte teve, no caso específico a natação, por ter criado uma certa ambição com objetivo de atingir uma ascensão social:

> Quando eu fui fazer a natação na escolinha existiam vários filhos de operários, mas dentro do processo de qualificação até chegar na equipe principal, na equipe de competição, quando você chegava na equipe de competição e aí eu cheguei na equipe um ano e meio depois, que eu iniciei as escolinhas, lá já era outra história, lá já era outra história. O que você tinha lá, os filhos dos engenheiros, os filhos dos administradores, muitos filhos de médicos que trabalhava até dentro da Usiminas e também fora, mas na equipe principal de natação tá [...] Isso já começa a mudar a tua percepção e ali você começava a ver que o pai do fulano tinha faculdade disso, o pai do outro tinha faculdade daquilo e o meu não tinha faculdade nenhuma né? Minha mãe era dona de casa, a mãe do outro era dentista, a mãe do outro também não sei o que. Aí você começa a, opa! Pera lá! Se eles têm isso tudo que eu não tenho é porque eles têm essa qualificação toda que que meu pai e minha mãe não tiveram. Então ali por volta dos seus 12, 13 anos de idade, naquela época a gente nessa época já começava a pensar né? Então você já tinha essas questões existenciais chegando mais precocemente. Mas fui ampliando a minha mente e à medida que eu fui conquistando meu espaço e a minha amizade com esse grupo que não era da minha classe social mas que me

convidava sempre passar os finais de semana nas casas e eu ia para casas muito melhores do que a minha, aquela coisa toda e tinha comidas que eu não comia, o pessoal viajava, ia para lugares, que me contavam coisas, eu fui começando a ter uma percepção de que eu não queria ser operário da Usiminas, eu queria mais entendeu? Eu queria ter aquilo que eles tinham e eu percebia desde ali daquele primeiro momento que só existe uma forma de ter aquilo ali, era você tem um bom emprego, emprego melhor do que o emprego do meu pai, um emprego melhor do que o do meu pai exigia que a gente tivesse um curso superior, eu nem sabia que curso superior que eu queria fazer. Mas eu acho que a principal colaboração do esporte e específico para natação com a minha vida foi aí entendeu? Que eu comecei a conviver com pessoas de uma outra classe social, que tinha acesso a uma série de coisas que eu gostei, que eu queria ter também. [...] Mas pelo menos me mostrou e foi aí que eu criei desde cedo uma ambição, eu quero fazer uma universidade, eu quero fazer um curso superior né? E eu já tinha lá naquela época uma raiz que eu admirava os meus treinadores, que eram né uma presença constante na nossa vida diária, viajava com a gente, levava a gente em pizzaria, que era outra coisa que eu não tinha acesso né? Quando a gente viajava o clube bancava, ficava em hotéis incríveis. E aí a gente criava uma admiração pelo treinador né? E aí ali eu já tinha uma sementinha, putz eu quero ser treinador de natação quando eu crescer. É mais isso ficou escondido por um tempo e lá na frente eu voltei a ter esse fascínio, quando eu escolhi a Educação Física. (Entrevista com o professor Gustavo, 2020).

A participação nessa equipe de natação permitiu que o professor tivesse contato com colegas de outras classes sociais, e, observando os pais dos companheiros de equipe, percebeu que eles tinham profissão com status social e remuneração melhores que a de seu pai, que era operário, sem curso superior. Isso despertou no professor a ideia de que, para atingir aquele padrão de vida ou status social, era necessária uma melhor qualificação, era preciso ter um curso superior. No caso, o objetivo não era ter uma ascensão social como atleta, de um esporte de rendimento, mas o convívio na equipe esportiva despertou esse desejo e essa ambição. A escolha pela Educação Física teve como um dos principais motivos a admiração pelo seu treinador, pela presença, por proporcionar viagens, apresentar locais inacessíveis, como restaurantes e bons hotéis. Sua intenção então foi se tornar treinador de natação, como seu professor. E foi exatamente isso que aconteceu: o professor Gustavo conseguiu concluir um curso superior e se tornar um treinador de natação.

O professor Oscar, no seu relato, também comenta essa questão de o esporte ter proporcionado a possibilidade de viajar e conhecer outros lugares, estados, outras pessoas e professores. Afirma que o que ele possui no momento é graças ao seu envolvimento com o esporte. Além disso, comenta que: *"[...] o esporte tem influência muito grande na minha pessoa, no modo de agir, modo de pensar, modo de conversar com as pessoas"* (Entrevista com o professor Oscar, 2020). Qual outro fenômeno social teria uma influência como o esporte teve na vida desses professores? Apesar desses relatos, não podemos cair nas generalizações e afirmar que o esporte é veículo de ascensão social, como solução para os problemas sociais. Nesse sentido, Alba Zaluar (1994), ao analisar o esporte como uma saída profissional, em projetos esportivos sociais, nesse caso o Priesp, programa de iniciação esportiva que existia em várias cidades brasileiras, mantidas pela Fundação Roberto Marinho, comenta que:

> A capacidade de mobilização do esporte provavelmente também se relaciona com o projeto de ascensão social que favorece os jovens. Esse projeto de seguir carreira no esporte, tem como modelo a história de vida dos astros do futebol brasileiro, quase todos saídos das classes populares. Por isso mesmo, diante dos exemplos conhecidos tal projeto tem credibilidade e é realimentado como algo possível de acontecer, arrancando os meninos pobres do seu destino de operários ou trabalhadores braçais. No PRIESP, este sonho ganhava contornos mais complexos. As modalidades do esporte se multiplicaram e a identificação com o professor criava mais uma possibilidade – a de se tornar professor de educação física. (ZALUAR, 1994, p. 88).

A professora Marina, ao comentar sobre o que o esporte representa para sua vida, também discorre sobre a inclusão, mas não uma inclusão social no futuro, e sim no período da sua adolescência:

> *Falar do Esporte? Esporte, esporte para mim é tudo, ajuda, Ajuda em tudo! Para superar, aprender, é clichê falar isso, mas ensina a aprender a ganhar, me ensinou a, me ensinou e me ajudou a ser incluída! É muito fácil falar assim hoje para mim, aí eu moro em Piacatuba, Piacatuba tem festival[11] olha que ótimo! É chic falar que mora em Piacatuba hoje em dia, há 20 anos atrás Piacatuba era motivo de deboche, quem vinha para Leopoldina para estudar, a gente era da roça, então assim, eu escutei muito que eu era da roça,*

---

[11] A professora se refere ao Festival de Viola e Gastronomia realizado anualmente no distrito de Piacatuba.

faltei muita aula porque a estrada era de chão e quando chovia não tinha como a gente passar, tinha que dormir em Leopoldina ou tinha que ir de caminhão. Muitas vezes eu cheguei na porta da escola de caminhão lotado de barro e tinha que descer, todo mundo debochava, lógico que debochava. Então assim, o Esporte, você se destacar, você fazer parte do time mostra que você não é tão da roça assim, você ta entendendo? Foi uma forma de me incluir também, foi uma forma muito de me incluir. (Entrevista com a professora, Marina, 2020).

O esporte teve o sentido de afirmação na adolescência da professora; permitiu que ela fosse incluída e de certa forma vencesse o preconceito, ou o que hoje se convencionou a chamar de *bullying*. Isso pode ser um dos motivos para Marina afirmar que o esporte representa tudo em sua vida, pois permitiu a possibilidade de ser incluída em seu meio social. Para o professor Wiliam, a prática esportiva permitiu um desenvolvimento intelectual, que acabou gerando uma mudança no período que cursava o ensino médio e permitiu que ele se tornasse uma pessoa mais disciplinada e concentrada:

Eu sempre fui muito desconcentrado e o vôlei em si, o vôlei é um esporte difícil de aprender, extremamente difícil de jogar, até jogar competitivamente. [...] Então você chegar jogar um vôlei competitivo e as escolas antigamente jogavam esse vôlei competitivo a gente tinha, tem que ter um certo desenvolvimento intelectual cara, não tem jeito, o voleibol não tem jeito, se você não conseguir, se você não conseguir desenvolver a parte cognitiva, você não joga voleibol, então eu acho que isso me ajudou muito, me fez mudar no ensino médio, ser um aluno diferente e até hoje. É, disciplina, concentração, tudo! (Entrevista com o professor Wiliam, 2020).

É interessante observar que mais adiante esses discursos dos professores, o que de certa forma já era esperado, vão influenciar diretamente em suas práticas pedagógicas e seus envolvimentos com os jogos escolares. Como o professor afirma que o esporte desenvolveu a parte cognitiva, é isto que ele buscará desenvolver nos seus alunos. Da mesma forma, o fato de a professora Marina ter sido incluída pelo esporte vai fazer com que ela busque essa inclusão por meio da participação nos jogos escolares.

O professor André apresenta uma narrativa relacionada ao esporte como formação de seu caráter, sua personalidade e, além disso, justifica que um dos fatores essenciais para a prática esportiva está na sua função como saúde preventiva:

Então o esporte como objeto de interação, de integração entre as pessoas ele forma o caráter de todo mundo, se você consegue passar por essa vida esportiva de competição, de doação e tudo mais fazendo amizades, lembrando de coisas melhores do que coisas ruins, ele é tudo na sua formação sabe? Eu me considero um privilegiado de ter feito amigos, de ter vivido experiências e de ter crescido dentro do esporte. Porque para mim é um dos ambientes mais saudáveis para você conviver entendeu? [...] Mas a minha vida esportiva e a minha vida da minha convivência com as pessoas dentro do Esporte formaram no meu caráter, formaram a minha conduta de vida, sabe? É o que eu procuro passar, essa felicidade de estar no ambiente esportivo, na competição, praticando esporte, de lazer mesmo, é o que eu procuro passar para as pessoas com quem convivo, para os meus alunos. O Legado, eu acho que nós Felipe, é passar exatamente esse interesse porque você vê hoje em dia que quem não pratica esporte por prazer, acaba praticando por ser indicado por médico, então para evitar que você tenha um futuro que buscar uma coisa que você seja obrigado a fazer para sua saúde, para o seu bem estar, é a gente procura demonstrar isso antes. Eu falo muito isso para os alunos, que a gente nem que você goste de peteca, bilosca, que seja corrida de costa, alguma coisa é legal que você faça para seu organismo o corresponda às necessidades e as dificuldades do dia a dia. Hoje em dia a gente não é só computador, cadeira, então a gente precisa também de colocar o nosso corpo para ajudar a nossa mente a funcionar. Então tudo, o esporte para mim foi a base de tudo, e é até hoje, [...] Mas só suas vantagens e eu não tenho mágoa no esporte eu tenho muitas derrotas, tem que aprender a perder porque na vida a gente perde mais do que ganha. Tem muitas derrotas, algumas doloridas, depois talvez a gente fale disso, mas alguns doeram muito, mais serve também para que você aprenda que a vida não é só o mar de rosas que muita gente pensa, tá bom? (Entrevista com o professor André, 2020).

Segundo Castellani *et al.* (1992), ao designar para a Educação Física escolar o objetivo de desenvolvimento da aptidão física, isto tem contribuído para manutenção dos interesses da classe no poder e com a estrutura da atual sociedade capitalista. Esse discurso:

Apoia-se nos fundamentos sociológicos, filosóficos, antropológicos, psicológicos e, enfaticamente, nos biológicos para educar o homem forte, ágil, apto, empreendedor, que disputa uma situação social privilegiada na sociedade competitiva de livre concorrência: a capitalista. Procura, através da educação, adaptar o homem à sociedade, alienando-o da sua condição de sujeito histórico, capaz de interferir na transformação da mesma. Recorre à filosofia liberal para a formação do caráter do indivíduo, valorizando a obediência, o respeito às normas e à hierarquia. Apoia-se na pedagogia tradicional influenciada pela tendência biologicista para adestrá-lo. Essas concepções e fundamentos informam um dado tratamento do conhecimento. (CASTELLANI *et al.*, 1992, p. 24).

O ambiente esportivo tem a possibilidade de, por meio do convívio social, estabelecer relações de amizade, viver experiências. Porém, a ideia de que o esporte ensina a perder, que na vida nós temos mais vitória do que derrotas, mostrando que a vida não é um mar de rosas, pode ser considerada uma visão conformista da sociedade, da adaptação do homem à sociedade. Não sendo vislumbrada a possibilidade de transformação social. Taborda de Oliveira (2001), ao analisar o documento curricular da cidade de Curitiba, faz uma análise sobre o discurso de saúde presente nesse documento. Podemos trazer essa reflexão para entendermos o discurso do professor André:

A ênfase na saúde não é casual. É típico do pensamento tecnocrático a preocupação com a formação e manutenção da força trabalho [...] A saúde aparece sempre vinculada à moral social; ou seja, o discurso da saúde cumpre uma função claramente ideológica na história da Educação Física brasileira também nesse período (Carvalho, 1995). Tanto que a recorrência a justificativas para a Educação Física como o melhor meio de "assegurar e melhorar o estado de saúde da criança", de "assegurar a utilização sadia das horas de lazer", de "aproveitamento condigno das horas de lazer, formação do caráter, garantia de saúde, bem estar social..." (Curitiba, 1972: 2) é nítida. (OLIVEIRA, 2001, p. 244).

Diferente dos demais professores entrevistados, a professora Aline afirma que o esporte não trouxe nada que a marcasse tanto e atribui isso a um contato tardio com a manifestação corporal.

Vamos dizer assim, talvez pela infância que eu tive, então a vivência que eu tenho de esporte foi de fato na Educação Física, na faculdade, isso para mim não teve, acrescentou alguma coisa, de, de movimento sim né? Vamos dizer que possa ter apurado alguns movimentos né, corrigido alguns movimentos, agora a parte social né, que a gente vivencia no esporte essa coisa toda para mim não sei, assim, não houve uma diferença. É como se estivesse participando daquilo, não teve uma diferença: agora mudou tudo!. é lógico que tem os fatores que a gente sabe que

> *acrescente em muito, na parte social, na parte física, na parte de*
> *mobilidade, mas nada assim que marcasse tanto, não.* (Entrevista
> com a professora Aline, 2020).

Mesmo afirmando que o esporte pode acrescentar algo relacionado à parte social, a professora afirma que isso não a marcou tanto. Portanto, há uma presença de um discurso que não foi efetivado nas suas experiências. Percebe-se que as práticas esportivas tiveram uma influência maior no movimento: ter apurado, corrigido, contribuído na parte física e de mobilidade. Esse fato pode ter influenciado sua relação "menos passional" ao analisar sua participação nos jogos escolares, como veremos mais adiante.

Por meio das narrativas dos professores entrevistados, trazidas neste texto, podemos constatar a polissemia do esporte, não o desconsiderando como um fenômeno da modernidade, mas entendendo que possa existir a possibilidade de interpretação dos seus múltiplos sentidos, formas e funções na sociedade. Assim, para os professores, o esporte representa/ representou em sua vida: ascensão social, conhecer lugares, conhecer pessoas, estabelecer o modo de agir e de pensar, representar "tudo", superar, aprender a ganhar, ser incluído, ter disciplina, concentração, permitir a integração, uma doação, formar o caráter e contribuir na saúde e no bem-estar. Relacionando todos esses benefícios, poderíamos dizer que o esporte é encarado, muitas vezes, como uma das soluções para a "paz mundial", para os problemas sociais, educacionais e até políticos de nossa sociedade. No entanto, parecem-me ser afirmações hipostasiadas da realidade, apesar de terem sido constituídas com base nas experiências dos professores. Como diz Bracht (1986, p. 59):

> Estas posições não partem de uma análise crítica da relação
> entre a Educação Física/Esporte e o contexto sócio-eco-
> nômico-político e cultural em que se objetivam, e sim, da
> análise da Educação Física/Esporte enquanto instituições
> autônomas e isoladas, ou quando muito, como instituições
> funcionais, ou seja, como instituições que devem colaborar
> para a funcionalidade e harmonia da sociedade na qual se
> inserem. Quando estas abordagens identificam aspectos
> negativos, estes são colocados como disfuncionais, sendo suas
> causas buscadas em distorções internas da própria Educação
> Física/Esporte.

Partindo dessas compreensões, vamos identificar e discutir as experiências dos professores com os jogos escolares.

6.3 EXPERIÊNCIAS DE PROFESSORES COM OS JOGOS ESCOLARES DE MINAS GERAIS

Para identificar e analisar as experiências dos professores entrevistados e as minhas experiências com os JEMG, começaremos pelas aulas de Educação Física, porque eu e todos os profissionais entrevistados, os que participam ou não dos JEMG, somos professores da disciplina nas escolas. Esta é a nossa principal função: lecionar aulas de Educação Física. Quem é servidor público efetivo ou designado em uma escola tem-no como principal função. Os professores entrevistados da rede particular também, apesar de existirem escolas que contratam professores (técnicos) para o treinamento das equipes, mas não é o caso dos professores entrevistados.

Iniciaremos as reflexões trazendo o relato do professor Gustavo. Ao rememorar o seu período de início da docência nas escolas, ele menciona as dificuldades encontradas em trazer os conhecimentos aprendidos durante a graduação para a sua prática inicial, sempre apresentando elementos técnicos relacionados à performance e à relação dos estudantes com o esporte e, de certa forma, uma diferença observada entre as escolas públicas e uma da rede particular na qual começou a lecionar e permanece até o momento.

> *Eu fiquei sabendo de uma designação, gostei da experiência, mas a primeira coisa, fiquei chocado [...] chocado com a indisposição de meninas em fazer esporte e com a monocultura dos meninos para fazer o esporte e eu não conseguia ver outra coisa para aplicar na escola que não fosse Esporte né? Então ponto negativo foi essa minha saída da bolha, essa minha saída da caixinha, ela foi preocupante para mim, ela foi um pouco traumática, eu fiquei assim: "caraca", eu não sei nada né? E o ponto positivo é justamente que eu aprendi com isso né? Falei "caraca", e aí você busca no livro, tem a própria questão da sua vivência, da sua personalidade e aí aos poucos eu fui vencendo e rompendo essa barreira. [...] Aí me pintou oportunidade de trabalhar no Colégio Paraíso[12]. Quando eu fui trabalhar no Colégio Paraíso eu tive um choque, porque o Colégio Paraíso já era uma outra realidade e já exigia, não é que exigia, mas ele gostava, já tinha uma cultura do esporte, de competição entendeu? E eu não era qualificado para essas modalidades de quadra, eu era qualificado para ensinar menino, ensinar fundamento, mas quando você chega e pega adolescentes que jogavam muito handebol, que jogavam muito voleibol, era um nível técnico que eu ficava com medo. Falava*

---

[12] Nome do colégio alterado. Colégio privado de Leopoldina (MG).

assim: cara o que eu vou ensinar para esses moleques né? Então eu tive que fazer curso, tive que correr atrás para dar conta do recado né? [...] Os meninos querem jogar futebol, querem jogar futsal é o apelo midiático, as meninas se elas puderem ficar sentadas assim, eu acho que elas até preferem né? Pelo menos foi. Então isso é um ponto negativo e isso me deu muita dor de cabeça, o ponto positivo foi a questão da superação, que aos poucos você vai vendo que não é impossível de trabalhar né? Apesar de que a gente tem ainda algumas dificuldades e eu ainda, tenho e assumo ter muita limitação para trabalhar com essa questão de esporte dentro da escola e esporte de competição dentro da escola. Mas eu acho que é isso. (Entrevista com o professor Gustavo, 2020).

O professor relata ter dificuldades no início da docência em relação à indisposição das meninas paras as aulas, e ao que tudo indica isso permanece durante sua prática. Outra coisa que o surpreendeu foi a questão da monocultura ou o interesse dos meninos para praticar apenas um esporte. Aparentemente, o desejo deles definia os conteúdos das aulas. O professor tinha a sensação de que não sabia nada, pois não conseguia lidar com essas adversidades. Outra dificuldade encontrada, já na escola privada, foi lidar com uma cultura de esportes voltada para a competição, devido ao nível técnico elevado dos estudantes, apesar de sua formação ter sido muito focada na questão do treinamento. Para superar as duas principais dificuldades, o professor buscou ler livros, fazer cursos; e relaciona a própria questão da vivência na prática docente.

O professor Gustavo afirmou ter, durante a sua formação inicial, ponderado "os dois lados da moeda", no sentido de estar relacionada à aquisição e à melhoria da aptidão física e esportiva e às abordagens que questionavam o papel da escola. Nesse início de docência, o professor esteve mais preocupado com "um lado da moeda". Isso pode ser entendido pelos obstáculos que as abordagens críticas tiveram para ser efetivadas na prática. Somada a isso, existe a própria trajetória do professor e sua formação inicial — talvez por essa razão ele tenha optado por um processo de continuidade das práticas pedagógicas relacionadas ao esporte.

Pois é, eu, a gente criou em 2005, lá no colégio Paraíso, nós criamos um plano, multi, pluri anual tá? Que pega molecadinha desde lá do maternalzinho, tudo que nós temos que trabalhar com eles, motricidade, todas as questões do desenvolvimento motor, para quando chegar no sexto ano ele já tem bem trabalhado as habilidades motoras básicas para eu poder ensinar as três modalidades que me são permitidas de ensinar lá na escola: o handebol, futsal e o voleibol para meninos e meninas, lá nós não temos a tabela de basquetebol [...] Mas como é que a gente trabalha? Eu trabalho da seguinte forma eu faço jogos pré-desportivos com eles, só para dar uma analisada ali de como é que é o nível do desenvolvimento, da vivência que eles me apresentam com aquela modalidade. Que já no quinto ano, a gente já tem os jogos da rede[13] e ela já começa. Tem os jogos da rede do fundamental 1, os jogos da rede do fundamental 2 e o ano passado voltou os jogos da rede do médio, que tinha sido abandonada há algum tempo, mas aí o que que acontece, os meninos já chegam comigo com algumas vivências, porque o Frederico[14] trabalha, através de jogos pré-desportivos, no quinto ano, essas modalidades que eles vão fazer comigo lá no sexto e no sétimo. No sexto ano é fundamento, técnico, os básicos, no sétimo ano aí eu já começo a trabalhar mais a questão de fundamentos táticos né? Como é que funciona de fato o jogo, como é que você arma uma jogadinha, como é que você arma uma defesa, como é que você sai de uma marcação, que é uma marcação individual, que é uma marcação ali por zona. E é assim que a gente faz, uso método bem analítico em determinado momento, que é fundamento por fundamento até o moleque tem um desempenho satisfatório, por quê? Porque a minha escola, o projeto político pedagógico da minha escola ela tem essa, essa, questão da sua representação esportiva através dos jogos os jogos da rede né? Que é a reunião das 10 escolas do Colégio Paraíso em Minas Gerais e também através do JEMG. Então eu preciso trabalhar essa questão da técnica, do fundamento esportivo. (Entrevista com o professor Gustavo, 2020).

O objetivo das aulas de Educação Física é a aprendizagem dos esportes nos anos finais do ensino fundamental. Para alcançar esses objetivos o ensino nos anos inicias tem ênfase na aquisição de habilidades motoras, no desenvolvimento motor e nas capacidades físicas.

A elaboração de um planejamento anual, no caso uma proposta curricular, em cuja construção ele colaborou, e o projeto político-pedagógico da escola, estabelece a participação nos jogos da rede e nos JEMG. As aulas de Educação Física nesse colégio, desde o maternal até o ensino fundamental, têm a sua proposta relacionada à questão da melhora da aptidão física e esportiva, com ênfase na participação de competições esportivas escolares. Mais adiante, veremos como se relacionam as aulas com os JEMG.

---

[13] Nome do evento suprimido.

[14] Nome alterado.

As competições escolares também influenciam as aulas de Educação Física da professora Marina.

> Nas aulas como tá todo mundo misturado e tem gente que não participa dos jogos, eu vou ser sincera que quando tá na época dos jogos, as aulas são direcionadas para os esportes que a gente vai competir. Eu sempre faço alguma coisa a parte né? Pega a quadra para quem vai competir, com a turma lá a maioria e dou separada para alguma coisa, para as meninas né? Porque a gente não tem esse tempo. Mesmo a gente treinando fora do horário não tem esse tempo, tempo assim. Fevereiro, março, abril já tem jogos, a gente não tem esse tempo para treinar e quando tá em época de jogo, eu acho, eu não sei se todo mundo faz isso, mas eu pelo menos fico mais focada no que a vai que a gente vai competir. (Entrevista com a professora Marina, 2020).

Essa influência caminha em duas direções: a seleção dos conteúdos das aulas, no caso, geralmente algum esporte coletivo, e a organização das aulas, dando privilégio aos estudantes que fazem parte das equipes. Provavelmente, estudantes de turmas diferentes que, com permissão da escola, se reúnem no horário de Educação Física de outra turma. Estes estudantes ficam com a quadra; aos outros alunos, a professora menciona "meninas", ela dá separada "alguma coisa".

A esse respeito, Helena Altmann (2015) apresenta algumas considerações em relação à ocupação dos espaços nas aulas de Educação Física e na escola. Em estudos de Jacó (2008, 2012) e Oliveira (2015 *apud* ALTMANN, 2015), foi observada uma participação menor das meninas nas aulas de Educação Física. Enquanto meninos ocupavam a quadra, meninas ficavam na arquibancada ou na beira da quadra sem participarem das atividades. Isso pode ser ocasionado devido às relações entre habilidade esportiva, gênero e esportes. As práticas esportivas são menos frequentes para meninas, não apenas no ambiente escolar, o que impossibilita oportunidades de aprendizagem. Permitir que meninos assumam a centralidade das aulas, buscando o treinamento para os jogos, pode contribuir para que as aulas de Educação Física percam "sua função pedagógica de garantir o acesso ao conhecimento específico da área, tornando-se um espaço de demonstração de habilidades já adquiridas" (ALTMANN, 2015, p. 40). No mesmo trabalho, a autora apresenta estudos que demonstram que a ocupação masculina dos espaços na escola não acontece apenas nas aulas de Educação Física. Em recreios escolares, "meninos ocupam lugares mais amplos que as meninas", "meninos ocupavam dez vezes mais espaços que as meninas nos recreios das escolas". A autora afirma que os esportes acabam sendo um meio "de os meninos exercerem domínio de espaço na escola" (ALTMANN, 2015, p. 74-76).

As aulas de Educação Física devem se tornar um espaço no qual essas questões possam ser relacionadas, debatidas, sobretudo ao ensinar os esportes.

> A escola deve estar atenta aos mecanismos que fortalecem estas relações de poder e os tornam, quase que imperceptivelmente, "naturais" aos nossos alunos. Para "desnaturalizar" esse processo, é preciso construir procedimentos que permitam desmanchar não as diferenças entre homens e mulheres, que são muitas e de várias ordens, mas a desigualdade de oportunidades que se justifica em grande parte nos "fatos de biologia". Desigualdade que não estão restritas apenas à relação de gênero, ela alcança todos os sujeitos que se encontram de alguma forma marcados socialmente. Incluem-se aí questões de raça, de etnia, de religião, de estética entre muitas outras. (GONÇALVES, 2004, p. 1).

A professora Aline, que no momento da entrevista não participava dos JEMG, relata como realiza o ensino do esporte em suas aulas. A prioridade é o ensino dos fundamentos e da técnica das modalidades esportivas. Ela atribuiu isso a sua formação inicial, que deu ênfase nesse ensino.

> *Eu venho de uma formação de fundamentos né? Peguei muito aquela fase de psicomotricidade aquilo tudo, então eu tenho o conhecimento, aquele andamento de aula: alongamento, fundamento, coletivo, pré-desportivo, aquela coisa toda. Então assim trabalho fundamento, tento não fazer tão técnico né, porque a gente sabe que não é esse objetivo, mas acaba sendo difícil porque a minha formação foi assim, fundamento técnico, corrigir detalhes né? Então eu trabalho sim fundamento, mas procuro também fazer parte também recreativa né? Induzir o aluno a descobrir o melhor movimento para fazer. Mas aí, por exemplo, quando o aluno descobre que ele sabe fazer um saque, que não é técnico e que passa rede e que atinge o objetivo que ele quer, aquilo me incomoda um pouco né? Porque neste ponto a técnica fala mais alto né? Porque foi a formação que eu tive. Então fico tentando equilibrar isso aí. (Entrevista com a professora Aline, 2020).*

A parte recreativa permite aos alunos mais liberdade para se movimentarem nas aulas, para descobrirem outros movimentos possíveis, além da técnica da modalidade esportiva ensinada pela professora. Porém, ao realizarem esses movimentos mais livres, no jogo se torna um incômodo para a professora, que busca "equilibrar" os movimentos técnicos da parte recreativa. Ela sabe, na teoria, que o ensino da técnica, no sentido de movimento correto ou relacionado ao desempenho esportivo, não é o objetivo das aulas, mas, na prática, devido a sua formação, acaba dando ênfase aos fundamentos técnicos na intervenção pedagógica.

Esse também é o enfoque das aulas do professor Wiliam, que atua basicamente em turmas dos anos inicias do ensino fundamental e relaciona esse ensino com a aquisição de habilidades motoras propícias para a prática esportiva no futuro e para uma melhor aptidão física.

> *Então, primeiro ao quinto eu trabalho basicamente as qualidades físicas, basicamente, e dentro das qualidades físicas, não tem como desassociar às vezes um fundamento de outro né? [...] Tudo meu é baseado em qualidade física, tudo! Eu penso uma aula baseada em qualidade física, sempre, o que eu vou trabalhar ali. No quinto ano já começa a trabalhar, já começo a estruturar uma parte coletiva, que eu não trabalho mesmo coletivo não, eu tenho na minha cabeça, não trabalho tá? De primeiro ao quinto ano não trabalho, começam no quinto, às vezes. Mas o que que acontece, como são duas aulas, eu sempre converso com eles o seguinte: sempre falo, uma aula minha e uma aula deles, uma aula minha é que eu trago a minha atividade, faço ela durante todo o período, [...] quando eu falo que a aula é deles, eu peço para que eles façam aquilo que eles aprendem, então eles criam muita coisa. O que eu crio é a partir do que eles adaptam. [...] Aí a partir do sexto ano não cara, aí qualidades físicas já foram lapidadas e agora eu acho que é o momento então deu colocar em prática, e aí já, não, Ah! Mas então você não ensinou toque? Ensinei em algum momento, eu ensinei, só que eu não ensinei. Ensinei a coordenação, ensinei ele a trabalhar força, velocidade ali com a bola, só que eu não falei que era toque em momento nenhum e eu não tô trabalhando vôlei. Eu não fui para o jogo de vôlei com ele né? Aí a partir do quinto ano a gente já começa a introduzir isso aí. Aí no 6º ano para frente, eu trabalho só com 6º e 7º, aí eu faço um fundamento e a aula deles. A aula deles eles brincam, aí eles vão brincar de badminton, eles vão brincar de vôlei, basquete, de futebol, eles vão brincar daquilo que eles tão aprendendo. E colocar em prática, basicamente o meu modo de trabalhar é esse.* (Entrevista com o professor Wiliam, 2020).

As aulas do primeiro ao quinto ano do professor Wiliam fizeram-me recordar os princípios da abordagem desenvolvimentista, relacionados a um conjunto de propostas surgidas nos anos 1980. Bracht (1999) diz que esse quadro de propostas está bastante diversificado. Porém as práticas pedagógicas resistem a mudanças. O autor afirma que as razões são diversas e enumera alguns motivos que dificultam essas mudanças: pressão do contexto cultural e do imaginário social da Educação Física, que é reforçado pela mídia de massa; a formação dos professores, em razão de os currículos serem inspirados no paradigma da aptidão física; e pelo fato de as pedagogias progressistas estarem em seu estágio inicial, em 1999. Segundo Bracht (1999, p. 78):

> [...] a prática acontece ainda balizada pelo paradigma da aptidão física e esportiva, várias propostas pedagógicas foram gestadas nas últimas duas décadas e se colocam hoje como alternativas. [...] Uma dessas propostas é a chamada abordagem desenvolvimentista. A sua ideia central é oferecer à criança – a proposta limita-se a oferecer fundamentos para a EF das primeiras quatro séries do primeiro grau – oportunidades de experiências de movimento de modo a garantir o seu desenvolvimento normal, portanto, de modo a atender essa criança em suas necessidades de movimento.

O professor Wiliam alterna essas aulas, mais relacionadas a essa abordagem, com o momento das "aulas deles", em que os alunos vão brincar daquilo que estão aprendendo. Nas aulas dos anos inicias, o professor diz que os alunos criam atividades em cima do que eles aprenderam, criam adaptações nas atividades, e posteriormente o professor recria atividades em cima dos que os alunos adaptaram. Essas criações estão relacionas à aquisição de qualidades físicas que posteriormente vão ser postas em prática, ao que tudo indica, para executar movimentos relacionados às modalidades esportivas.

Já o professor André afirma que essas aulas tiveram bastantes mudanças ao longo dos anos, que aconteceram no intuito de levar em consideração os interesses dos alunos, buscando atividades mais atraentes, diferentes das anteriormente lecionadas, que tinham o enfoque no ensino dos fundamentos das modalidades esportivas. O professor afirma que o anseio pela competição diminuiu entre os alunos, então essa parte dos fundamentos ele aborda em aulas teóricas, deixando para as aulas práticas os jogos, as brincadeiras e as brincadeiras antigas, que ele realizava em casa e nas aulas enquanto estudante.

> *Então mudou bastante a gente não tem mais uma aula direcionada e voltada especificamente para competição e esportes coletivos e esportes individuais, não tem mais isso. As vezes eles não têm o*

> interesse por não saber, então eu acho que é onde entra os jogos escolares, a importância é muito grande, de ter uns jogos mais amplos, que abranjam vários esportes, para que esse menino possa entender e começar a gostar novamente do esporte escolar, do esporte ensinado na escola. (Entrevista com o professor André, 2020).

O professor vislumbra nos jogos escolares a possibilidade de os alunos retomarem o interesse pelo esporte competitivo, que ele relaciona como esporte escolar. Essa retomada, provavelmente, provocaria mudanças nas aulas de Educação Física, que teria foco na aquisição de habilidades motoras, com o objetivo de preparar os alunos para as competições. Isso retomaria, de certa forma, as características das aulas que o professor teve enquanto estudante. Ao recordar um passado recente, o professor André comenta que:

> [...] eu não vejo nada de mais positivo para o professor de Educação Física do que os Jogos Escolares, eu senti ao longo desses anos, que a gente participa desde 2000 e pouquinho né? Tem quase 20 anos de jogos escolares que eu participo, os jogos escolares principalmente no final da década de 2009 ele mudou completamente a estrutura da Educação Física na escola. Todos os alunos, as vezes iam para alguma escola por conta dos jogos escolares. Então ele é o coração entendeu? Do esporte escolar hoje em dia, eu acho importantíssimo. Tudo bem que você possa ter aula de outras de atividades, atividades recreativas. Mas eu acho que o esporte ensina demais, ensina demais o aluno, o esporte ajuda, o esporte integra, o esporte faz com que eles entendam que eles têm que ter amizade. (Entrevista com o professor André, 2020).

Em uma hierarquia dos conteúdos das aulas de Educação Física, o ensino dos esportes teria maior relevância, porque ele "ensina demais" em contraposição às outras atividades, as recreativas. Os jogos escolares mudaram a estrutura da Educação Física na escola, pois, por meio deles, foi possível, de certa forma, o ensino dos esportes com foco na aprendizagem da técnica e tática, na preparação para esses eventos. Fizeram com que os alunos tivessem interesse nessas atividades. Hoje, como relata o professor, o anseio dos alunos está em outras atividades: jogos, brincadeiras antigas. Os jogos escolares seriam a possibilidade de fazer com que o esporte tomasse novamente a centralidade das aulas.

O professor Tales, ao ser questionado sobre como são suas aulas de Educação Física, relaciona como é organizado o planejamento em sua escola. Ele afirma que o esporte tem centralidade no currículo, pois é o conteúdo mais querido, de que os alunos mais gostam e que tem sua aplicação mais fácil. Todo o bimestre possui uma modalidade esportiva, que é complementada com outros temas da cultura corporal.

A maneira como o professor Flávio organiza suas aulas e tematiza o conteúdo esporte é apresentada com detalhes em sua narrativa. Ele afirma que só foi possível chegar a essa prática pedagógica após passar pelo processo de formação continuada e com o desenvolvimento de sua experiência docente. Colaborou também o fato de ele ter sido efetivado em sua escola atual em 2013. Antes, trabalhou em várias escolas estaduais, por meio de designações. Com isso, o esporte, que tinha centralidade na sua prática (sendo conteúdo em três bimestres ou durante todo ano), foi dando lugar a outras práticas corporais. Hoje, o professor afirma que dedica o mesmo tempo para todas as práticas corporais, no seu planejamento. A maneira como o professor ensina os esportes é relatada a seguir:

> Eu tenho como referencial, como referencial teórico a pedagogia histórico-crítica e a Psicologia histórico-cultural, especificamente dentro da Educação Física trabalho a partir da concepção crítico superadora, que se aproxima, que tem como o materialismo histórico dialético como fundamento e se aproxima da pedagogia histórico-crítica e da Psicologia histórico-cultural. A forma como eu organizo o conhecimento do esporte, eu tento resgatar né? O que os alunos, o que os alunos conhecem sobre aquela modalidade, como que eles têm acesso a modalidade específica. Por exemplo vou para trabalhar o vôlei, com uma turma do 7º ano, tento que resgatar qual é a o conhecimento que esses alunos têm sobre o vôlei, a partir desse resgate eu vejo os pontos que eles precisam avançar em termos de compreensão e relacionado ao que é esperado em termos de desenvolvimento para aquela idade, e quando eu falo desenvolvimento não tô querendo trazer não só em relação à questão desenvolvimento motor, de formação, de capacidade física, não é nesse sentido, é desenvolvimento em termos psíquicos, em termos culturais, em termos de compreensão daquele conhecimento que está ali tratado, então desenvolvimento nessa perspectiva. Não um desenvolvimento de aptidão física. Então eu vou tratar as questões históricas, questões econômicas, políticas, as questões técnicas, porque a gente também precisa tratar de alguma forma. Então eu trato essas dimensões e organizo as aulas a partir de disso. [...] Trabalho a dimensão histórica, a dimensão técnica, política, econômica, social, ética e assim vai. As aulas são mistas, elas não são divididas, eu tento fazer com que eles entendam que o esporte, assim como todas as outras práticas corporais elas são elas são

produtos do desenvolvimento histórico humano e como que isso se criou, como que isso se adapta aos nossos interesses, de acordo com que a gente tá fazendo, tento trazer isso para o ambiente escolar. De tentar diferenciar, como a gente trata o esporte no ambiente escolar e como que o esporte ele é manifesto em outras esferas. Para que os alunos também possam compreender quais são as diferenças do esporte nas suas várias, nas suas várias facetas, digamos assim. (Entrevista com o professor Flávio, 2020).

O professor Flávio apresentou com clareza e detalhes como organiza, em suas aulas, o ensino do esporte, o que demonstra a importância da formação continuada, que pode propiciar aos professores um aprofundamento e uma reflexão dos objetivos e das metodologias da/na Educação Física escolar. O fato de permanecer na mesma escola desde 2013 também pode ter colaborado no desenvolvimento da prática docente desse professor. Ele apresenta um referencial teórico, a forma como organiza o conteúdo, que envolve dimensões históricas, econômicas, políticas, técnicas, sociais e éticas. Entende as práticas como sendo produto do desenvolvimento histórico da humanidade e que são passíveis de ser adaptadas, servindo aos seus interesses. Busca tratar o esporte na escola diferenciando-o de como ele é apresentado em outras esferas.

Bracht (1999) define essa proposta de trabalho como progressista (inclui a abordagem crítico-emancipatória), que avança no sentido de compreender que "as formas culturais dominantes do movimentar humano reproduzem os valores e princípios da sociedade capitalista industrial moderna, sendo o esporte de rendimento paradigmático nesse caso" (BRACHT, 1999, p. 81). Reproduzi-lo na escola significa contribuir com uma reprodução social. Ao comentar sobre as abordagens progressistas, esclarece que:

Assim, ambas as propostas sugerem procedimentos didático--pedagógicos que possibilitem, ao se tematizarem as formas culturais do movimentar-se humano (os temas da cultura corporal ou de movimento), propiciar um esclarecimento crítico a seu respeito, desvelando suas vinculações com os elementos da ordem vigente, desenvolvendo, concomitantemente, as competências para tal: a lógica dialética para a crítico-superadora, e o agir comunicativo para a crítico-emancipatória. Assim, conscientes ou dotados de consciência crítica, os sujeitos poderão agir autônoma e criticamente na esfera da cultura corporal ou de movimento e também agir de forma transformadora como cidadãos políticos. (BRACHT, 1999, p. 81).

Oliveira e Almeida Júnior (2007), ao analisarem como essas teorias críticas, por meio das abordagens progressistas, se efetivam na escola, afirmam que elas não consideraram os limites e a própria condição de disciplina escolar. Não há uma reflexão que considera a Educação Física como disciplina, parte de uma escola mais ampla, que acaba interferindo na vida e na corporeidade de professores e estudantes. Os autores afirmam que essas teorias buscam se afirmar em uma escola "acrítica" e que não leva em consideração a corporeidade dos alunos, buscando, muitas vezes, o disciplinamento e o controle dos corpos.

> As teorias da Educação Física, ao pensarem uma formação crítica, ainda se apoiam em uma forma escolar de socialização que aposta em uma previsibilidade e em uma homogeneização da formação dos sujeitos ("críticos") na escola, indiferente de seus múltiplos pertencimentos de raça, gênero, classe social, opção sexual, entre outros. O sujeito crítico nas teorias críticas da EF é tratado, abstratamente, tal qual a noção ainda muito presente de sujeito da Pedagogia, como o sujeito da cognição, o sujeito do conhecimento. Ao reduzir, mesmo na disciplina de Educação Física (que apresenta como centralidade a presença das práticas corporais), o lugar da intervenção pedagógica como lugar do conhecimento, tendemos a falar de alunos e alunas que não existem: falamos de um aluno sem corpo, sem sexualidade, sem desejo, sem história de vida. A formação crítica prevista nas teorias críticas (da pedagogia e da Educação Física) apresenta ainda seu ponto de partida e de chegada baseados em uma abstração: a idéia de alunos "desencarnados". (OLIVEIRA; ALMEIDA JÚNIOR, 2007, p. 21).

São interessantes essas reflexões, e elas me fazem rememorar a minha formação inicial, principalmente o fim dela, quando tive contato com as disciplinas específicas da licenciatura, e sobretudo os Estágios Supervisionados I e II. Essas disciplinas tinham como referencial teórico a abordagem crítico-superadora, nossas intervenções nos estágios eram fundamentadas na construção de planos de ensino e de aula com base nessa proposta, tida como a mais avançada. Sem querer me aprofundar no assunto, concluí o ensino superior com essa perspectiva de intervenção pedagógica nas escolas.

Quando comecei a lecionar, em 2013, minha preocupação era transformar atividades em aulas de Educação Física: organizadas, inclusivas, fazendo com que todos participassem das aulas em igualdade de tempo e de efetiva participação nas atividades. Como as aulas eram no período da tarde, existia muita resistência dos alunos em participarem, devido às mudanças (meninos queriam jogar futsal, e meninas queriam ficar conversando), principalmente em dias de sol, pelo calor extenuante. Outra dificuldade era a falta de material, que se resumia a poucas bolas de futsal, voleibol, handebol e bolas de meia para queimada.

As aulas eram organizadas com base nos materiais disponíveis e resumiam-se aos esportes e aos jogos e brincadeiras (queimada, atividades com cordas e sem materiais). Nos esportes, as aulas eram organizadas em: buscar ensinar os fundamentos das modalidades (quando existiam bolas suficientes), para que os alunos aprendessem a jogar as partidas daquelas modalidades. Geralmente com regras adaptadas, objetivando a inclusão das meninas e dos alunos menos habilidosos, que até então ficavam "espalhados" pela escola. O objetivo era que todos participassem daquelas atividades.

No decorrer de 2015 começaram as obras de reforma e cobertura da quadra na escola. Isso fez com que tivéssemos muitas dificuldades em buscar um espaço na escola onde pudessem acontecer as aulas, com 35 alunos por turma. Ao mesmo tempo que era difícil, ou mesmo impossível, tematizar o conteúdo "esporte", fomos "obrigados" a pensar alternativas para essa dificuldade.

Uma das soluções encontradas foi sair dos muros da escola, buscando espaços possíveis para as aulas; trazer os esportes em outras dimensões (além da técnica/tática), buscar diversificar os conteúdos. Destaco brincadeiras, jogos, badminton e, pela primeira vez, aulas de ginástica, com elementos da ginástica artística e acrobática. Foi interessante, porque as aulas foram organizadas para que no final os alunos pudessem criar uma apresentação com o que tinham aprendido e com a possibilidade de criar movimentos. Essa atividade foi bastante significativa, pois, talvez, pela primeira vez, tenha-se percebido a possibilidade de ser autor de uma proposta que não fosse esporte, e foi interessante perceber como os alunos se envolveram. Aquilo me fez perceber que era possível tematizar conteúdos em que tinha pouca "prática", mesmo existindo dificuldades materiais.

Ficamos dois anos sem ter aulas práticas dos esportes coletivos. Com o fim das obras na quadra, senti a necessidade (e o desejo) de dar ênfase novamente a essas atividades. Não deixando de abordar outros temas nas aulas: jogos e brincadeiras, ginástica e lutas.

Acredito que tais práticas caminharam para uma ruptura em relação às minhas aulas de Educação Física enquanto aluno, mas também à minha formação inicial. No sentido das aulas de não terem como centralidade o rendimento esportivo, a aptidão física, buscar atividades que permitissem a participação efetiva de todos (sobretudo as meninas) e buscar diversificação nos conteúdos, para além dos esportes.

Toda essa experiência relacionada com as dificuldades, com os espaços e os materiais para as aulas permitiu que eu refletisse e buscasse atividades e práticas que para mim eram "mais desconhecidas", ou com as quais tinha menos vivências. Pensando hipoteticamente: se eu chegasse a essa escola e encontrasse quadra coberta e maior quantidade de materiais, qual teria sido a minha prática? Talvez a centralidade seria o ensino dos esportes, com ênfase na aprendizagem técnica e tática. Não estou defendendo que as condições precárias são essenciais para reflexão e melhor construção didático-pedagógica do professor, mas de fato as adversidades permitiram que eu refletisse e buscasse alternativas para contornar as situações de dificuldades e precariedades.

Ao iniciar o Mestrado Profissional em Educação Física em 2018, pude perceber as diversas lacunas, os equívocos, as limitações na minha prática pedagógica. Os relatos dos colegas nas aulas permitiram que eu percebesse as similaridades nos percursos profissionais, permitiram que eu vislumbrasse e conhecesse práticas diversas, além de entrar em contato com uma série de conhecimentos que valorizavam as práticas pedagógicas efetivas das escolas e pensavam "além das abordagens", no sentido de se considerarem:

> [...] as peculiaridades da prática pedagógica de cada professor, que é única e singular. Entendemos que o tempo e o lugar de uma didática da educação física passam a ter sentido quando o professor se percebe como sujeito autônomo e com autoridade para desenvolver sua prática pedagógica que é fruto de sua autoria docente. (CAPARROZ; BRACHT, 2007, p. 30).

Com esse processo de formação continuada, foi possível vislumbrar a possibilidade de ser autor da própria prática, porém não uma autoria individual, mas que dialogue com a escola, os estudantes, os professores, entendendo os estudantes como sujeitos de experiência; e buscar uma prática que leve em considerações essas experiências, esses anseios e sonhos. Essa "nova ruptura" ou reconstruir, reinventar a prática não é um processo que termina ao fim dessa formação continuada, mas um processo de "ação-reflexão-ação" que espero que continue até o fim da minha prática docente. Para concluir essas reflexões, trago dois trechos do artigo de Francisco Caparroz e Valter Bracht; ao lê-lo, tive a sensação de que "é nesta direção que devo caminhar":

> [...] educar é seguir o sentido da relação primeira, aquela que permite, desde a relação de autoridade, e não de poder, apoiar, oferecendo mediações e possibilidade, a constituição pessoal do mundo, para que nessa relação de filiação, um possa dispor dos recursos que lhe permitem recorrer sua própria vida com desejo vivo, com vontade de viver, e com o traçado de um caminho que lhe dá liberdade, porque lhe oferece referências que são como asas, e não como correntes, que permitem comunicar-se com a vida e com o viver, e não desgastar-se no sem sentido. Uma dependência, pois, que dá independência. (CONTRERAS DOMINGO, 2003, p. 27 *apud* CAPARROZ; BRACHT, 2007, p. 30).

A outra citação diz respeito à busca pela autonomia docente, na possibilidade de construir e conquistar uma competência didático-pedagógica:

> [...] os professores devem buscar construir e conquistar sua competência didático-pedagógica para desenvolver sua prática pedagógica na complexa trama de relações que engendra o cotidiano escolar de modo que não permita que os professores sejam constantemente (ou até eternamente) reféns tanto dos especialistas/experts (pesquisadores do âmbito acadêmico-universitário) que produzem uma literatura acadêmica que se converte em referência que orienta e determina a prática pedagógica na escola, como também das políticas educacionais e as propostas pedagógicas oficiais/ ordenamento legal que orientam/normalizam (enrijecem) tal prática. (CAPARROZ; BRACHT, 2007, p. 34).

Antes de iniciarmos as reflexões mais específicas sobre os JEMG, é preciso mencionar que, apesar de estarmos nos referindo às aulas de Educação Física, é importante analisá-las, pois são a principal função dos professores nas escolas. Além disso, há profissionais que utilizam tais espaços para a preparação para esse evento; outros pensam que os JEMG podem despertar o interesse dos alunos na competição e retomar aulas de Educação Física com objetivo de preparação esportiva. Sobre a minha experiência, desde o início da minha atuação docente, nunca utilizei esse espaço para a preparação das equipes. Isto não quer dizer que os JEMG não influenciaram/influenciam as minhas aulas de Educação Física. Sobre isto refletiremos mais adiante.

Após realizar reflexões e considerações sobre as aulas de Educação Física, vamos relacionar e buscar entender como é realizada a seleção dos estudantes para a participação nos JEMG e como se equalizam questões sobre a inclusão e exclusão dos estudantes nesse evento.

A seleção dos estudantes para os JEMG está relacionada com as próprias características do esporte moderno, considerado como atividades competitivas institucionalizadas. Os JEMG, tendo proximidade com essas características, são seletivos, pois têm a função de classificar os campeões para as etapas posteriores. Para chegar a tal objetivo, é necessário o desenvolvimento de habilidades esportivas. Geralmente são realizadas seleções pelas escolas, já que o próprio regulamento da competição limita a quantidade de alunos participantes nas modalidades competitivas. Portanto, podem jogar apenas 12 estudantes no futsal, por exemplo, e o objetivo principal da participação nos jogos é ser campeão, conquistar a classificação para a próxima etapa, logo, de certa forma, as escolas selecionarão os estudantes mais habilidosos para participar.

Como lidar com essas tensões/contradições? Visto que o evento busca valorizar a prática esportiva escolar, a construção da cidadania, de forma educativa e democrática, é o que está presente na constituição dessa política pública.

É necessário entendermos e assumirmos que tais questões estão presentes nos jogos escolares. Seria possível "contornar" as tensões/contradições? Primeiramente, veremos como os professores entrevistados lidam com essa situação. O professor Tales diz que:

> Normalmente é por seletiva de técnica né? A gente faz a seletiva, qualquer aluno matriculado na escola na data correta prevista lá no regulamento ele pode participar desta seletiva e a partir dessa seletiva eu geralmente seleciono mais do que o número previsto porque normalmente eu vou trabalhando aqueles até chegar no ideal dos 12 que precisa lá né? Mas é nesta seletiva por observação de técnica, a seletiva através da observação e aqueles que se sobressaem na técnica é os que vão representar a escola lá na data dos jogos. (Entrevista com o professor Tales, 2020).

O professor deixa claro que opta pela parte técnica, pelas habilidades dos estudantes, e a solução encontrada é selecionar um número maior de estudantes para, posteriormente, escolher os mais habilidosos. Isso faz com que haja uma competição entre os próprios participantes e que, de certa forma, eles tenham mais responsabilidade com as atividades de preparação para os jogos. Mas coloco-me no lugar do estudante que esteve presente durante todo o processo e no fim recebe a notícia de que não foi selecionado para representar a equipe. Não gostaria de ser esse estudante, portanto, eticamente, não poderia optar por tal estratégia. Porém, em poucas ocasiões, também optei por selecionar um número maior de estudantes; refletindo sobre a questão, decidi optar por outra estratégia. A esse respeito, o professor Gustavo apresenta o seguinte depoimento:

> *Pois é, bom, como em qualquer seleção esportiva eu vou pegar os mais habilidosos. Como é que a gente faz? Primeiro, observação nas aulas e você faz um convite, fulano vamos treinar? Fulano vamos participar? Se aparece alguém ali que não tem aquela qualificação toda, eu não excluo também não. Apareceu aquele menininho lá ,você vê que ele não tem lugar no time, mas deixa ele participar, deixa ele treinar, se eu tenho vaga eu até levo, mas veja bem, eu não o convidei, ele se convidou e eu não vou tirar uma criança, não vou virar para o moleque e falar: você não pode estar aqui tá? Mas eu explico para ele, olha eu posso inscrever 12 tá? E eu vou, eu quero que todo mundo tenha a maturidade de entender que nós temos 15 aqui e três vão ter que ficar lá no banco, dando aquela força para equipe e numa outra competição quem sabe esses três se integram aos 12 né, que eu posso inscrever. Isso tudo é muito conversado, isso tudo é muito trabalhado na cabecinha deles né? E agradeço: ó que bom que você veio, obrigado por você vir aqui me ajudar, ajudar a melhorar o time da escola. Você vai mostrando para o menino que ele tem uma importância, apesar dele não consegui realizar o sonho dele que é tá no time né? Mas ele é útil para o time, ele tem importância dele.* (Entrevista com o professor Gustavo, 2020).

Coloco-me no lugar do estudante que apareceu em um treinamento sem ser convidado. Seria uma atitude de coragem. O sonho dele poderia ser participar dos jogos escolares, mas após uma conversa o professor agradece sua presença, diz que ele ajudou o time da escola, foi útil, mas, infelizmente, não poderá participar, porque só pode inscrever 12. Isso não está condizente com os objetivos da escola, no sentido de inclusão e formação para a cidadania, visto que a cidadania nesse sentido não seria para permitir um acesso democrático, que todos os estudantes tenham direito a participar do evento. Enquanto os mais habilidosos estarão em quadra, outros estarão na arquibancada.

Já o professor Flávio faz a seguinte afirmação:

> *Nunca limitei a quantidade de acesso aos projetos e é assim também hoje em dia nesse projeto de futsal que eu trabalho, também não há limite de alunos. Felizmente, próximo as competições, nestes momentos próximos as competições eu nunca precisei cortar aluno para participar de uma competição ou de outra. A gente*

conseguia dividir bem as idades desses projetos e acabava que a gente conseguia atingir o número máximo dessas inscrições. Então não precisei estabelecer critérios de seleção, digamos a partir da habilidade. Eu deixava claro para os alunos que se porventura viesse a ter que fazer uma escolha, essa escolha não seria com base técnica, essa escolha seria com base no envolvimento desses alunos e do compromisso desses alunos com os projetos. Assiduidade, se vai as aulas, se estar participando, se não está, seria nesse sentido. (Entrevista com o professor Flávio).

A fala do professor fez-me recordar minha primeira participação como professor nos jogos escolares de Leopoldina, em 2014. Organizei equipes masculina e feminina de futsal Módulo I (11 a 14 anos). A equipe feminina nunca teve contato nenhum com o futsal, e com poucos treinos fomos para a competição. Perdemos os dois jogos de goleada, mas conseguimos marcar um gol. Percebi que, mesmo com o resultado negativo, as meninas não se importaram e saíram felizes daquele processo, por terem participado daqueles jogos, da mesma forma que os meninos. Elas voltariam a participar das edições futuras. Percebi, pela primeira vez, que, mesmo o foco sendo o resultado, era possível construir participações em que os alunos pudessem aprender mais sobre determinada modalidade esportiva e que, mesmo com resultados ruins, os estudantes se sentiam valorizados e felizes com a participação.

Por mais que se busquem estratégias ou maneiras de contornar tais situações, elas sempre vão existir, como dissemos, pelas características do esporte moderno. Acredito que existem vários fatores que fazem os alunos pararem de ir a essas atividades; um deles está na maneira como, muitas vezes, elas são desenvolvidas: a poucos dias da competição esportiva. Com isso, os professores podem dar maior atenção aos alunos que vão jogar, em detrimento de atividades que busquem ensinar determinada modalidade esportiva, e talvez assim seja possível desenvolver práticas além do "saber fazer". As próprias características do evento podem afastar alunos menos habilidosos que porventura tenham interesse em participar. Os estudantes sabem que, para muitos desses espaços, "eles não foram convidados" ou não são bem-vindos. Apesar disso, acredito que isso possa ser alterado, contornado e minimizado, mesmo dentro desse modelo de jogos escolares.

Vou relatar a forma como temos feito nos últimos anos. São experiências que buscam solucionar as tensões/contradições presentes nesse dilema/conflito entre o exercício da cidadania e a seletividade/rendimento. Não se trata de querer estabelecer nenhum manual, modelo ou exemplo. Como disse, são experiências.

No início do ano, organizamos uma lista que continha todas as modalidades esportivas coletivas presentes nos JEMG, para alunos de 12 a 17 anos, do 6º ao 3º ano do ensino médio. Os alunos escreviam em quais modalidades eles desejariam participar. Não limitamos a quantidade de modalidades, apesar de os JEMG só permitirem a participação de uma modalidade por etapa. Com essa lista, eu e outra professora de Educação Física verificamos quais modalidades possuíam número mínimo de estudantes para organizarmos as equipes. Com a verificação, organizamos as atividades das modalidades, separadas em Módulo I e II e masculino e feminino. Foram duas atividades por turma, por semana. Organizamos os horários no período após as 16h30, quando encerravam as aulas no turno da tarde. Sempre existe um professor da escola nessas atividades, que algumas vezes conta com a colaboração de professores, voluntários, ex-alunos que não fazem parte do quadro de funcionários da escola.

Nós, professores da escola, também somos voluntários (discutiremos isso mais adiante). A única modalidade para a qual temos de selecionar os alunos, por terem mais quantidade de interessados do que o limite imposto pelos JEMG, é o futsal. Nele, após as primeiras atividades, definimos os 12 que representarão a escola. Aos demais alunos, damos a oportunidade de participarem de outras modalidades coletivas, e sempre existe a possibilidade de no mínimo duas em determinado módulo ou sexo. Não considero ser uma medida ideal, mas é a forma que encontramos para permitir que todos os alunos interessados participem dos JEMG, mesmo que não seja na modalidade de maior interesse, nesse caso, o futsal. A participação dos alunos é sempre o objetivo, não sendo relevante a qualidade técnica ou o nível de habilidades dos alunos. Nunca deixamos de inscrever nenhuma equipe por esse motivo.

Quando acontece a etapa municipal e existe número máximo de participantes por escola, organizamos horários com atividades para todas as modalidades individuais, em nosso caso, peteca, vôlei de praia, tênis de mesa e badminton. No atletismo não há número máximo de participantes; participam todos os alunos que tiverem interesse. Organizamos dias com todas essas modalidades individuais e buscamos fazer com que todos os alunos presentes participem de pelo menos uma modalidade individual. Com essa organização, acreditamos que conseguimos incluir, se não a totalidade, parte significativa dos alunos interessados. Essa organização requer uma enorme dedicação além dos nossos horários de aulas. O que nos últimos tempos tem feito com que eu reflita bastante sobre essas questões que envolvem as condições de trabalho. Isto, como dissemos, abordaremos mais à frente.

Vamos agora buscar entender como funcionam as relações entre as aulas de Educação Física e essas atividades extraclasse de preparação para os JEMG.

Por mais que alguns de nós, professores, não utilizemos os horários das aulas de Educação Física para atividades de preparação para os JEMG, existem relações entre essas duas atividades. O ambiente é o escolar, parte dos alunos é a mesma em ambas as atividades, e nós, professores, somos responsáveis por elas. A pergunta é: como os professores enxergam essas relações entre as aulas no horário regular com as atividades extracurriculares? Comecei a perceber, durante essa formação continuada, uma relação conflituosa entre as duas atividades no ambiente escolar: os objetivos são os mesmos? É possível coexistirem no ambiente escolar? Nesse sentido, vamos trazer as narrativas dos professores e analisar como equacionamos tais questões. O professor Tales afirma que:

> Realmente é uma dualidade aí que é, bem longe uma da outra né? Você prega uma coisa na sua aula e só porque você saiu da sua sala de aula ali que você vai ser totalmente diferente. Eu acho que é igual eu te falei, mesmo num treinamento a gente pode ser crítico, a gente pode, está aprendendo algo diferente ali, tentando formar um cidadão diferente, ali dentro do próprio treino né? Mesmo que a busca seja a performance, a cobrança seja um pouco maior em relação a performance, a técnica, a tática, a gente tem condição de buscar uma criticidade em cima daquilo. Eu tenho boas respostas disso na minha prática. Já peguei alunos que dentro da escola que são tidos como problema, como aqueles alunos que tem um histórico dentro da escola bem problemático e por estar participando dos Jogos Escolares mudou a forma de como ele agia, mudou a parte como cidadão dele, de respeito mesmo, tem relato que depois que fulano foi pro JEMG ele mudou. Então tipo assim, ele não mudou só porque está no JEMG, mas ele mudou e isso ajudou. Eu cobro muito dos meus alunos a parte de ser um cidadão melhor. A gente pode ganhar ou jogar, ter uma performance boa, mas sabendo se posicionar criticamente, saber ser um cidadão bom, a gente ter um respeito, respeitando regras né? Então assim, eu acho que tem como a gente trazer essa parte crítica das nossas aulas normalmente para a parte técnica do treinamento, eu acho que tem como fazer essa coisa sim. (Entrevista com o professor Tales, 2020).

O professor Tales afirma que existe uma dualidade entre as aulas e os treinos, mas que, mesmo em um treinamento, é possível ser crítico, formar um cidadão diferente, ainda que o objetivo seja a performance, a técnica e a tática. As aulas do professor têm por objetivo buscar a criticidade, e ele acredita ser possível oferecer essa possibilidade também nos treinos. Cita, em sua experiência, exemplos de alunos tidos como "problema", e a participação nos jogos escolares contribuiu para mudanças na forma de agir, para ser um cidadão melhor. Já presenciei diversas situações parecidas relatadas pelo professor, de alunos que conseguem participar das equipes e a participação ter contribuído em suas respectivas formações humanas.

Lembro-me de uma aluna que me acompanhou na minha primeira participação na etapa estadual dos JEMG. Ela e mais duas foram participar da peteca. Para participar, a aluna teria de fazer o documento de identidade. Quando ela me entregou, a identidade percebi que não havia o nome do pai. Isso mudou totalmente a minha conduta com ela. Essa proximidade maior, o fato de eu poder conhecê-la melhor, sua participação nesses eventos, a oportunidade de socialização, ter podido viajar, conhecer outra cidade e outras pessoas, sem dúvidas, contribuíram para uma transformação da aluna na escola e em sua vida. Essa participação contribuiu na sua formação para a cidadania; naqueles espaços, ela teve seus direitos respeitados, sentiu-se valorizada. São experiências únicas que, de alguma forma, não podem ser enxergadas como sendo "totalizantes", ou seja, não se deve encarar as atividades dos JEMG como redentoras da sociedade e que "salvam" os estudantes.

Retornando-se às reflexões do professor Tales, essa intenção de formação crítica tem relação com discurso presente na década de 1980, e talvez seja esta a compreensão que o professor possui do termo "crítico":

> [...] indica-se a urgência de seus professores se engajarem em processos educativos que levem à formação de um aluno crítico e sensível à sua realidade. Ou, então, quando consideramos a crítica endereçada à relação entre a EF Escolar e o esporte, a denúncia é acompanhada da expectativa de que fossem desenvolvidas práticas educacionais em que os princípios burgueses do esporte moderno (recorde, alto-rendimento, competição) fossem atenuados ou transformados em favor de outros valores, como a solidariedade, a colaboração, a participação, a educação etc., que seriam mais afeitos aos objetivos da instituição educacional comprometida com os valores da classe trabalhadora. (BRACHT et al., 2012, p. 11).

Sendo assim, entendendo professores e alunos como sujeitos reais, que vivem experiências na materialidade, vislumbra-se a possibilidade de atenuar esses princípios do esporte moderno em prol de uma formação para a solidariedade, a colaboração, a participação, a educação, mesmo que isto envolva uma atividade que busque a performance, a parte técnica, tática, como narra o professor Tales. Concordamos com a afirmação de Caparroz e Bracht (2007, p. 29) quando relacionam as perspectivas idealizadas e materializadas na prática pedagógica:

> [...] é que o trabalho docente reclama continuamente um labor criativo e um sentido e exercício constante de prospecção e, de certo modo, isso implica o abandono de uma rigidez planificadora (que acaba por "encaixar" a vida em categorias e determinar a priori o que ainda está por se viver) em favor de uma postura na qual os delineamentos são pensados tendo em conta que é da tensão permanente entre a dimensão da realidade e a dimensão do que se idealiza que se materializa a vida possível e que este possível depende das ferramentas que temos (e das que nos disponhamos ter), tanto para construir a dimensão idealizada como para enfrentar e confrontar a realidade e aquilo que ela nos apresenta e nos impõe.

Pensando nessa questão do que se idealiza, por meio do discurso, e do que se materializa na prática pedagógica, trazemos a narrativa do professor Gustavo.

> *Exatamente, a escola é um centro de aprendizado, de inclusão né? Você inserir, dar condições ao ser humano de um pleno desenvolvimento né? Intelectual, educacional, para eles desenrolar e se desenvolver lá na frente com um adulto, como cidadão. A partir do momento que você tem dentro da escola uma conduta excludente, a gente tá indo contra o objetivo da escola né? A razão de ser da escola. E aí a Educação Física ela vive essa dualidade, ela vive essa confusão, esse princípio louco. Por isso que na escola que eu trabalho a gente preconiza, Educação Física é aula de Educação Física, ela é para todos, eu deixo isso bem claro para os alunos. [...] Agora a partir do momento que você pega a aula de Educação Física e transforma ela no horário de Treinamento. Eu até já falei aqui que às vezes sou obrigado a fazer isso né? Mas se você recorda também deixei bem claro, eu converso com a meninada, uso uma parte da aula para fazer esse treinamento, que é o único período que eu tenho e depois eu volto para a aula né? Porque aula é aula, treino é outra coisa. [...] Porque a questão é esse mesmo, eu acredito na inclusão, nas oportunidades né? Você oportuniza, isso é até uma das obrigações que o*

> *Comitê Olímpico do Brasil (o professor menciona uma capacitação realizada no COB, onde foi abordada esta questão da oportunização) ele nos dá essa obrigatoriedade. [...] Mas a gente tem que criar essa oportunidade e então dentro da escola se você tira oportunidade de algum menino aprender, porque você só quer trabalhar com os bons para participar de jogos escolares. Então acho que a Educação Física não tá batendo com o objetivo da educação. O esporte de competição, essa é uma daquelas verdades que ninguém gosta de ouvir né, a gente vive numa era que palavras machucam e verdades então não podem ser ditas. O esporte de competição ele é excludente, a sua natureza, se você for fazer uma análise profunda da sociedade como um todo, de toda a estrutura social, a estrutura social ela é excludente né? [...] Isso é natural, se você for olhar na natureza é assim também. Mas eu acredito que isso aí é uma questão de ponta, é lá na ponta. Lá embaixo com a criançada cara você tem que evitar o máximo possível a exclusão. Pelo menos é o que eu penso né?* (Entrevista com o professor Gustavo, 2020).

Ao mesmo tempo que ele considera e entende a escola como um centro de aprendizado, de inclusão, de pleno desenvolvimento do ser humano, naturaliza a questão da competição e entende que, porque a sociedade é competitiva, é natural que o esporte e sua prática pedagógica também sejam. Embora, em seu discurso, afirme que, ao adotar o modelo competitivo, a Educação Física acaba não atingindo os objetivos da educação e que aula é aula, treino é treino, mas sua escolha, baseada em suas condições materiais, faz com que essa prática seja contrária ao seu discurso, reforçando a dualidade entre inclusão e exclusão. Recordando que o professor afirma que suas aulas de Educação Física visam atender ao projeto político-pedagógico de sua escola, que busca uma representação em eventos esportivos. Então, o professor organiza suas aulas com o objetivo de ensinar os fundamentos, parte técnica e tática das modalidades coletivas. Podemos considerar a possibilidade de sua aula ser um treino para a turma, no sentido de oportunizar a aprendizagem dessas modalidades, como afirma ao citar em sua narrativa o Comitê Olímpico Brasileiro, entidade que organiza o esporte competitivo no país.

O professor Wiliam já tem bem definidas essas questões na sua forma de pensar. Ao afirmar que não se deve trabalhar o rendimento nas aulas de Educação Física, faz o seguinte comentário:

> *Você tem bem definido quando você estuda Educação Física, a Educação Física Escolar, a de rendimento e a Educação Física lúdica né? Então isso aí é bem definido, isso para mim é bem*

definido na minha cabeça, eu não tenho que trabalhar rendimento nunca na aula de Educação Física. Dizer para eles quando eu tô ensinando um fundamento. Então quando eu tô ensinando o voleibol eu falo com eles o seguinte: porque que a gente tá aprendendo esse movimento, você vai ser atleta de voleibol? Eu pra cobrar eu tenho que entender porque eu tô cobrando. Eu tenho que entender porque senão ele não vai fazer, ele vai fazer porquê? Ele não quer ser atleta de voleibol, ele nem gosta de voleibol. Eu vou fazer um movimento com você, porque você tá fazendo esse movimento aqui? Tá fazendo esse movimento porque ele é importante para sua parte cognitiva, não é para você, não é para você desenvolver uma habilidade para jogar vôlei. A partir do momento que desenvolve essa habilidade você escolhe se você quer jogar vôlei ou não. Mas eu tô desenvolvendo em você é uma parte técnica cognitiva, quem que manda seu corpo? É o seu cérebro, então se seu cérebro não tiver preparado para fazer aquele movimento, então ele não tá preparado para tudo. Então você tem que preparar o cérebro para fazer aquele movimento. E quando você vence essa barreira, você já é uma pessoa diferente, você já saiu dali modificado. [...] E aí eu falo com eles vulgarmente, quanto mais você tem inteligência corporal mais cultura corporal, mais inteligente você é. Isso é verdade, né? E eu sempre explicito bastante para eles e eles entendem. Aí eles não vão fazer o toque porque vão jogar vôlei, vão fazer o toque num processo cognitivo, depois se ele quiser ele joga vôlei e se ele não quiser ele não joga vôlei. E a maioria não joga vôlei. (Entrevista com o professor Wiliam, 2020).

Sobre essa maneira de enxergar e de lecionar aulas de Educação Física, a disciplina, por meio do desenvolvimento motor, acaba tendo como objetivo o desenvolvimento cognitivo: *"[...] quanto mais você tem inteligência corporal mais cultura corporal, mais inteligente você é"*. Portanto, as aulas de Educação Física buscam, de certa forma, uma inteligência intelectual, e, para atingir esse objetivo, é preciso inteligência corporal. Essa forma de pensar as aulas tem como referência as teorias de construção do conhecimento, como as teorias de aprendizagem que:

[...] com raras exceções, são desencarnadas – é o intelecto que aprende. Ou então, depois de uma fase de dependência, a inteligência ou a consciência finalmente se liberta do corpo. Inclusive as teorias sobre aprendizagem motora são em parte cognitivistas. O papel da corporeidade na aprendizagem foi historicamente subestimado, negligenciado. Hoje é interessante perceber um movimento no sentido de recuperar a "dignidade" do corpo ou do corpóreo no que diz respeito aos processos de aprendizagem. (BRACHT, 1999, p. 71).

Para encerrar a discussão, vamos trazer as reflexões e as experiências do professor Flávio. Ele afirma que o fato de os alunos terem contato com elementos da cultura corporal fora das aulas interfere na apropriação do conhecimento na escola, pois acabam levando esse conhecimento para o espaço escolar. Quando as atividades acontecem na escola, no seu caso por meio de um projeto, Flávio afirma que a relação direta aumenta: *"Então às vezes eles socializam com alunos de outras turmas, dentro do próprio espaço escolar e levam essa socialização, e levam esse conhecimento também para as aulas"* (Entrevista com o professor Flávio, 2020). Sobre as diferenças entre as aulas e as atividades do projeto, Flávio afirma que:

> Mas tem alguns elementos que são diferentes sim né, do tratamento pedagógico desses conteúdos em termos escolar, nesses momentos de forma extraescolar. A dimensão técnica tem um peso muito maior do que em relação a essa mesma prática pedagógica nos ambientes escolares. Mas por exemplo, o efeito, o efeito que eu pude perceber na escola que eu trabalho é como que o futsal feminino nessa escola desenvolveu nos dois últimos anos, porque como muitas meninas começaram a praticar, nos jogos interclasses e nas aulas quando a gente está trabalhando o futebol nas aulas, a gente vai romper muitos paradigmas quanto à presença da mulher nessas práticas. Então a gente consegue, a partir daquilo que a gente conversa com elas e elas vão refletindo elas conseguem fazer essa diferenciação e acabam levando isso e criando uma cultura na escola né? Criando essa cultura de combate ao machismo, de achar que o futebol uma coisa masculina. (Entrevista com o professor Flávio, 2020).

É significativo o relato do professor, pois ele afirma adotar um tratamento pedagógico diferente. Revela uma ênfase na dimensão técnica, porém ressalta como essa atividade possibilitou romper paradigmas quanto à presença das mulheres nessas atividades e criando uma cultura na escola de combate ao machismo. Acredito que isso só foi possível devido a uma construção pedagógica que privilegiasse, além do ensino das técnicas, uma discussão, uma apropriação de conhecimentos das estudantes, de outras dimensões que se relacionam com a prática esportiva.

Portanto, apesar de existirem limites, tensões, até muitas vezes contradições entre as atividades das aulas e extraclasse, percebemos que em algumas práticas os treinos acabam sendo uma continuidade das aulas, em razão de os professores apresentarem a mesma prática pedagógica em ambos os espaços. Mesmo existindo fatores inerentes ao esporte moderno, já que os jogos escolares reproduzem as características desses eventos, acredito que há possibilidades de "contornar", de minimizar, tais questões. Quando se possibilitam práticas extraclasse que ultrapassam o ensino da técnica, existem possibilidades de esses espaços proporcionarem novas relações com o esporte, sejam eles de socialização entre os alunos que participam, sejam os que envolvam outras dimensões sociais, como no caso do professor Flávio: nas suas relações pedagógicas com as estudantes, estas conseguiram romper paradigmas por meio de um debate sobre o combate ao machismo na experiência com os jogos escolares.

Identificar e analisar as motivações e os objetivos da participação ou não de professores nos jogos escolares evidencia-nos o que se espera dessa atuação. Como percebemos, até agora cada professor possui a sua história de vida, suas experiências de formação ao longo de suas trajetórias. Espera-se que a diversidade de visões, práticas docentes, também traga para nós reflexões diversas sobre os motivos da participação ou não nos JEMG.

Diferentes motivos e objetivos podem resultar em práticas pedagógicas diversas envolvendo o mesmo evento. Se sentarmos em uma quadra para assistirmos a uma partida dos JEMG, pode ser possível perceber tais diferenças: no comportamento dos estudantes, na forma de se expressar do professor, nos períodos que antecedem e sucedem as partidas, a forma como o professor se dirige à arbitragem etc. Algumas questões presentes nessas práticas pedagógicas, como no caso do professor Flávio, que utilizou o evento para debater com suas alunas sobre o machismo na sociedade, não são visíveis ao observamos uma partida na qual ele seja o professor, porém essas questões se fazem tão ou mais importantes do que uma participação em que os estudantes respeitem as regras do jogo, ou tenham um bom comportamento nas partidas.

Com relação aos motivos da participação, trazemos este breve diálogo com o professor Tales:

> *Entrevistador: Você participa dos jogos escolares? Entrevistado: Participo, claro! Entrevistador: Qual o motivo dessa participação? Entrevistado: Um dos maiores motivos é essa parte que eu falei que eu gosto da questão de treinamento e aí o JEMG é onde eu consigo levar essa parte de treinamento para dentro da escola. Então assim, fora, a aula que eu dou normalmente ela não tem assim esse caráter de treinamento mesmo, de desenvolvimento, de competição é uma aula mais crítica né. Agora no treinamento não, eu acabo priorizando esta parte de treinamento, técnico, tático, isso aí é tudo que eu trabalho. Então por isso que eu acho que me fez participar, esta parte pelo gosto da parte de treinamento. (Entrevista com o professor Tales, 2020).*

Ao expressar a exclamação "*claro!*", o professor, por meio de sua fala, demonstra-nos como os jogos escolares então "dentro" das escolas, como fazem parte de nosso cotidiano. Dentro da nossa realidade, temos consideravelmente um número muito maior de professores que se envolvem com os jogos do que os que não se envolvem. Essa participação, muitas vezes além de um desejo, pode se tornar até uma obrigação, como veremos em relato mais adiante. Os JEMG fazem parte da cultura esportiva de muitas escolas, por isso, talvez, o professor Tales afirma "*participo: claro!*" Ele demonstra seu interesse pela "*parte de treinamento*", até mesmo realizou uma pós-graduação nessa área, porém nunca trabalhou em outro local além da escola. Como afirma, os objetivos da aula de Educação Física são outros, "*uma aula mais crítica*"; as atividades dos JEMG acabam sendo prazerosas e atendem ao seu interesse por essa área. Afirma que o objetivo da participação é o resultado esportivo, a melhor performance, mas considera que: "*[...] tento trabalhar coisas do cotidiano, de socialização, de comportamento, respeito, então assim, o primeiro com certeza é a performance, mas através dela a gente consegue trabalhar outras coisas aí*" (Entrevista com o professor Tales, 2020).

Outro professor que menciona esse gosto pelo treinamento, pela competição, é o professor Gustavo. Esse é primeiro motivo apontado por ele para a participação no evento; o segundo está relacionado à opção de sua escola privada buscar a representatividade nesse evento, para manter os alunos motivados, fazer com que eles se identifiquem e gerem um sentimento de pertencimento à escola, estreitar o vínculo. Esse motivo pode estar relacionado a uma questão comercial e econômica da escola; as competições esportivas podem se tornar uma ferramenta para a identificação e manutenção dos estudantes com/na escola. Gustavo afirma que:

> *Para mim a competição é uma ferramenta educacional onde você vai tentando desenvolver ali no aluno a melhor versão dele, para ele poder encontrar melhor versão dele mesmo, entendeu? E eu sempre falo com meus meninos a gente tem que dar o nosso melhor, se o melhor do adversário é melhor que o nosso melhor cara, a gente tem que bater palma você entendeu? Parabéns para eles, vamos ver se a gente consegue chegar no nível deles né?* (Entrevista com o professor Gustavo, 2020).

Ao privilegiar ou dar ênfase no aspecto competitivo do esporte, até mesmo no sentido de comparar a performance dos seus alunos com outros estudantes, quais seriam os resultados dessa "formação educacional"? A melhor versão do aluno estaria relacionada a quais aspectos? Treinar mais para chegar ao "nível" das equipes adversárias formaria a melhor versão dos alunos ou esta estaria relacionado a outros aspectos pedagógicos nesses espaços?

O professor Wiliam relaciona a sua participação a dois motivos: primeiro, quando tem uma equipe não competitiva, o objetivo passa a ser o amadurecimento, *"tirar o melhor daquilo"*; já quando possui uma equipe competitiva o objetivo é chegar à final, não é ganhar, pois: *"[...] porque lá é, lá catado, pega os meninos bitelo, coloca lá e treina e os meninos são, pega de escolinha do Minas e joga para a escola"* (Entrevista com o professor Wiliam, 2020). O professor refere-se a escolas privadas dos municípios de Belo Horizonte e Uberlândia que organizam equipes escolares com base em clubes esportivos. Apesar de ter o objetivo focado na performance de suas equipes, o professor Wiliam afirma que:

> *Então assim mas uma coisa que eu trabalho dentro dos meus treinamentos, até hoje eu tenho alunos que conversam comigo, tanto de times competitivos ou não, que falam que aquilo foi muito importante para eles, eu nunca trabalho só a parte técnica, não tem como, porque se até você não trabalhar isso aqui (apontando para a cabeça) você não joga vôlei, então né, os treinos de vôlei eles não são só com bola. Então esse treinamento intelectual, de formação, de valores, isso tudo, até hoje os meninos me procuram. Eu acho que o vôlei, independente de uma medalha, você deixa um legado, no outro sentido sabe? Isso eu acho que é muito importante.* (Entrevista com o professor Wiliam, 2020).

Ele afirma que no momento não participa mais dos jogos escolares — veremos os motivos mais adiante. Mas, ao recordar essas lembranças, trouxe um "ar saudosista" à entrevista. As atividades do professor relacionadas com jogos escolares aproximam-se de suas aulas de Educação Física. Ambas com ênfase no desenvolvimento intelectual por meio do movimento. Essas atividades, afirma o professor, marcaram os alunos, que até hoje o procuram.

Um dos limites deste trabalho está justamente na ausência em ouvir os estudantes que tiveram a oportunidade de participar e os que não puderam participar. Seria interessante ouvi-los, conhecer suas experiências e o que pensam da participação ou não nos jogos escolares.

O professor Flávio apresenta-nos um relato longo, porém necessário, da sua prática pedagógica com os jogos escolares. Vislumbra uma prática baseada na competição e que envolve outros aspectos. Procura problematizar aspectos da competição com os alunos e busca uma participação para além da performance ou do rendimento:

De 2013 para cá, eu sempre tento tratar essa dimensão da competição com meus alunos, para que eles possam entender as muitas variáveis que existem nesta dimensão e quando a gente se propõe a coletivamente participar de uma modalidade e disputar essa modalidade com outras escolas. Então tento trabalhar a questão da importância do adversário porque se não tiver o adversário não tem jogo. [...]. Que às vezes eles entram no clima de rivalidade grande com outras escolas ou criam esse clima, sem que ele exista de fato, eu faço eles entenderem que a gente precisa do outro para poder jogar, a gente não consegue jogar somente nós mesmos. Então tento trabalhar esta dimensão, que a gente tá jogando com o outro numa perspectiva que tanto nós quanto os outros temos o objetivo de ganhar, isso não é, isso a gente não pode negar isso, que a gente quer ganhar, a gente sente feliz em ganhar, mais que o ganhar ou perder ou empatar tem outras coisas maiores do que isso. A nossa vivência, o que que aquela experiência trouxe em termos de prazer, em termos de oportunidade, em termos de conhecimento, em tempos de vivência, o que isto traz, é muito maior. [...] Além da questão relacionada a possibilidade de ser uma atividade que eles têm interesse para praticar, para praticá-la da maneira livre e independente pela suas vidas né? Depois da sua formação, na sua vida adulta, por exemplo, talvez pode ser um início de eles entenderem e se afinizarem com uma determinada modalidade e tratar essa modalidade e praticar essa modalidade ao longo das suas vidas, em uma perspectiva também relacionada a qualidade de vida, saúde e ao lazer, enfim ao bem estar. Então eu tento trabalhar isso com meus alunos, além também né da questão desenvolvimento do conhecimento a respeito daquela prática corporal, a prática corporal do esporte e como isso traz um retorno grandes para as aulas em si. E aí que relaciono com a questão do comportamento, de como que a gente vai se portar naqueles espaços, da necessidade de a gente ter educação. Muito do que eu não tive enquanto praticante, das lacunas que eu consigo observar que eu tive, dos problemas que eu tive relacionados quando eu praticava os esportes de uma maneira competitiva eu tento trazer para os meus alunos de uma outra forma para que eles não precisem passar por processo semelhante ao que eu passei. Então também tento, a partir da minha prática pedagógica fazer com que eles entendam de uma forma diferente com que eu entendia enquanto praticante. (Entrevista com o professor Flávio, 2020).

Por meio de uma reflexão crítica sobre os jogos escolares, o professor relaciona com detalhes o objetivo de sua participação nesses eventos. Traz uma perspectiva para além do rendimento esportivo e demonstra, por meio de seu discurso, estratégias para atingir o que ele vislumbra. Busca tratar as diferentes dimensões da competição, afirma que os estudantes precisam do outro para jogar, o jogar com o outro; mesmo que ambos tenham como objetivo a vitória, há questões mais importantes que o resultado. Tais fatores são: a vivência, a experiência, o prazer, a oportunidade e o conhecimento. Ainda relaciona a possibilidade de os estudantes praticarem essas atividades no futuro, de maneira livre e independente, *em uma perspectiva também relacionada à qualidade de vida, saúde e ao lazer, enfim ao bem estar*. Ao terminar sua narrativa, o professor faz uma relação do tempo em que era praticante dos esportes com a sua docência. Percebemos que há uma ruptura entre as duas maneiras de se pensar/praticar o esporte. A condição ou busca por uma prática pedagógica que seja diversa de sua formação enquanto participante faz com que pensemos nas diversas possibilidades, nos sentidos, experiências, formações que são possíveis no ambiente dos jogos escolares.

Essas possibilidades surgem de um movimento de reflexão sobre a ação, que permite que o professor assuma a condição de autoria de sua prática pedagógica. Assim, não se busca a prática pela prática, o fazer pelo fazer, o resultado pelo resultado. Mas relações pedagógicas em que sejam possíveis o diálogo, a experiência, o prazer, o conhecimento, a autonomia, a cidadania, mesmo em práticas relacionadas a competições esportivas escolares. O relato do professor Flávio aponta-nos caminhos possíveis para práticas que levem em consideração os interesses dos alunos, objetivos da educação e objetivos da escola.

A professora Marina também afirma participar dos jogos escolares. E apresenta-nos um relato significativo:

> *Eu vou ser sincera ao extremo, se eu pudesse não participar nas escolas que eu, que eu sou sozinha, se eu pudesse, se eu fosse uma pessoa que pensasse em mim, e no que eu sinto quando eu estou diante dos meninos lá jogando e eu em pânico, sinceramente, em pânico, eu não participaria. Mas eu não tenho coragem de deixar eles sem participar, eu empolgo, eu vou atrás de uniforme, pago o uniforme para eles, peço uniforme emprestado, eu não deixo eles sem participar, eu não deixo. Quando eu entrei na escola estadual veio o professor para mim e perguntou: você vai colocar os meninos? Lógico que eu vou, eu vou colocar eles em tudo que eu puder, eu queria colocar eles até em bilosca se tivesse, mas em pânico e não pensando em mim, pensando só neles. Porque eu queria que eles participassem em tudo, peteca. Do que for, xadrez, qualquer coisa, eu quero vocês lá! eu quero o nome da escola lá, em pânico tá! Deixando bem claro.* (Entrevista com a professora Marina, 2020).

Esse relato é muito interessante, pois a professora sente-se em pânico durante a participação nos jogos escolares. Mas diz não pensar em si; se assim fosse, diante das situações de pânico, não participaria. Mas afirma "não ter coragem" de deixar os estudantes sem participar e ainda não mede esforços para que essa participação se efetive. Vai atrás de uniforme, atrás de tênis, enfim, faz um esforço tanto na questão de enfrentar o pânico quanto de buscar recursos para que os alunos participem de várias modalidades esportivas.

Com base nesse relato, perguntei por que, mesmo tendo a sensação de pânico, de desconformo, ela continua se envolvendo com os jogos escolares. A professora Marina apresentou a seguinte reflexão:

> Eu acho que essa forma de ter sido incluída, quando eu te contei a minha história de adolescência, eu acho que o esporte incluí, de todas as formas possíveis. É impossível ter os Jogos Escolares dentro de Leopoldina e eu falar com meus alunos que eles não vão participar, eles não vão participar, é impossível, não deixo não. Eu acho que eu nunca falei dessa forma tão assim, tensa, de ficar sem dormir, de comer minhas unhas todas, de frio na barriga antes dos jogos, ter que buscar aluno em casa, de conseguir chuteira emprestada. Ai ô Dona, não vou jogar porque eu não tenho tênis. Você tem tênis, eu arrumo um tênis, eu compro um tênis para você. Mas exatamente, essa vivência minha nos jogos quando adolescente foi tão importante para minha vida, que eu acho que todo mundo que tiver oportunidade tem que passar por isso, eu não posso pensar em mim e privar eles dessa oportunidade de participar. Participar, conhecer gente nova, fazer o aluno encontrar o seu lugar, porque muitos ficam muito, muito perdidos, talvez essa participação consiga salvar um assim, de encontrar o lugar, de encaminhar para a vida, por que a gente tem realidade bem difícil, tem muitos meninos bons claro, mas tem uma realidade bem difícil e eu acho que esporte salva. [...] Imagina o menino que tá pensando em entrar nesse mundo (das drogas), vai participar de um jogo, encontra seu lugar e vai segue jogando, eu acho que tem essa importância também, de encontrar o lugar, o caminho. Não é entrar para ganhar e tal. É lógico que ganhar é muito bom né? Mas é mais para se encontrar esse caminho e descobrir o que quer fazer da vida, talvez vai ser um atleta, se eu pudesse que todos fosses um atleta... (Entrevista com a professora Marina, 2020).

Sua experiência de ter sido incluída na adolescência, no fato de sair de um distrito para estudar na cidade, marcou a sua vida. Foi um dos motivos que fizeram com que a professora tivesse escolhido sua formação inicial e a profissão atual. Por isso, ela não mede esforços, nem mesmo psicológicos (ficar sem dormir, ansiedade, frio na barriga), para que se efetivem essas participações. Ela busca fazer com que os seus alunos também sejam incluídos; os estudantes que têm a possibilidade de participar dos jogos escolares. Na sua opinião, a participação nesses eventos pode contribuir para que os jovens encontrem um caminho, "descobrir o que quer fazer na vida". Até cogita a possibilidade de serem atletas.

Como disse a própria professora em sua entrevista, muitas vezes a participação se resume a dois jogos por ano. Não descartamos a possibilidade de essas atividades atingirem os objetivos considerados pela professora, pois podem colaborar para que estudantes encontrem seu caminho, sua participação efetiva, a interação com outros jovens, e outros fatores podem contribuir neste sentido. Acreditamos que a simples participação nos eventos não permite que isso aconteça de forma natural, ou automática, mas que as possibilidades existem em práticas pedagógicas que busquem desenvolver essas questões, além da performance, do resultado e do rendimento. Além disso, é preciso considerar os limites da prática esportiva e da socialização por meio da escola.

Já a professora Aline enxerga esses eventos de outra forma e apresenta reflexões distintas em relação aos outros professores entrevistados. Em seu relato, a professora apresenta os motivos de sua não participação nos jogos escolares. Inicialmente afirma que participa do evento, mas que nos últimos anos não participou, pois a prefeitura da cidade permitiu apenas um professor por escola. E, em seu caso, acabou sendo outro professor. A professora comenta: "[...] não que eu acho isso ruim, eu acho até bom porque os jogos escolares para mim eles são não atingem o objetivo que é proposto, ele é muito contraditório, mas participei sim, nos últimos anos é que eu não participei" (Entrevista com a professora Aline, 2020). Quando questionada sobre os motivos da participação, quando atuava nos jogos escolares, a professora afirma que o único motivo era a vontade dos alunos; que, por ela, não participaria. Em relação aos objetivos do evento, Aline faz o seguinte relato:

> Bom eu não sei se ele alcança o objetivo dele né, o meu ele não alcança, de repente tem um objetivo não é o mesmo meu. A gente caminha hoje por uma Educação Física afastando do que a gente aprendeu né, desse tecnicismo, hoje é Educação Física tem que ser contextualizada, ela tem que ser histórica né? Usada, ela tem que ser toda voltada para a cidadania né? Para a formação do cidadão. E os Jogos Escolares ele não contempla isso né? Eu não consigo

vislumbrar uma competição esportiva que não seja seletiva né? Não para mim, eu não sei, talvez esteja incoerência minha mas eu não consigo ver uma competição que não seja seletiva, quem vai para competir vai para ganhar e quem vai para ganhar leva os melhores e isso para mim vai de encontro ao que é proposto para Educação Física hoje. A Educação Física hoje não é para formar atletas, não é para formar jogadores né? No entanto nos jogos escolares é isso que é feito né? Porque se você vai para um jogo você não vai para participar, as poucas vezes que eu fui com time ruim para participar a gente acaba que causa o efeito contrário no aluno, ao invés do aluno ser recompensado pela motivação, pelo prazer dele com esporte, ele acaba desestimulando ele, porque ele foi com time para participar, perdeu. A gente já entra sabendo que vai perder, mas vai para participar e acaba causando um efeito contrário né? Porque o aluno desmotiva, partir daí ele desmotiva, ele fala assim: eu vou para a competição e não tenho condição de ganhar, eu não vou participar de nada, não vou participar da Educação Física, não quero mais nada. Então eu não sou a favor dos jogos dessa forma que é feita. (Entrevista com a professora Aline, 2020).

A professora Aline, talvez por não ter uma vivência com os esportes na infância e na adolescência, só entrando em contato maior com os esportes na formação inicial, tem uma visão "menos apaixonada" ou uma análise mais "distanciada" do evento. O fato também de não ter vivido experiências com o esporte durante sua vida pode ter influência na sua maneira de pensar sobre a questão. Sua reflexão vai no sentido de uma ruptura, pois busca pensar a participação de uma forma diversa da que conheceu durante sua vida, apesar de não ter estado diretamente em contato com as competições esportivas. Acredita que, por meio da participação nos jogos escolares, não existe a possibilidade de uma formação para a cidadania, visto que o evento é uma competição esportiva seletiva, com objetivo no resultado esportivo, participando apenas os melhores. Diz que isto é justamente o contrário de como devem ser as aulas de Educação Física. Aline não tem uma visão abnegada, como a apresentada pela professora Marina.

Em suas experiências de participação, a professora faz uma análise do ponto de vista do resultado esportivo. Diz que já ia para a competição sabendo que perderia e, isso acabava causando um efeito contrário na motivação dos alunos, afetando até suas participações nas aulas de Educação Física. Essa questão da motivação também pode ter influenciado a professora, visto que participava já sabendo que perderia e que, em sua avaliação dos jogos, a questão do resultado é central. Portanto a professora não vislumbra uma participação dentro dos JEMG que vá além da performance, visto que acredita que a competição é seletiva e visa a resultados esportivos. Ainda relacionando os motivos da sua não participação, ela apresenta outras questões, relacionadas às condições efetivas de trabalho, relacionadas aos jogos escolares. Isso veremos mais adiante.

Como podemos perceber, os motivos da participação e os objetivos apresentados pelos professores entrevistados são diversos. Envolvem o gosto pessoal pelo treinamento esportivo, a possibilidade de atividades diferentes das aulas (que devem ser críticas), o gosto pela competição, a busca pela representatividade da escola, manter os alunos motivados com a instituição, aumentar o sentimento de pertencimento e vínculo com a escola. Participação pode depender do nível técnico da equipe: sendo competitiva, o objetivo é uma boa classificação; não sendo, tirar algo daquela competição, no sentido relacionado ao rendimento. O treinamento intelectual, a formação de valores. Dar outra dimensão da competição, outras coisas mais importantes que o resultado, possibilidade de vivenciar experiências, prazer, oportunidade, conhecimento, de praticar a modalidade no futuro, sendo essa prática livre e independente, tendo o objetivo de qualidade de vida, saúde, lazer e bem-estar. A inclusão dos estudantes, a socialização, a possibilidade de o aluno encontrar o seu lugar, seu caminho, "salvar-se" do caminho das drogas e a possibilidade em revelar atletas.

Acredito que a motivação para participar dos jogos escolares se relaciona com as minhas experiências na infância e adolescência com essas competições escolares. Vislumbro a possibilidade dos meus alunos terem as mesmas experiências que contribuíram para ser o que sou hoje. Nesse sentido, busco nessas participações envolver o maior número de estudantes possível (devido às limitações do regulamento); a vitória, como possível consequência dessa participação, permite que os alunos continuem envolvidos com as atividades no período extraturno, o que acredito que contribui para a formação deles e possibilita que esses espaços sejam ambientes de amizade, socialização, aprendizagem; e a consequentemente contribuam para a formação educacional, no intuito de buscar posicionamentos críticos e reflexivos e, de algum jeito, uma formação para a cidadania, permitindo que os estudantes tenham direito ao envolvimento com o esporte. Nas atividades extraclasse, apesar de terem foco na aprendizagem técnica/tática das modalidades esportivas, é almejado sempre o diálogo com os estudantes, para demonstrar que existem outras questões além do ganhar ou perder, da busca pelo resultado, do saber fazer.

É importante mencionar que, para grande parte dos alunos, essa é a única possibilidade de aprenderem uma modalidade esportiva, conhecerem mais sobre ela, já que o foco das aulas de Educação Física não é o aprofundamento nas questões técnicas e táticas. E observando que, quando existem outras possibilidades, elas estão relacionadas ao futebol de campo. Alguns alunos trazem a "cultura do futebol de campo" para dentro das escolas. Além das questões técnicas, habilidades, trazem um comportamento próximo ao de atletas de alto rendimento, "malandragem excessiva", "ganhar a qualquer custo", desrespeito ao adversário, à arbitragem, rivalidade etc.

Por meio dessa prática pedagógica, acredito que tenho conseguido discutir essas questões e estabelecer participações nas quais os estudantes consigam agir com maior consciência de si, do outro e da própria competição esportiva. Mas acredito que isso não é o bastante. Há limitações, tensões, dúvidas nesse processo e do próprio evento esportivo, que busca uma relação maior com o esporte-espetáculo do que algo mais ligado a práticas das escolas. Há também limitações das condições de trabalho. Ao mesmo tempo que os estudantes, após passarem por essas atividades, afirmam "foi a melhor época da minha vida", "aprendi muito com vocês", "tenho carinho muito grande e gratidão pelo trabalho de vocês", são depoimentos que marcam e nos fazem acreditar que, apesar das limitações, temos proporcionado experiências significativas, que colaboram na formação dos alunos, e que, ao mesmo tempo, fazem-nos refletir e questionar se estamos formando os alunos no intuito de buscarem a autonomia, a criatividade, de proporcionar-se uma reflexão crítica sobre os esportes e a sociedade, ou se estamos vivendo uma espécie de "esquizofrenia" ao buscar uma reflexão, uma contextualização do fenômeno esportivo nas aulas de Educação Física e nas atividades envolvendo os jogos escolares: estaríamos reforçando a dimensão do esporte-espetáculo, da meritocracia, da competição na formação dos estudantes? Tais dúvidas e incertezas podem ser positivas, no sentido de permitirem que essa prática seja pensante e reflexiva, que busca uma autoria, mesmo que existam limitações intrínsecas ao próprio esporte moderno. É preciso ter a consciência de que:

> Esse refletir deve permitir ao professor pensar na relação macro e micro como estruturas que o formam e o conformam, sem perder a clareza de que ele também exerce sobre tais estruturas uma força na perspectiva de formar e conformar o macro e o micro. Também é preciso ter claro que é necessário relativizar e muito a força que o professor exerce sobre tais estruturas. (CAPARROZ; BRACHT, 2007, p. 32).

Essas questões, embora sejam temas deste trabalho, não têm a pretensão de se encerrar no/com o fim desta obra. Mas apontar caminhos, reflexões para que nós, professores, busquemos uma autoria, conquistemos a nossa competência didático-pedagógica, mesmo, talvez, nas relações com os jogos escolares. Tendo consciência da força que nós temos para formar e conformar o macro e o micro. Nesse sentido, Ferrer Cerveró (1995, p. 177 *apud* CAPARROZ; BRACHT, 2007, p. 32) reflete:

> Os enigmas sobre como pensar, como viver, como atuar, como sentir não podem nunca chegar a resolver-se definitivamente, sempre se estão reconstruindo, desde um pensamento que não é substancial, senão que é relacional, relacional com o outro e com os outros, em que o saber sobre a experiência é relação, relato. Por isso não há uma experiência-relato que seja de todo minha, porque todo relato remete a outro relato, a outras experiências. Admitir o não conhecimento é deixar-se estranhar. Quem não se estranha (primeiro momento do pensamento filosófico), quem não se deixa envolver-se pela pergunta, cativar pelo mistério, não aprende. Quem não se volta estrangeiro de si mesmo não sabe de si: não se visita, não se explora, não se aventura: não viaja. E avançar desde esta quebra e reconhecer o estranhamento de si mesmo [...] supõe atrever-se a pensar crítica e *crisicamente* a educação como compromisso humano.

Nesse sentido, mesmo que parte das narrativas relacionadas aos motivos e aos objetivos da participação ou não nos JEMG tenha discordância do que pensamos, fazem-nos pensar em como atuar, viver, sentir e nos relacionar com os jogos escolares, em como construir uma relação pedagógica que tenha a educação como compromisso humano.

Após refletir sobre os motivos da participação dos professores nos JEMG, vamos identificar quais são as condições materiais e pedagógicas existentes nas práticas pedagógicas relacionadas aos JEMG.

Como dissemos no tópico de avaliação dos JEMG 2019, são ignoradas quais condições os professores possuem para organizar suas equipes e participar do evento. Isso não é avaliado pelos relatórios, pela pesquisa de nível de satisfação nas etapas, e não há nenhuma legislação ou nenhum documento que defina ou oriente como devem ser realizadas as atividades extraclasse de preparação para os jogos escolares. O foco dessa política pública está nas condições estruturais, organizacionais, da competição esportiva, cabendo a cada escola, a cada professor, organizar de sua forma essas atividades. Isso gera uma diversidade de envolvimentos, atividades e práticas pedagógicas.

Acreditamos que, para que os jogos escolares atinjam o objetivo de desenvolvimento do esporte educacional, mesmo tendo a compreensão desse termo de acordo com a Lei Pelé, de se constituir em uma ferramenta pedagógica, colaborar na construção da cidadania, promover a interação, sociabilidade e aprendizado, como está explicitado nos documentos dos JEMG, o evento deveria se preocupar com o "antes" e com o "depois" das competições esportivas. Uma simples participação nesse evento, como vimos, podendo ser por meio de apenas dois jogos, não vai permitir que todas essas questões sejam desenvolvidas e os objetivos sejam alcançados.

Para que esse acontecimento alcance os objetivos propostos, no sentido de se tornar uma ferramenta educacional, parece-nos que isso se torna possível se o professor tiver condições materiais de preparação ou de treinos, como popularmente falamos. Essas atividades deveriam se efetivar por meio de práticas pedagógicas que levassem em consideração questões além do resultado, do rendimento, do enfoque da técnica e da tática. Mas como constituir essa prática pedagógica, se não há condições materiais e pedagógicas para que isso se efetive? Sendo responsabilidade de cada escola e cada professor?

Dissemos que essas atividades, em nossa prática, acontecem em período extraclasse e que nosso objetivo é o de que todos os alunos que assim o desejarem participem delas e dos jogos escolares. Para que isso se efetive, é preciso um sacrifício enorme, uma doação. No ano de 2019, havia dias na semana que chegava à escola às 12h e só saía às 21h, tal era o grau de envolvimento com essas atividades. O trabalho voluntário aparentemente nos faz bem porque permitimos que jovens se envolvam com as atividades. Mas atrapalha nossa vida pessoal, além da dedicação e do planejamento das aulas de Educação Física, dos estudos visando à formação continuada etc. Dissemos que procuramos não relacionar os JEMG com as aulas de Educação Física, que em algumas aulas antes da competição utilizamos parte delas para a organização de documentos, inscrição etc. Mas, se levarmos em conta a participação nas quatro etapas desse evento, totalizando quatro semanas, portanto oito aulas de Educação Física por turma, isso representa 10% das aulas em que estamos dedicados aos jogos escolares e somos substituídos pelo professor eventual nas escolas. Tenho refletido sobre isso, nosso principal compromisso com os estudantes é lecionar as aulas de Educação Física.

Muitas vezes a centralidade da nossa prática pedagógica é transferida para a participação nos JEMG, principalmente nas semanas de competição. Isso faz com que nos dediquemos a uma parcela consideravelmente inferior de nossos alunos em detrimento da grande maioria. Tais questões torna-ram-se provenientes das reflexões permitidas pela formação continuada e a escrita deste trabalho. Dedicar-me, ser voluntário, ter essa doação é fator que incomoda. Não pretendo ser "o herói", "o salvador da pátria", mas gosto dessas atividades e desejo que existam condições materiais e pedagógicas para que essas práticas sejam realizadas com qualidade.

A professora Aline apresenta-nos significativas reflexões, com rela-ção às horas trabalhadas, além de sua carga horária de aulas. A professora afirma que deveria existir uma compensação, um pagamento de hora extra ao responsável.

> E isso assusta as pessoas quando a gente fala né? E falam: é porque você só trabalha por dinheiro. Não é o trabalho, esse é o meu trabalho, é minha profissão, é disso que eu vivo. Então eu acho que eu não tenho que fazer hora extra de graça né? E isso é muito mal visto, a gente querer as coisas certas, é muito mal visto. Eu penso que as condições de trabalho são precárias para jogos escolares né? Para a gente ter os jogos escolares do jeito que ele é hoje, o que a gente teria que ter: treinamentos na escola fora do horário de aula com professores remunerados, que fosse nós mesmos da Educação Física ou outros professores remunerados que fossem especificamente, que trabalhassem especificamente com esse objetivo competitivo, jogos escolares. Pegar os alunos da Educação Física que fazem Educação Física, montar a equipe, levar para os jogos escolares é uma covardia. É você treinar a escola particular, que é escola particular ela tem isso que eu tô te falando, ela tem horário extra turno de treinamento, ela chega forte, você vai para distraí-los. [...] Eu acho que essa questão dos jogos escolares tem que ser repensada, muito repensada! Inclusive a participação dos professores, se participam ou não, em que condições participar né? (Entrevista com a professora Aline, 2020).

A narrativa da professora Aline é bastante relevante, pois são ques-tões que não são refletidas, conversadas, por nós, professores de Educação Física participantes dos jogos escolares. A professora comenta que essa reivindicação é mal vista, pois a "cultura" que envolve a participação nesses eventos considera ser natural essa dedicação, essa doação. Isso se torna a regra; e o pensamento da professora Aline, a exceção.

Aline considera precárias as condições de trabalho, justamente porque não há previsão de atividades na escola fora do horário com professores remunerados. Faz uma comparação com as escolas privadas — Kiouranis (2017), em seu estudo, apresenta uma participação maior (até mais participação nos pódios) dessas instituições nos JEBs, sobretudo nos esportes coletivos. Para disputar com a possibilidade de não "distraí-los", em razão de outras condições de trabalho presentes nas escolas particulares, como pagamento aos professores, projetos de escolinhas esportivas, além das questões de possíveis interesses econômicos, de possibilidade de visibilidade com os resultados nas competições, os professores das escolas públicas necessitam dedicar-se ao trabalho de voluntariado para que a participação não se torne uma "covardia".

A professora Aline comenta que, nas ocasiões em que participou dessa competição, não obteve reconhecimento por sua participação: *"[...] reconhecimento a pessoa chega e fala assim, obrigado professor pela participação, você tá liberado sim, pode ir lá e ficar o tempo que você precisa com seus alunos".* Uma situação que aconteceu alguns anos atrás marcou a professora. Ela cita esse fato pelo menos três vezes ao fazer as reflexões sobre as condições de trabalho:

> *O que eu tive não foi isso, o que eu tive foi assim: nossa me ligaram eu tava no campo do Ribeiro Junqueira com os meninos no atletismo, você não vem dar aula não? Tá no seu horário de dar aula, a diretora da escola municipal me ligando. Uai aí tô aqui no campo com os meninos da escola, eu não tenho competição deles agora, dessa escola do município, mas tem da outra escola do município. Não, mas você tem que vir embora dar aula porque quem vai ficar com os meninos nos jogos é o professor Fulano entendeu? Então não é porque a gente não tem reconhecimento, além da gente não ter reconhecimento, a gente praticamente é assediado, isso pra mim é assédio, você virar e falar isso com o professor, professor que tá trabalhando, que está exercendo a sua função e o diretor te cobrar presença em dois lugares, então assim esse também é uns motivos que eu optei por não participar mais.* (Entrevista com a professora Aline, 2020).

Essa situação, afirma a professora, acontece com outros professores de outras escolas: não é uma situação isolada ou pontual. Como não existe nenhuma espécie de legislação que oriente as atividades, cada escola, ou cada rede de ensino, organiza a participação dos professores, que "negocia" a participação com os diretores, existindo a possibilidade de um "acordo" e/ou até de assédio. A situação na escola do professor Tales é diferente da experiência da professora Aline. Conforme o relato a seguir:

> *Nas duas escolas que eu trabalho são os professores de Educação Física que dão os treinos, por mais que tenha gente da comunidade que queira ajudar e tal mas os treinos sempre são realizados com professores de Educação Física presentes, de maneira voluntária, a gente não recebe nada por isso. As diretoras acabam talvez dando uma gratificação pra gente de em horas, de módulo, essas coisas assim, horas de aulas também, a gente já conseguiu aí algumas folgas em relação a treinos e participação do JEMG, mas isto não é nada oficial, é extraoficial, é um combinado da gente com os diretores.* (Entrevista com o professor Tales, 2020).

O professor Tales conseguiu estabelecer um diálogo com sua diretora; e, com isso, ele e os outros professores de sua escola conseguiram, de certa forma, compensar as horas a mais trabalhadas, sendo liberados de horários de planejamento e folgas em aulas de Educação Física, o que por um lado ameniza a questão das horas a mais trabalhadas, semanas de viagem em que o professor, além da competição, se torna responsável pelos alunos durante toda a semana de jogos. Por outro lado, as folgas acabam prejudicando ainda mais os estudantes no sentido de não terem Educação Física com o professor, além das semanas em que são realizados os JEMG. Outra questão é a das horas de planejamento, as quais o professor deveria utilizar para pensar, planejar suas aulas de Educação Física e até participar de reuniões pedagógica da escola, mas ele acaba se dedicando às atividades de preparação para os JEMG.

Dissemos que as condições de trabalho em escolas privadas são diferentes das públicas. Supõe-se que, para evitar futuras ações trabalhistas, as instituições privadas têm mais preocupação com essas questões. Porém, o relato do professor Wiliam, rememorando o período em que se envolvia com os jogos escolares, apresenta-nos outra realidade.

> *Era a partir de 5 horas, 5 e meia, 6 horas, 7 horas, trabalhava até final de semana. Os alunos encampavam essa ideia também né? Na escola, e eu não me lembro, eu acho que eu tinha contrato para três dias, eu acho que eu trabalhava 5, 6 às vezes 7, véspera competição, mas é porque a gente tinha um objetivo e eles sempre encampavam esse objetivo, mas depois que eu entrei, depois que eu entrei no município e no estado ficou muito difícil, no muni-*

cípio ainda conseguir conciliar ,mas quando eu entrei no Estado eu larguei, porque não tinha jeito, aí não tinha jeito mesmo. (Entrevista com o professor Wiliam, 2020).

Ele lamenta o fato de não conseguir conciliar mais suas aulas de Educação Física em três escolas (prefeitura, estado e escola particular) com as atividades de preparação para os JEMG. Comenta o fato de, quando participava dos JEMG, ter contrato de três dias na escola particular e na véspera das competições trabalhar sete dias por semana. Ao que tudo indica, por escolha própria, por ter um objetivo, pelo fato de os alunos abraçarem-no com o professor. Já o professor André, que trabalha exclusivamente em uma escola privada, afirma ter um horário de treinamento e ser remunerado por essas atividades. O professor Tales, que atua na rede municipal e estadual, considera se envolver com os JEMG por um prazer pessoal, por gostar de estar envolvido com o evento:

Primeiro é voluntário né? Eu faço porque eu gosto e tem vezes que eu até me arrependo um pouco, porque eu me dedico muito a isso sem estar ganhando nada. Acho mesmo por puro prazer pessoal, de gosto. Depois que eu vejo que o trabalho foi bem feito lá, houve uma conquista, eu fico feliz em relação aquilo, talvez eu me dedique até um tempo maior a isso sem estar recebendo nada. (Entrevista com o professor Tales, 2020).

O trabalho bem feito e que resulta em uma conquista acaba motivando o professor a continuar desenvolvendo tais atividades. Mesmo afirmando que, às vezes, se arrepende um pouco de se dedicar e não ser remunerado por realizá-las. Em relação à questão do voluntariado, a professora Marina faz a seguinte observação:

Com certeza! Com certeza a gente fica, a gente fica muito mais, treino extra a gente fica porque tem boa vontade né? Eu não reclamo não, de verdade, se você já me ouviu reclamar sobre isso. Eu acho que é o que a gente tem que fazer mesmo, é tipo assim, se criasse uma lei que a gente tinha que receber por esse horário extra, ótimo, bom, adoraria! Mas se eu quero participar, igual tô te falando, por causa deles, eu quero participar direito, então eu acho que eu tenho que fazer isso direito e se não tiver essa doação nossa fora do horário, de um jogo para o outro, às vezes você tem que estar em dois jogos ao mesmo tempo, você participa com mais de uma equipe, se não tiver essa doação, esse entendimento nosso a gente não consegue. (Entrevista com a professora Marina, 2020).

Retomando as reflexões da professora Aline, esta apresenta discordâncias consideráveis em relação às opiniões da professora Marina. Aline acredita que o trabalho deve ser remunerado, já Marina afirma que temos de desenvolver essas atividades independentemente de uma compensação financeira, por doação. Aline afirma que uma possibilidade para uma mudança das condições de trabalho seria estabelecer diálogos a fim de criar um consenso entre os professores sobre tais questões, o que, como percebemos, é uma tarefa difícil, pois os professores possuem opiniões e práticas diversas sobre o fato.

> *Não, não, eu acho que não se consegue o diálogo, quem promove isso, isso vem de cima para baixo né? Isso vem do estado e município, e o município que joga essa bomba na mão da gente. Então eu acho que quando não há o diálogo né, a única maneira que tem é forçar, que você seja ouvido né? Nós já tentamos o diálogo por diversas vezes, por diversas vezes, a gente nunca entra num consenso, talvez até por responsabilidade dos próprios professores, de nós mesmos né? [...] Foram lá trabalhar e ficaram rebolando entre jogos escolares e aulas, para mim não serve isso, entendeu? Então eles continuaram fazendo, continuaram participando, vai continuar desse jeito, as coisas não vão mudar, porque se a gente não tem diálogo e não consegue impor uma mudança, resta aceitar. Então eu acho que acontece isso, eles aceitam né, esses colegas aceitam as coisas, talvez para eles não tenha problema né? Para mim tem problema, pra eles não tem, isso é uma questão de opinião, de ponto de vista. Então as coisas não mudam por causa disso entendeu? Porque tem algumas pessoas que continuam fazendo do jeito que eles querem que seja feito, o que eu acho inviável você tá em dois lugares ao mesmo tempo, por exemplo.* (Entrevista com a professora Aline, 2020).

Acredito que nós, professores, temos uma parcela, sim, de responsabilidade em deixar que nossos gostos pessoais, identidade e relações com esses eventos esportivos se sobressaiam sobre as questões relacionadas às condições de trabalho. Concordo com a professora Aline quando diz que falta um diálogo maior entre nós, professores, e que esses assuntos passam despercebidos nas reuniões de organização desses eventos. A situação dificilmente mudará, principalmente no âmbito local, se nós não dialogarmos e refletirmos sobre tais questões. Porém, não podemos nos culpar, quando o Estado estabelece essa política pública, os Jogos Escolares de Minas Gerais, e não apresenta nenhuma condição de as atividades serem desenvolvidas ao longo do ano pelas escolas. A professora, após buscar diálogo, não se sente reconhecida, sofre assédio moral e não acredita mais em mudanças, por existirem opiniões diversas sobre o assunto e os professores não enxergarem os problemas relacionados a elas; as possibilidades de mudanças inexistem. Por isso, decidiu não participar mais dos JEMG.

Apesar de compreender e respeitar o posicionamento da professora, é preciso considerar que:

> Os cidadãos, aos se envolverem com estes programas e serviços, não fazem, necessariamente, movidos por uma "alienação ideológica" ou por uma submissão aos valores e dogmas que os permeiam. Muitas vezes, a adesão dos cidadãos a tais ações públicas se dá pelo simples fato de que estas, embora precárias, são as únicas formas concretas de que dispõem para prática esportiva. (LINHALES, 1997, p. 229).

Para buscarmos entender o que significam essas relações de trabalho voluntário nas escolas e quais os possíveis desdobramentos em relação às políticas públicas de acesso ao esporte, recorremos o trabalho de Forell e Stigger (2017), que analisam o trabalho voluntário por meio do Programa Escola Aberta, que tem como objetivo proporcionar atividades de esporte e lazer nas escolas nos fins de semana. O Escola Aberta é coordenado pela Secretaria de Educação Básica (SEB/MEC) e conta com a cooperação técnica da Organização das Nações Unidas para a Educação, a Ciência e a Cultura (Unesco). Sua operacionalização é feita por meio do Programa Dinheiro Direto na Escola para o Funcionamento das Escolas nos Finais de Semana (PDDE/Fefs), do Fundo Nacional de Desenvolvimento da Educação (FNDE). As secretarias estaduais e municipais são responsáveis por implementar e acompanhar o Escola Aberta nos territórios. O desenvolvimento do programa Escola Aberta pressupõe a cooperação e a parceria entre as esferas federal, estadual e municipal, e a articulação entre diversos projetos e ações no âmbito local, incluindo os da sociedade civil, da esfera privada e de organizações não governamentais (SAIBA..., [2018]). Para desenvolver tais atividades, são selecionados voluntários da comunidade escolar, que na época desta pesquisa recebiam até R$ 240 para trabalhar oito horas por semana. A baixa remuneração não é capaz de atrair acadêmicos do curso de Educação Física, ficando responsáveis por essas atividades pessoas da comunidade escolar. Apesar das condições precárias do programa, observamos que existe um projeto, uma compensação mínima, como forma de ajuda de custo, enquanto isso não acontece com as atividades dos JEMG.

Landin (2011 *apud* FORELL; STIGGER, 2017) afirma que o trabalho voluntário ora se constitui como "condição de trabalho", ora como "noção" entre seus participantes, em uma relação complexa. A autora afirma existirem três dimensões do trabalho voluntário: o caridoso, o militante e o novo voluntariado. O caridoso é a mais antiga dessas representações. Está vinculado ao religioso e ao secular, entre o público e o privado, com fronteiras pouco nítidas entre esses fatores. É caracterizado pela pessoalidade, pelos laços de solidariedade e reciprocidade. Compreende-se a sociedade por meio dos indivíduos, e há uma despreocupação com o todo. Já no voluntariado militante existe uma relação coletiva entre os voluntários e os beneficiários. Há busca de melhorias e transformações em escala coletiva. Existem ações diretas ou indiretas, como pressionar governos para que haja políticas públicas voltaras para determinadas necessidades da comunidade, por exemplo.

Assim como na análise do Programa Escola Aberta, acreditamos que as atividades desenvolvidas nos JEMG estejam mais relacionadas ao novo voluntariado.

> [...] o "novo voluntariado" definido por Landin (2001) como aquele relacionado às iniciativas oficiais, aspecto que contribui para sua visibilidade e legitimação. [...] Esquematicamente, essas aparecem quando se associa "voluntariado" a ideias como qualidade da ação, competência, eficiência, resultados, escolha individual autônoma, talento, assim como o civismo. Propõe-se uma "cultura moderna do voluntariado" com ingredientes e composta por um mix um tanto diversos dos anteriores (FORREL; STIGGER, 2017, p. 27).

Portanto, essa perspectiva de novo voluntariado pode estar relacionada às atividades dos JEMG que se associam às ideias de competência, eficiência, resultados, talento, fazendo parte de uma iniciativa oficial, dando visibilidade e legitimação a essas atividades. Outra característica é a lógica da dádiva. Forell e Stigger (2017, p. 27), referenciando os estudos de Silva, afirmam que:

> [...] nas trocas voluntárias, existe essa expectativa, uma vez que ao "ajudar" alguém o voluntário "espera algo para todos". No nosso caso particular, o que fica claro é que as esperanças com relação aos benefícios hipoteticamente causados pelo esporte seriam a troca permanente na relação de "dádiva". Isso se evidencia nas declarações que apontam para o retorno que o trabalho lhes dá e para as pessoas atingidas pelo programa.

Ainda com relação ao trabalho voluntário, os autores Forell e Stigger (2017) fazem considerações de quais são as repercussões dessas atividades nas políticas públicas de esporte e lazer. Fazem tais considerações com base no Programa Escola Aberta, mas podemos perceber similaridades com as características dos JEMG. Os autores estabelecem três relações entre o trabalho voluntário e o Programa Escola Aberta: a precarização das práticas de intervenção, a precarização enquanto controle social de políticas e o alargamento do Estado.

A precarização das práticas de intervenção caracteriza-se pela precarização das relações de trabalho. Professores voluntários, ex-alunos ou pessoas da comunidade que se envolvem com os JEMG não recebem nem ajuda de custo e, muitas vezes, não possuem nem materiais para as atividades. Os professores das escolas buscam dialogar com os gestores para terem "compensadas" as horas a mais trabalhadas, causando prejuízos para as aulas de Educação Física e demais atividades das escolas. Por existirem essas relações precárias de condições de trabalho, há um processo de "descontinuidade", pois, muitas vezes, as atividades se encerram logo que as equipes participantes são eliminadas das competições. Portanto, não se tornando uma política efetiva de acesso aos estudantes a atividades de esporte e lazer. Outra característica presente em muitas escolas é a ausência de um professor, seja da escola, seja de fora, e a presença de ex-alunos na condução das atividades. Mesmo com boa vontade, esses indivíduos, muitas vezes, não possuem qualificação necessária para conduzir tais práticas, o que dificulta ainda mais que as atividades se tornem práticas pedagógicas relacionadas às questões reflexivas, críticas e educacionais.

Mesmo existindo relações precárias das práticas de intervenção, Forell e Stigger (2017, p. 29) consideram que:

> Em que pesem essas fragilidades, o que pudemos perceber desse processo descritivo é que, com o uso de trabalho voluntário, mesmo precário, algumas populações passam a usufruir das escolas, que acabam implantando um tipo de políticas públicas que abrange o esporte e o lazer. Mesmo com esses limites, isso é um marco histórico importante para essas populações, as quais, anteriormente não tinham nem esse tipo de atendimento.

Poderíamos fazer as mesmas considerações em relação aos Jogos Escolares de Minas Gerais. A contradição é que, mesmo precarizado, o oferecimento dessas atividades amplia a oferta de políticas sociais e esportivas. Os autores consideram o fenômeno como "alargamento horizontal do Estado", "pois ele fica alargado sob o ponto de vista da sua horizontalidade, porém não tem profundidade e qualidade em seu atendimento" (FORREL; STIGGER, 2017, p. 29).

Uma das causas para esse alargamento sem qualidade é que existem desigualdades orçamentárias entre as políticas para o esporte e outras demandas sociais. O esporte precisa disputar recursos com outras pastas de maior reconhecimento, o que faz com que os gestores públicos busquem soluções em que seja possível realizar essas políticas e, ao mesmo tempo, produzir resultados políticos significativos (FORREL; STIGGER, 2017). Por isso, como vimos, há uma grande preocupação com os números dos JEMG e não há a mesma preocupação com a qualidade dessa política pública.

Em relação à precarização do controle social dessa política pública, poderíamos dizer que, assim como no Programa Escola Aberta, nos JEMG não há nenhum gerenciamento ou controle da sociedade civil e de seus participantes diretos e indiretos. Não há uma gestão democrática plena, uma democracia participativa. Outra similaridade entre os dois programas é que o Estado delega para uma entidade privada o gerenciamento de recursos públicos. O controle ou a fiscalização são realizados por agentes públicos ligados às duas secretarias de Estado, não há participação efetiva dos beneficiários na fiscalização, monitoramento e controle das ações. O que seria importante para o fortalecimento da cidadania, no sentido de permitir uma aproximação entre professores, estudantes, sociedade e Estado.

O princípio de gestão democrática está presente na Lei de Diretrizes e Bases da Educação (BRASIL, 1996) em seu artigo 14. A referida lei estabelece que a gestão das escolas deve ter participação dos profissionais da educação na elaboração do projeto político-pedagógico e que a comunidade escolar deve participar de conselhos escolares ou espaços equivalentes. Se a LDB busca uma gestão democrática nas escolas e os JEMG são jogos escolares, numa dimensão de cidadania (direito a ter direitos), deveriam existir gestão e acesso democráticos aos jogos.

Forell e Stigger (2017, p. 30) fazem uma reflexão final sobre o Programa Escola Aberta, a qual poderíamos relacionar aos JEMG, que busca, por meio dessa competição, fomentar a prática de esportes nas escolas:

> A configuração social desenhada nos mostra que o Programa Escola Aberta, que não é um programa esportivo, vem se transformando num importante instrumento de acesso ao esporte e

ao lazer. Diferentemente de outros direitos sociais que foram sucateados, o acesso ao esporte é algo relativamente recente e se constitui uma novidade para as populações estudadas. Por outro lado, não podemos perder de vista que é uma "novidade precarizada" e que o uso do trabalho voluntário é significativa para essa caracterização. O grande problema, a nosso ver, são os critérios usados para se adjetivar uma política. Pois se usarmos apenas critérios quantitativos de atendimentos, chegaremos à conclusão deque o acesso ao esporte no programa é algo positivo; por outro lado, pensamos que é importante que uma avaliação do Programa se preocupe com os processos, ou seja, como as coisas acontecem nesse espaço.

Com relação às condições de trabalho, gostaria de fazer um relato de uma experiência do ano de 2018. Nossa equipe de basquete feminino (Módulo II) havia disputado a etapa microrregional e se classificado para a etapa regional. Nesse intervalo entre as etapas, o Sindicato Único dos Trabalhadores em Educação de Minas Gerais (Sind-UTE/MG) resolveu em assembleia deflagrar uma greve por melhores condições de trabalho, pelo cumprimento do piso salarial e contra a falta do pagamento de salários. Por entender o movimento de greve como uma ferramenta coletiva de pressão nos governos, aderi ao movimento. Aproximando-se o período de realização da etapa regional, a greve continuava. Tive de retornar um pouco antes do término para participarmos da etapa regional com as estudantes. Foi algo que me marcou, e até hoje não sei se tomei a decisão correta. Havia um compromisso firmado com as estudantes, porém a greve dizia respeito justamente às condições de trabalho que não temos, tanto para exercer a docência quanto para participarmos dos JEMG. Estabeleci um diálogo com as alunas, e na primeira partida dessa etapa conversamos sobre as questões da greve, sobre a situação da educação pública. Levei cartazes e pedi para as estudantes escreverem o que pensavam sobre o movimento. Elas prontamente apoiaram e confeccionaram os cartazes. Foi a maneira que encontramos de participar do evento e ao mesmo tempo promover uma reflexão com as estudantes sobre as pautas da greve e a qualidade da educação pública.

Com relação à infraestrutura e aos materiais disponíveis para as atividades extraclasse dos jogos escolares, vemos diversidade nos relatos dos professores. Tales afirma que:

Em relação a infraestrutura e recurso as escolas que eu trabalho valorizam muito a participação dos alunos, as diretoras que estão hoje elas valorizam muito isso sabe? Elas fazem bastante coisa para valorizar a participação dos alunos, então assim elas não medem esforços de conseguir recursos ou materiais para a gente poder trabalhar, eu tenho material a vontade e os diretores fornecem, conseguem fornecer o material para a gente poder trabalhar tranquilo. (Entrevista com o professor Tales, 2020).

Enquanto suas diretoras não medem esforços para valorizar a participação dos estudantes, a professora Marina afirma que: *"E bola também, bola, já peguei muita bola emprestada para treinar os meninos. Essa questão de material é o fator pior que a gente tem"* (Entrevista com a professora Marina, 2020). De fato, a professora já havia afirmado que tinha ido atrás de uniformes, de tênis; e agora afirma que já precisou ir atrás de bolas. Nesse sentido, o professor Flávio, que desenvolve suas atividades relacionadas aos jogos escolares por meio de um projeto, em horário estipulado pela sua carga horária semanal, e que atua em uma escola estadual com uma estrutura diferenciada, por se tratar de uma instituição da polícia militar, também encontra problemas no aspecto dos materiais:

Em termos de recursos materiais para tratar pedagogicamente, para utiliza-los pedagogicamente é uma luta constante. Ano passado eu tive que comprar do meu bolso seis bolas para poder trabalhar, é algo que eu não defendo, mas eu sempre acabo fazendo pelo meu envolvimento emocional com essas práticas. Então eu tinha duas bolas que a escola me oferecia, que eu tinha que dividir entre o projeto de Futsal Feminino, entre o projeto de futsal masculino e entre a as aulas de Educação Física na escola. Era um material que acabava muito rápido a gente tinha bola por menos de um mês. Acabou que eu fiz essa compra, porque eu tinha muitas alunas e as atividades elas não rendiam por conta desses materiais, da ausência de bola por exemplo, poucas bolas para desenvolver as atividades. (Entrevista com o professor Flávio, 2020).

Podemos afirmar, por meio dos relatos dos professores entrevistados, que os JEMG vêm se tornando uma "novidade precarizada", pois permitem um "alargamento horizontal do Estado" para possibilitar que escolas participem das competições. Busca-se dar ênfase a esses números, gerando ganhos políticos aos gestores. Porém, as atividades de preparação (treinos) caracterizam-se por condições precárias de trabalho, resultando em condições precárias de práticas pedagógicas.

A fragilidade existente nessa política pública provoca uma diversidade de experiências. Sendo evidenciadas questões envolvendo assédio moral entre gestores escolares e professores e até situações em que essas atividades são valorizadas, gestores "não medem esforços" e valorizam a participação dos estudantes. Fica evidente que as condições de trabalho entre escolas públicas e particulares existem e acabam se evidenciando nos resultados das competições. Uma das possibilidades de reversão desse quadro, principalmente na esfera micro, está no diálogo entre professores, gestores e estudantes sobre essas questões, para que, com base nesse diálogo, possam surgir formas de pressão nos gestores responsáveis pela política pública dos JEMG e/ou a construção de alternativas viáveis de práticas pedagógicas em que não seja precarizado o trabalho e muito menos a prática esportiva nas escolas.

Durante as entrevistas com os professores, perguntamos se eles tinham experiências marcantes com os jogos escolares; algo que os tivesse tocado, que fosse significativo. Além disso, se haveria algum assunto sobre o qual eles queriam falar e não foi abordado durante as entrevistas. Vamos agora trazer algumas das narrativas e opiniões relativas aos Jogos Escolares de Minas Gerais. Nosso objetivo durante as entrevistas era que ela se tornasse uma conversa na qual os professores narrariam suas experiências. Sendo assim, as entrevistas, em alguns momentos, tomaram "outro rumo", pois muitos relatos ultrapassaram o roteiro, o que consideramos extremamente positivo, porque, de certa forma, isso evidencia a intenção de que aquele espaço se tornasse efetivamente um espaço de diálogo, liberdade e possibilidade de troca de experiências e opiniões.

Nessa perspectiva, começaremos a abordar as narrativas a partir de um tema, ou sensação, que esteve presente em vários momentos das entrevistas. Um saudosismo, seja nas recordações da infância e da adolescência, seu período de formação inicial ou início da atividade docente. Acompanhado do saudosismo, vieram comparações com o presente. Provocados, talvez, pelas dificuldades atuais, as condições precárias de trabalho, o tempo cada vez mais escasso e as mudanças na sociedade e dos estudantes.

O professor André, que atua exclusivamente em uma escola da rede privada, comenta que nos anos 2000, no início da sua experiência com os JEMG, era grande o interesse, até mesmo nas aulas de Educação Física. Os alunos queriam que os treinos acontecessem nas aulas, e o professor afirmava que elas eram para todos os alunos. Esse interesse fez com que a escola criasse espaços de treinamento extraclasse.

> Então a gente notou que o interesse era total, ainda mais quando começou a viajar, a sair um pouquinho de Leopoldina, nessa etapa aí, 2005 começou, o "must" da cidade era viajar para a

Estadual. Sabe foi o auge ali do JEMG, foi muito bacana, e aí foi onde começou também os municípios de Minas Gerais aderirem e entenderem o que era a competição. Você montava um timinho qualquer aí e você ia até na fase estadual. E aí cara você ia passando de fase, você ia começando a chegar nas finais, jogar com Belo Horizonte, Governador Valadares você pensava bem, Belo Horizonte tem 2 milhões de habitantes, Leopoldina tem 30 mil, é um bairro de Belo Horizonte. Você pegava Teófilo Otoni, você pegava as cidades maiores, Uberlândia e Uberaba. E pensava como a gente vai jogar com eles, o time deve ser muito bom e você via que o esporte "tava" bem nivelado. Se não tivesse um trabalho de escola conciliada com clube, como Belo Horizonte na época era o Magnum, era o bicho papão, pegava alunos de todas as escolas, inclusive a escola (da mesma rede de ensino) lá de Belo Horizonte parou de entrar em jogos porque o Magnum pegava os melhores jogadores. Mas aí da política da direção e da própria escola, querer formar equipes fortes. Então eu acho que isso aí cara que contribuiu demais para que tivesse um período muito forte de jogos entendeu? (Entrevista com o professor André, 2020).

O professor, ao que tudo indica, considera que esse início foi o auge dos jogos escolares pelo fato de os alunos terem grande interesse e alcançarem bons resultados, com idas frequentes à fase estadual dos JEMG. O fato de sua escola ter oferecido esse espaço de treinamento extraclasse colaborou para que tais resultados fossem alcançados. Parece-nos que no início as participações e conquistas das escolas privadas eram mais acentuadas, pela questão de financiamento para participar dessas competições, que inicialmente ficavam por conta das escolas, e por elas desenvolverem os espaços de treinamento. Posteriormente as instituições públicas também criaram esses locais, por meio do trabalho voluntário de professores e da comunidade escolar. Existiam ainda (continuam existindo) escolas que participavam da competição em um trabalho conciliado com os clubes, fato que ocasiona uma "distância" ainda maior entre as escolas públicas, privadas e escolas/clubes. O professor André, em outro momento da entrevista, realiza uma comparação entre esse período e o momento atual. Apontando diferenças entre eles quando começou a lecionar nos anos 1990, até mais ou menos o ano 2010 e os dias de hoje. O professor atribui a mudança a partir do fim dos anos 2000 ao maior uso do telefone celular pelos estudantes e apresenta outros motivos:

Então os meninos buscavam as suas aulas de Educação Física, os treinamentos depois das aulas, o que você oferecesse, qualquer hora você tinha gente suficiente para participar de tudo. A gente tinha na escola 1500 alunos, hoje tem 1/3 disso. Não tinham tantas escolas na cidade. Os clubes também ofereciam, então o moleque queria aprender na escola, jogar no clube, participava de tudo. Então cara, nesse início aí a parte de esporte foi muito bem aceita, muito bem engajada pelos meninos e as meninas também. Hoje em dia a gente tem essa complicação. Primeiro, não é todo mundo que anda sozinho na cidade, na cidade não existe mais tantos espaços, os clubes estão acabando, você vê exemplo da AABB acabou né? Muita gente que compra sítio não vai mais para clube, campinho de rua eu não vejo mais nenhum tendo atividade, eu vejo os campos com grama, campinho de rua hoje tem grama. A diferença de antes era essa facilidade, essa disponibilidade dos alunos em querer aprender, em querer jogar, e tá o tempo todo e muita gente fazia isso. Essa queda na participação, principalmente na competição, eu não sei se o menino não gosto de competir, não dá para resetar o resultado, não dá para voltar de fase. Então os meninos não tem muito mais o apreço, não tem muito mais aquela gana pela competição, entendeu? A competição ficou diferente, então a gente sofre um pouco na participação por conta disso hoje. Hoje em dia eu um grupo bem reduzido, tanto de alunos quantos atletas participando lá comigo. Isso é um pouco triste, um pouco frustrante. Os que vão lá, todos, a gente procura dar atenção, a gente procura ajudar, mesmo atletas de outras escolas que aparecem. Vamos tocando, vamos fazer que esse quadro mude e vire né? É isso que eu senti. (Entrevista com o professor André, 2020).

Além das mudanças na sociedade durante esse período e relatadas pelo professor, houve alterações no número de alunos matriculados em sua escola privada, o aumento no número de escolas na cidade e consequentemente a participação delas em competições escolares e, além disso, a diminuição das práticas esportivas nos clubes. Além da questão da segurança na cidade: antes os alunos podiam andar sozinho pelas ruas. Outra constatação do professor é que as crianças não brincam mais nos espaços de lazer na cidade (muitos até mesmo estão abandonados). Tal mudança comentada pelo professor, influenciada por todas essas questões e outras, resultou na menor disponibilidade dos alunos para as atividades competitivas. Antes, no que o professor oferecia, havia alunos suficientes para a participação. Agora, o professor suspeita que os alunos não gostam mais de competir e faz uma analogia com os jogos eletrônicos, popularizados com o uso do celular.

As características e mudanças na sociedade relacionadas pelo professor André podem ter como características uma individualização do lazer:

> Essa falta de espaços de lazer contribui para o enclausuramento das pessoas, que, por não terem opções de lazer nos logradouros públicos, acabam gastando seu tempo disponível em ambiente doméstico, [...]. Mas esse processo não é só resultado da falta de espaços para o lazer. A violência das cidades também contribui com isso. [...] Para lutar contra esta individualização do lazer, é necessário que cada vez mais o poder público crie políticas de lazer que possam dar mais ênfase aos espaços e equipamentos. Ao invés disso cresce o lazer doméstico, amparado nas possibilidades individuais eletrônicas, que contribui para que as pessoas busquem somente o lazer entretenimento, deixando de lado o lazer convivência social (MARCELLINO, 2007, p. 25).

O professor afirma que a competição também se alterou. Atualmente o número de alunos (talvez os que participam das atividades sem competir) e atletas (os que participam das competições escolares) está reduzido. Ele considera a situação triste e frustrante e torce para que essa situação mude, retornando para o que era antes.

Não queremos assumir um "ar professoral" e afirmar como o professor deveria pensar e agir. Porém, esse relato de experiência permite-nos refletir sobre o aspecto do diálogo em nossas práticas pedagógicas. Foi possível identificar mudanças nos interesses dos estudantes: como poderíamos permitir que esses espaços atendessem aos novos interesses, que não estão mais relacionados aos objetivos da educação/escola/aulas de Educação Física do que à prática do esporte com ênfase no rendimento? As escolas não se tornaram espaços importantes no sentido de apresentar e ressignificar tais práticas, já que os outros espaços estão cada dia mais reduzidos, mesmo para alunos das escolas privadas? O sentido de retomar as atividades como eram antes não seria um retrocesso, visto que tinham características na ênfase no rendimento esportivo, além de serem atividades, muitas vezes, excludentes? Não poderia ter sido este o motivo para o afastamento de parte dos alunos dessas práticas? São perguntas que fazemos não exclusivamente para o professor, mas para nós, professores, que estamos envolvidos com os JEMG. Quais são os interesses dos estudantes? Será que são os mesmos de quando nós éramos alunos? Essas discussões podem permitir reflexões e fazer com que pensemos e caminhemos para outras possibilidades de competições esportivas escolares, que atendam aos interesses dos estudantes e estejam relacionadas a mais oportunidades educacionais e formativas.

É interessante perceber que uma das possibilidades está justamente presente na conversa com o professor André, que nos narra um evento que reúne as diversas escolas da sua rede privada de ensino.

> Os jogos chamam Jogos da Alegria[15], os alunos adoram, essa última fase ele começou com um formato individual, cada escola apresentando o seu time e jogava, mas não tinha o campeão entendeu? Todo mundo ganhava o mesmo tipo de medalha, tudo mais. E isso foi evoluindo cara, até chegar no formato que você vai para lá e você não sabe em qual time que vai jogar. Você leva os seus alunos, aí você meio que direciona, aluno de categoria 1, 2 e 3 e junta, pega mesclando, tentando equilibrar as equipes. E aí rapaz você vai e o negócio acontece um jeito bem bacana. Você joga com um monte de gente, aí você vai ser técnico de outros alunos e mistura aquilo tudo, é festa, são quatro dias de festa, quarta, quinta, sexta e sábado, molecada adora! Molecada adora! Principalmente pelo caráter não competitivo. Aí é onde que eu acho que a rede acerta, porque nós temos os meninos que gostam de competição e aqueles meninos que só gostam de brincar, então isso aí cara funcionou maravilhosamente bem. Os meninos que não tinham tanta, não tinham tempo de treinar ou não tinha tanta aptidão para participar das equipes entrava nos Jogos da Alegria porque primeiro tinha competições alternativas, outras modalidades, tinha pingue pongue, tinha quiz, então a integração é bem bacana, bem legal, foi bem legal. Foi uma ideia bem sacada, evoluiu com o passar dos anos e nós tivemos o último aqui Leopoldina em 2018. (Entrevista com o professor André, 2020).

Ouvir e, posteriormente, ler o relato do professor André faz-nos querer estar lá participando, divertindo-nos, conhecendo estudantes de outras escolas, fazendo amizades e jogando com eles. A competição continuou existindo, pois é uma das características atuais do esporte, porém não fazia parte da centralidade do evento. Os jogos tornaram-se mais inclusivos, permitiram que participassem os que praticam esporte e os que gostam de brincar, ou não tenham aptidão considerada adequada para participar de competições escolares, como os JEMG. Permitiram que acontecessem outras atividades além das práticas esportivas. Ofereceram um prêmio (ou uma recordação?), no caso medalhas para todos os participantes. Misturaram os estudantes de diversas escolas para fazê-los jogar com os outros, e não contra os outros. Foi construído um evento que teve princípios e objetivos relacionados a inclusão, participação e diversão dos estudantes.

---

[15] Nome do evento alterado.

O professor Gustavo comenta alguns fatores que o têm desestimulado a continuar participando dos jogos escolares e que acabam indo na direção de práticas com menos enfoque no esporte de rendimento, como não levar o treino a sério, não ter disponibilidade para o "trabalho árduo" nas atividades e o nível técnico abaixo do esperado pelo professor, por exemplo. Ele observa que é um fato que acontece não só com ele, mas também com professores de outras escolas e cidades.

Essa questão do treino, de não ir ao treino, de não levar o treino a sério. Todo mundo quer jogar, mas ninguém quer treinar. É interessante, todo mundo quer o sucesso, mas ninguém quer trabalhar para chegar até o sucesso né? Trabalho árduo ninguém quer. Mais uma das coisas também que tem me desanimado bastante, que eu não vou mentir para você tá? É o nível técnico cara, sabe? Talvez até por viverem o que eu estou vivendo outros professores não tem condição de desenvolver. Aí você vai nuns jogos cara, você dá uma olhada ali e fala assim: tá, tudo bem, não são atletas, então eles não têm a obrigatoriedade de ter um nível técnico fenomenal, até no módulo I então muito menos. A questão não é essa Felipe. A questão é quando você vê que o moleque não consegue executar um gesto básico, de uma forma minimamente satisfatória, que ele não guarda uma regra básica na cabeça dele, porque não tem capacidade ou porque não quer. E que os meninos chegam na beirada da quadra e parece que eles tão ali pela farra e não pelo pela competição em si, pelo esporte em si, que é algo como já narrei a minha formação né, de atleta, e a minha formação acadêmica, é algo que me é muito caro e que eu acredito piamente nessa questão. [...] Mas eu acredito que quando você vai para quadra, você tem que apresentar o melhor, o melhor de você, o melhor do trabalho que lhe foi oferecido e quando você percebe que esse papo já tá ficando piegas, já tá ficando careta para molecada, isso tudo tem me desanimado bastante. (Entrevista com o professor Gustavo, 2020).

Esses estudantes, por não se envolverem com o esporte de rendimento, por meio de treinamento em clubes, por exemplo, enxergam as atividades de outra forma. A ideia de que, para se obter sucesso, é preciso esforço, sacrifício, trabalhar duro, muito presente em nossa sociedade e no esporte-espetáculo, é trazida para essas atividades, em que os alunos desejam apenas participar, se divertir com a experiência, e não se submeter a um treinamento exaustivo. O que observamos atualmente é que jovens, principalmente da classe média, são submetidos a um "treinamento" exaustivo ao longo da semana, a aulas no contraturno, curso de idiomas, reforço escolar e outras atividades. O esporte, sendo encarado também como um "treinamento", pode fazer com que eles tenham menos interesse por essas atividades ou esse interesse possa estar relacionado com momento de divertimento, e não de esforço e sacrifício.

Vieira (2007) afirma que a disponibilidade, o domínio e o controle corporal são requisitos primordiais para o esporte. Acreditamos que, quanto mais próximo do alto rendimento, maior deve ser essa disponibilidade e esse domínio corporal. Esse ideal estabelecido pelo professor para o ensino dos esportes em sua escola apresenta contradições, visto que o objetivo, relacionado por ele em outra oportunidade, é a formação humana e o que predomina é o rendimento, a performance "apresentar o melhor", independentemente das condições do adversário. É nisso que se baseia a sua prática, ao fazer considerações sobre o nível técnico das competições, mesmo entendendo as dificuldades e as precariedades dessas atividades relacionadas aos jogos escolares.

Ainda sobre a questão da aprendizagem nessas atividades, a professora Aline fez considerações no sentido de que os estudantes não adquirem os conhecimentos para a prática de competições esportivas escolares em suas aulas; e que, nós, professores, não devemos trabalhar em hora extra sem remuneração:

> As vezes que eu ganhei, eu ganhei porque os meninos, os alunos, já tinham essa prática, eles não aprenderam a jogar aquilo que eles mostraram lá comigo, porque na Educação Física a gente não alcança aquilo né, a gente não tem nem tempo para aquilo, não é o objetivo principal da Educação Física, por isso que eu acho os jogos escolares contraditórios. Então quando o menino ganha o jogo, que fica em primeiro lugar, ele ganhou que ele treina fora, porque ele já é habilidoso, porque ele deu sorte, por diversos motivos, menos porque ele aprendeu aquilo comigo, entendeu? E quando ele perde é porque ele não treina fora, ele não joga fora, então ele não aprende aquilo comigo, consequentemente ele vai perder entendeu? Então assim, o que eu vejo dos jogos escolares, que eu lamento profundamente, é que o trabalho do professor ele não é colocado em prática no jogos escolares, ele não é utilizado, porque não é para isso, os jogos escolares visa ganhar ,ele visa um campeão e a gente não trabalha para isso na escola né? Então assim não sei porque envolver a gente neste tipo de competição. (Entrevista com a professora Aline, 2020).

A professora Aline apresenta considerações interessantes. O Movimento Renovador da Educação Física, a partir dos anos 1980, proporcionou reflexões e apresentou críticas sobre a presença do esporte nas escolas e o predomínio da aptidão física e busca pelo rendimento esportivo nas aulas de Educação Física. Se não se criou unanimidade entre os professores, estabeleceu-se um pensamento de que as aulas de Educação Física nas escolas não deveriam ter como objetivo a formação de atletas e o rendimento esportivo. Até os que consideram a possibilidade de revelação do talento esportivo em competições escolares não procuram estabelecer relações com as aulas de Educação Física.

Como existem condições precárias para o desenvolvimento dessas atividades em atividades extraturno, a professora não vislumbra o desenvolvimento dessas práticas. Como, de fato, os objetivos das aulas são outros — devem ser inclusivas, proporcionar direito de aprendizagem a todos, sem levar em considerações as habilidades e a performance esportiva —, a professora não entende por que envolver professores de Educação Física nas competições esportivas escolares.

De fato, percebemos em nossa experiência que grande parte do conhecimento sobre a prática corporal dos esportes que os alunos adquirirem é trazida de espaços fora das escolas. E, quanto maior for o envolvimento com tais práticas, em clubes, escolinhas, até mesmo no lazer em espaços públicos, melhores serão os resultados esportivos e as possibilidades da vitória. Nossos melhores resultados com os JEMG são na modalidade basquetebol. Grande parte dos alunos teve a possibilidade de realizar a iniciação esportiva em um clube, posteriormente por meio de um projeto entre a escola e uma universidade e atualmente por intermédio de uma associação que possibilita a prática dessa modalidade esportiva.

Portanto, como os JEMG são uma competição esportiva em que o principal objetivo acaba sendo, para muitos, o resultado esportivo, a professora não vislumbra a possibilidade/as condições de oferecer uma prática pedagógica em que os alunos compreendam essas questões e vislumbrem aprendizagens além da vitória e da derrota, do resultado esportivo, pois ambas possuem centralidade em suas reflexões e em seu envolvimento com essas atividades. Concordo com a opinião da professora quando diz que o trabalho dos professores, nas aulas de Educação Física, não é colocado em prática, no sentido de que os objetivos e as práticas das competições estão distantes, muitas vezes, dos objetivos e das práticas das aulas, apesar de envolverem os mesmos estudantes.

Apesar de o resultado nas competições ter sido evidenciado na narrativa do professor Tales, percebemos elementos que ultrapassaram essa questão. Há um reconhecimento, por parte dos alunos que puderam competir, da oportunidade que tiveram. O professor narra experiências do período de início da carreira docente.

> Então eu entrei lá para dar aula no Estado, então no primeiro ano eu já cheguei e já jogaram assim: você vai ter que treinar um time aí que vai ter negócio dos jogos escolares, aí eu falei: então vou pegar e vamos treinar. A gente começou a treinar, eu comecei a trabalhar com eles e tal e acabou que a gente conseguiu ganhar lá dentro da cidade. E eles ficaram felizes e até hoje eles são muito gratos. Eles me veem na rua, eu dei aula para eles três meses só, os meninos não me esquecem, tipo assim, eu saí na escola em 2013, então vai para 7 anos agora e até pouco tempo os alunos me viam e falavam: ô professor que saudade, e tal, bons tempos eram aqueles e tal. Então assim, eu acho que o trabalho vai sendo feito desta forma, de maneira que os alunos eles... fica algo além da competição na vida deles. Eu acho que isto é uma parte importante do JEMG, a experiência que a gente consegue proporcionar aos nossos alunos é uma coisa bacana na vida deles. (Entrevista com o professor Tales, 2020).

Apesar de toda a precariedade e das contradições existentes nas atividades relacionadas com os jogos escolares, essa participação torna-se uma possibilidade de os alunos que participam, não obstante ser uma "novidade precarizada", terem um instrumento de acesso ao direito de esporte e lazer. Como os outros direitos estão cada vez mais sucateados, como o direito à moradia, à saúde, à educação, podemos perceber que, infelizmente, esses momentos podem ser considerados os melhores da vida deles, não pelo resultado esportivo em si, mas porque os estudantes que tiveram a possibilidade de participar se sentiram valorizados, foram enxergados, de certa forma, pela sociedade, tiveram seus direitos reconhecidos. Com base nessas reflexões, apresentamos outro relato do professor Tales:

> Eu tinha um aluno lá muito problemático e muito bom de bola, o melhor lá da escola, e ele no módulo I fez o teste e passou e precisava da carteira de identidade para jogar. E aí eu falei que ele precisava da identidade para jogar, é documento obrigatório, o regulamento exige e tal. E ele vou fazer e tal, minha mãe vai vir, minha mãe mora em Belo Horizonte, vou fazer. E nada né? Eu cheguei até a brigar com ele, discutir e falar: você é irresponsável aí passou um ano e aí no outro ano eu falei e aí, a identidade? Não vou fazer

e tal e aí eu achei um pouco estranho, começou a ele não negava, mas também... aí eu fui saber da história do menino, a mãe dele abandonou ele bebê, não reconhece nem ele como filho, apesar de estar no documento. Ela nem vai ver ele, mora com os avós, o pai não sabe quem é e aí ele não tinha condições de fazer a identidade, ele precisava do responsável legal para fazer a identidade. Aí juntei alguns amigos, e tivemos contato com a comarca, o juiz expediu uma autorização formal para o avô ser o responsável legal para ele fazer a identidade. E aí a gente conseguiu fazer a identidade dele através deste documento. Então ele conseguiu jogar, joga até hoje, então quando eu cheguei e entreguei a identidade para ele, era como ele tivesse ganhado na loteria sabe? O moleque encheu o olho d'água e ele é grato por mim até hoje, e eu não fiz nada demais, fui atrás porque eu achava que ele merecia participar disso também, ele já era tido lá como problema, já era excluído um pouco da escola, já que ele é bom na parte esportiva né? Porque tecnicamente ele é muito bom, eu acho que ele tinha que ter essa oportunidade e eu não me arrependo, eu corri atrás disso aí e acho que foi bacana, foi um ato legal que eu fiz, talvez eu poderia ter feito até mais. (Entrevista com o professor Tales, 2020).

As atividades relacionadas aos JEMG, mesmo sendo espaços precarizados, onde os professores possuem dificuldades para desenvolver sua prática pedagógica, são espaços em que existe a possibilidade de mais aproximação dos professores com os alunos. Em aulas, com turmas cheias e com tempo de 50 minutos, há dificuldades em estabelecer diálogos com os estudantes, conhecer suas histórias, o que pensam, o que sentem, como é a vida deles etc. Essas atividades em horário extraturno podem se tornar momentos que possibilitam essa aproximação. O fato de ser "o melhor da escola" pode ter feito com que o professor insistisse na participação do aluno. Isso é fato. Mas não podemos desconsiderar essa experiência na qual o aluno considerado problemático pela escola — sem uma estrutura familiar, o que não permitia sequer que ele tivesse um simples documento de identidade — teve o direito de ter um RG, a possibilidade de participar de um evento esportivo e um de seus direitos respeitados. Esse fato não "salvou" sua vida, visto que sua condição social se manteve inalterada, porém, ao ser incluído, permitiu que aquele espaço tivesse contribuído na sua formação, pôde efetivamente exercer sua cidadania, ser reconhecido pela sociedade como um sujeito de direitos.

As experiências desses professores são únicas, significativas, porém não podemos enxergá-las com um olhar "totalizante". Um estudante que conseguiu um documento de identidade e, assim, participou dos JEMG não significa que esse evento é capaz de transformar a vida de seus participantes. Como mencionamos, o aluno era considerado o "melhor da escola". E os alunos que não possuem habilidade? Como conseguirão ser incluídos nesse modelo de competição? Nossa intenção não é reforçar um discurso tão presente na nossa cultura esportiva. Linhales e Vago (2003) apontam que duas têm sido as justificativas para a implementação de políticas públicas de esporte no Brasil, sobretudo quando o espaço para sua implementação são as escolas. A primeira é a possibilidade de as escolas se tornarem "celeiro de atletas", onde, por meio dessas políticas públicas, aparecerão atletas de alto rendimento, que representarão o Brasil em competições internacionais, contribuindo para que o país se torne, enfim, uma potência olímpica. As escolas, nesse projeto, ficam submetidas aos interesses do sistema esportivo e, ao mesmo tempo, podem se beneficiar desse projeto ao receber infraestrutura, materiais, visibilidade e reconhecimento social. A segunda justificativa relaciona-se especificamente ao discurso que não temos a intenção de endossar:

> O segundo eixo é aquele que produz o esporte como "panacéia para os males sociais" do País, atribuindo-lhe um poder de solução para os mais variados problemas sociais. Colocar crianças, adolescentes e jovens para praticar esportes torna-se instrumento de combate à violência, ao consumo e tráfico de drogas, à gravidez na adolescência, ao fracasso escolar, dentre outros. A instrumentalização e o uso do esporte para finalidades externas a ele tornam-se aqui bastante evidentes. [...] defende-se e formula-se uma política pública com base em objetivos com ressonância social positiva, sem que se atente para os instrumentos que mobiliza. Assim, em ambos eixos, o apelo social dos objetivos pretendidos é muito forte: Brasil potência olímpica, crianças e adolescentes longe das drogas... Ora, por que não? Quem poderia ser contra? Acaba-se consolidando e colocando em circulação um conjunto de representações acerca do esporte que, de forma pouco refletida, passam a ser reproduzidas nas mais diferentes circunstâncias. (LINHALES; VAGO, 2003, p. 5).

Portanto, é preciso ter consciência do que representam esses discursos que justificam essa política pública no interior das escolas; e, consciente dos discursos que se efetivam em ações — em nosso caso, os JEMG, uma competição esportiva —, tensionar essas questões, buscar diálogo com gestores, professores e estudantes. Nesse sentido, coadunamos a posição de Linhales e Vago (2003, p. 6):

> [...] insistimos em que a formulação de uma política pública de esporte para ela (escola) deve ter como fundamento o diálogo permanente entre os envolvidos: os órgãos públicos [...] e as escolas e seus sujeitos. Não é certamente de tutela e de prescrições prontas que as escolas precisam. Sua necessidade primeira está em ter incentivados e respeitados os seus próprios projetos de ensino do esporte (e de outras práticas corporais) e de ver garantidas as condições mínimas para sua implementação. O fato de serem "direitos sociais" não exime escola e esporte de uma crítica atenta acerca de suas possibilidades e também de suas mazelas. Essa crítica deve ser radical e permanente. E neste sentido, defendemos uma política pública para o esporte escolar com a marca de uma escola democrática e inclusiva. Se ainda não é realidade, é uma utopia necessária.

É com essa crítica atenta, relacionada a possibilidades e mazelas, vislumbrando escolas com práticas democráticas e inclusivas (não apenas no trato com o esporte), que caminharemos para as considerações finais deste trabalho. Como dizem os autores, essas políticas públicas ainda não são realidade, mas é preciso vislumbrar possibilidades, utopias necessárias, inéditos viáveis.

EM BUSCA DE INÉDITOS VIÁVEIS

Este trabalho buscou, com recordações e narrativas minhas e dos professores entrevistados e por meio dessas experiências, parar, respirar e refletir sobre nossas práticas docentes. Teve como objetivo descrever e analisar as experiências dos professores com os Jogos Escolares de Minas Gerais e, além disso, analisar como se constitui essa competição, quais são suas características, sua organização, seus objetivos e suas finalidades; analisar e discutir os processos de formação existentes nesse evento.

Além disso, proporcionou-me mais entendimento sobre o esporte moderno e uma compreensão de como essa prática social se relaciona com as escolas. Foi possível conhecer um pouco mais sobre os JEBs e compreender suas relações e proximidades com os JEMG. Por meio das entrevistas com os professores, foi possível realizar reflexões sobre as aulas de Educação Física nas escolas, as suas relações com as atividades extraclasse relacionadas aos JEMG; entender, discutir e refletir sobre os motivos e objetivos da participação nesse evento. Ademais, pensar sobre as condições de trabalho existentes para a efetivação de tal política pública e entender como os jogos se efetivam em nossa prática e na prática dos professores entrevistados.

É certo que este livro possui limites, e acredito que o maior deles foi não ter sido possível ouvir os estudantes: suas narrativas, suas experiências, seus anseios e seus sonhos em relação às aulas de Educação Física e às competições esportivas escolares. Vislumbro possibilidades neste sentido, em realizar pesquisas nas quais seja possível estabelecer diálogos com estudantes, os que participam e não participam do evento; entendendo-os como sujeitos de culturas, que são formados por suas experiências.

Como consequência deste trabalho, foi possível perceber as relações que estávamos estabelecendo com nossas aulas de Educação Física: nestas, muitas vezes: os JEMG tomavam a centralidade de nossas práticas, por contribuírem com a legitimidade e o reconhecimento de nossa atuação docente, que, junto à legitimidade, são heterogêneos em diferentes experiências, como vimos nas entrevistas. Independentemente da participação em competições esportivas escolares, as aulas de Educação Física são o principal espaço de aprendizagem dos estudantes sobre elementos da cultura corporal, e a elas devemos dedicar nossa atenção; caminhar no sentido de conquistar competência didático-pedagógica. Vislumbram-se novas possibilidades de ensino e aprendizagem ao estabelecerem-se diálogos com os conhecimentos e as experiências dos estudantes.

Durante a descrição e análise das entrevistas, foram perceptíveis as diferentes visões sobre o esporte e as práticas pedagógicas dos professores entrevistados. Suas formações, da infância aos dias de hoje, influenciaram/ influenciam suas relações com os jogos escolares. Vimos que há diversidade nas práticas, nos pensamentos, objetivos, experiências, opiniões dessa participação ou não no evento. As diferenças também estão presentes na narrativa dos professores ao pensarem sobre as possíveis mudanças nos jogos escolares. Além das mudanças, os professores puderam dizer quais sonhos eles tinham em relação aos jogos escolares ou às competições esportivas que desejam e almejam. Farei uma síntese dessas oito reflexões.

Alguns professores, ao discorrerem sobre suas mudanças e seus sonhos em relação aos JEMG, refletiram que o que já existe atualmente, de certa forma, satisfaz suas maneiras de pensar e agir nas práticas relacionadas aos jogos escolares. Sugeriram apenas mudanças pontuais na organização do evento ou alguma proposta que acentuaria as características existentes, como: exclusão, seletividade e meritocracia. Outros apresentaram ideias no intuito de diminuir a precarização dessas atividades. Começarei pelas reflexões do professor Wiliam, que atualmente não se envolve com os JEMG:

> *Eu acho eu acho o sistema de disputa muito interessante, eu acho muito interessante. Não sei que mudaria hoje não, tem muito tempo também que eu não participo. Mas para mim fundamentalmente o que você tem que mudar é dentro da escola, não são os jogos né? Eu acho que é incentivo aos atletas, os alunos-atletas, os "alunos barra atletas", como o regulamento caracteriza né? Eles terem essa questão de atleta e não só de aluno. Você da escola pública tem que ter as mesmas condições de trabalho da escola particular que tá pagando e o aluno tá indo lá. [...] Você tem que pagar o cara por fora, ele tem que ir fora do horário, ele tem que treinar. Você sozinho, como é que você vai ser treinador de todas as categorias que você quer participar? Então vocês vincular talvez, isso já foi citado um monte de vez cara, você ter uma escola com ênfase em um esporte, outra escola com ênfase em outro esporte, que tinha lugar que fazia isso né? Tinha cidade que fazia isso. Tinha cidade*

> *que já tinha duas ou três escolas só e fazia isso mesmo, na minha época fazia, uma ficava por conta do futsal e os meninos do futsal ia pra lá, do vôlei meninos do vôlei iam para lá, quer dizer isto é o ideal? O ideal como te falei é ter um monte de pessoas jogando bem né? Mas desse jeito como? Como é que você vai fazer? Teria que ser uma educação integral, teria que ser uma educação integral, o menino ficaria de manhã e de tarde e ter os horários de treinamento, de cada categoria. [...] No JEMG não vence o melhor cara, não vence o que tem o melhor potencial técnico não, porque eu tinha, muitas vezes, eu tinha quando eu chegava lá, eu tinha, só que eu não tinha voleibol, eu preciso de altura. Como é que eu vou passar no bloqueio de dois moleques de Uberlândia "bitelos" cara? [...] Então não tem jeito, muitas vezes não é o técnico que ganha. Aí você disputa uma competição que te gera essa... Que no final vai vencer a escola que tem a melhor estrutura.* (Entrevista com o professor Wiliam, 2020).

O professor Wiliam acredita que o sistema de disputa é interessante e que o que deveria mudar não é a competição em si, mas o que acontece nas escolas, na intenção de valorizar a participação dos estudantes, que deveriam ser considerados atletas. Nesse sentido entende-se que deveriam haver melhores condições para o desenvolvimento de práticas, mais relacionadas ao alto rendimento, que existisse maior estrutura física, materiais e tempo para as atividades; que se pagassem os professores pelas horas de serviço, como nas escolas privadas.

Uma solução mencionada pelo professor seria criar escolas com ênfase em um determinado esporte; assim, os alunos matricular-se-iam onde existisse sua modalidade preferida ou na qual eles tivessem mais habilidade. O professor cita que isso já acontece com outras cidades menores, onde existem poucas escolas. Wiliam então comenta que o ideal seria que existissem várias instituições, estudantes, jogando bem, mas que, diante das condições de trabalho existentes, isso fica inviável. Termina suas reflexões afirmando que não são os aspectos técnicos que definem o campeão dos JEMG, e sim a estrutura que as escolas possuem.

Fica evidente que, para as escolas se transformarem em locais onde os alunos deveriam ser considerados atletas, seriam necessários grandes investimentos em materiais, estrutura física e até uma equipe multidisciplinar remunerada, visto que a preparação ou formação de atletas exige condições extremamente opostas às encontradas nas escolas. Não estou defendendo que deva existir essa estrutura, mas igualar as condições encontradas em instituições privadas, que realizam parcerias com clubes e escolas e seleção de alunos: seria algo extremamente inusitado, visto que hoje essas atividades se desenvolvem de maneira precária e o sistema de disputa da competição acaba reforçando e ampliando as diferenças.

As reflexões iniciais do professor Gustavo vão nesse mesmo sentido, de buscar criar escolas com ênfase em determinado esporte, sendo estabelecidas com base no resultado da competição na etapa municipal. Suas reflexões de mudanças nos JEMG são:

> Seria uns jogos onde a gente realiza esses jogos no segundo semestre. Sua escola foi campeã, beleza, você tem, três, quatro, cinco meses para se preparar para fase microrregional do ano seguinte. Se preparar em termos esportivos, em termos financeiros tá? Em termos burocráticos também, no caso de uma escola pública, nessa questão da diretora de liberar o aluno, para turma ficar sem aula, essa situação toda que você entende bem. Quando você chega e você tem oportunidade também por exemplo, opa esse ano, é aonde os colegas da gente não gostam, o ano que vem eu não vou ter três alunos, eles vão estourar, eles vão mudar de categoria. Eu ter a liberdade de ir na outra escola juntar o menino da outra escola e trazer para minha escola, eu estou montando uma Seleção Municipal. Para que essa seleção Municipal? Para eu poder dar mais oportunidades de sucesso para essa turma que tá ali representando a escola ok? Mas não é só representar a escola, ela tá representando também a cidade. Aí imagina só que bacana, se você vai graduando, graduando, graduando, todo mundo que chegar na fase Estadual vai receber um uniforme, que vai ser dele, Time Leopoldina, para dar a esse menino aquela sensação de grandeza, aquela coisa de que ele mereceu estar no topo da cidade e todo o esforço dele valeu a pena e ele vai receber um prêmio e o prêmio é esse uniforme personalizado, tudo da escola ainda, escudo da escola, mas a jaqueta por exemplo, uma calça, uma coisa tipo, Time Brasil para ele se sentir muito envaidecido, muito vaidoso e a cidade poder ter a chance de ter equipes altamente competitivas nas fases mais difíceis. [...] E a gente criar também uma estrutura para o professor também, ser premiado entendeu? Olha o Felipe conseguiu classificar o time, ele vai lá na Estadual, além de você também receber esse mimo, que seria o uniforme, você receberia algum tipo de benefício financeiro ou ainda que seja algo lá, desamarrar os entraves burocráticos para você poder fazer o seu trabalho entendeu? Esse seria o meu Jogos Escolares perfeitos né? (Entrevista com o professor Gustavo, 2020).

Concordo com o professor quando diz que a etapa municipal dos jogos escolares deveria ser realizada no segundo semestre. Atualmente é realizada no início do ano, para que se obtenha o representante do município para a fase microrregional dos JEMG. A definição da data dessa microrregional é tomada de maneira unilateral pelos organizadores, que estabelecem datas para a inscrição dos municípios, das escolas campeãs da etapa municipal e posteriormente a inscrição dos estudantes, tudo isso de maneira on-line, o que faz com que as escolas e os professores não tenham condições e tempo para se prepararem e se organizarem para essas atividades, que exigem toda uma burocracia (documentos, atestados médicos, por exemplo), além de organização das equipes, estabelecimento de atividades que envolvam uma boa participação, seja do ponto de vista técnico, seja da possibilidade de tratá-las pedagogicamente. O ano letivo começa, e temos de verificar de quais modalidades os alunos querem participar, depois estabelecer horários extraclasse para a preparação, realizar as inscrições, recolher documentos, organizar uniformes, tudo isso, muitas vezes, no período de um mês. É comum, em alguns momentos, para uma equipe que não vence a etapa municipal, a participação dos estudantes se resumir a essas atividades. A maneira de organizar essa competição pouco incentiva a prática esportiva nas escolas: trata-se de um "fomento precarizado".

Uma mudança objetivando maior tempo de preparação dos estudantes com essas atividades, até mesmo com mais envolvimento, daria a possibilidade de realizar um trabalho de melhor qualidade técnica e pedagógica. Porém, seguindo seu raciocínio, essa modificação teria também o objetivo de se constituírem seleções municipais das modalidades. Isso transformaria, talvez, as escolas em clubes e acentuaria as diferenças de participação entre elas. Seria possivelmente algo similar ao que acontece no futebol, em que clubes classificados para a Libertadores da América atraem atletas que buscam disputar a competição. Porém, não estamos nos referindo a clube, nem a atletas, mas sim a escolas e estudantes. A seleção municipal reforçaria os objetivos relacionados ao esporte de alto rendimento ao acentuar a exclusão e seletividade dessa competição.

A chegada à etapa estadual das hipotéticas seleções municipais assemelha-se à dos atletas a uma olimpíada, até mesmo na menção ao uniforme "Time Brasil". Os jogos escolares perfeitos para o professor seriam uma grande olimpíada, na qual os atletas das escolas/seleção municipal representariam o município/país. Os atletas e os professores seriam premiados pelo seu esforço e mérito com uniforme ou algum benefício financeiro. Essas condições são distantes de uma participação que esteja comprometida com os objetivos da instituição escolar e mais relacionadas à instituição esportiva no que, praticamente, seriam transformadas as escolas.

A professora Marina também almeja uma mudança no sentido de essa competição não acontecer no início do ano, conforme relato:

> *Primeiro ponto ele poderia ser mais no meio do ano, porque essa questão de começar... ainda mais para quem tá entrando na escola e conhecer os alunos, jogadores, a gente tem que ter um contato, uma coisa assim pra tudo fluir. Eu acho que ser mais para o meio do ano já dava um tempo maior para a gente. Ah! é pedir muito, entrar em outro patamar, é pedir muito ter assim material para gente, que todo mundo tivesse uniforme direitinho, sonhar mesmo né? Coloquei meu time lá com a idade, eu fiz a inscrição, aí chegava exatamente para eles assim: todo o uniforme, sabe aquele vestiário, tudo prontinho, tudo novinho, cheio de uniforme, tênis tudo novinho. Todo mundo com a meia igualzinha, tudo bonitinho, com nome atrás, eles assim, sentirem que eles estão sendo esperados para esse momento, poderia ser um sonho bom.* (Entrevista com a professora Marina, 2020).

O sonho bom, que a professora considera "pedir muito" estar em "outro patamar", não deveriam ser as condições mínimas para que se efetivasse essa participação? Talvez não da forma como a professora sonha, como se o vestiário de uma competição de JEMG fosse igual ao de uma equipe profissional de futebol, porém seu sonho seria que essa participação se tornasse menos precarizada e que os alunos tivessem o mínimo para a participação, como uniforme e tênis. A professora comentou durante a entrevista que, muitas vezes, tem de buscar uniformes emprestados, comprar tênis para os estudantes, pedir bolas emprestadas, ou seja, a precariedade é tão grande que ela considera como sonho o que deveria ser direito.

Já o professor Tales faz sua reflexão no sentido de que sejam valorizados os professores que optem em participar dos jogos escolares. Afirma que se sente reconhecido pelos alunos, mas afirma que os professores deveriam ser mais valorizados:

> *O JEMG tem que ser valorizado aqueles que oportunizam tudo isso, eu me sinto valorizado, eu me sinto feliz no JEMG porque eu tenho reconhecimento dos meus alunos, mas tem muito professores que não tão nem aí para os jogos escolares, tem relato de colega que diz: eu vou ter mais trabalho. Realmente, talvez não tem o gosto pessoal que eu tenho, não tem como criticar quem não vai participar. Então eu acho que tinha que ser mais valorizado, o professor de educação física que leva os alunos, que fazem toda essa parte de papel social pelos alunos. Eu acho que fora ainda a valorização, porque a gente não consegue demonstrar talvez*

a importância que estes jogos tem para os alunos. Talvez se a sociedade conseguisse ver que a prática competitiva esportiva pode gerar um benefício muito grande em relação a várias coisas, nós talvez seríamos mais valorizados e teria mais oportunidade de outros colegas estarem trabalhando também. Em relação a organização técnica eu não tenho muito o que criticar porque eu acho que é dessa forma mesmo, não vai ter muita mudança, eu acho que não tem, talvez, não sei, acho que toda prática esportiva acaba sendo excludente né? A gente fala de inclusão, mas a gente acaba, a competição esportiva acaba sendo um pouco excludente, eu acho que é isso. (Entrevista com o professor Tales, 2020).

Afirma que um dos motivos de não conseguir essa valorização seria devido ao fato de os professores não demonstrarem a importância que a competição tem para os alunos. Assegura que, se a sociedade enxergasse esses benefícios, existiria mais valorização, permitindo que mais professores se envolvessem com essas competições. Os professores, além de terem de se dedicar a um trabalho voluntário, terem condições precárias de trabalho, ainda deveriam convencer a sociedade dos benefícios dessas atividades. A valorização deveria vir do poder público, que organiza essa política pública, no sentido de oferecer condições mínimas para que se efetivassem essas práticas, e não apenas organizar as competições esportivas. O professor considera que os jogos devem acontecer sem alterações de ordem técnica, mesmo reconhecendo que essa prática, dessa forma, acaba sendo excludente.

Fiz um questionamento ao mencionar que muitas vezes os estudantes acabam participando de um ou dois jogos nos JEMG e perguntei o que ele pensava sobre o assunto e como isso poderia ser alterado. O professor Tales fez a seguinte consideração:

Eu acho que a gente devia ter mais incentivo e mais práticas esportivas, mais competições, não só o JEMG ou que fosse o JEMG duas vezes, sei lá. Mas eu acho que tem que oportunizar mais estas competições, são de grande enriquecimento na vida do aluno, é uma vez por ano a criança vai joga lá na quadra municipal perdeu, já era, acabou. É só ano que vem, talvez né? Se ela tiver idade. Que tivesse mais durante o ano, sei-lá, fazer entre escolas regionais, sei-lá, vai fazendo, é uma ideia, isto gera custo, gera gasto, eu acho que complicado de ser feito. (Entrevista com o professor Tales, 2020).

É interessante constatar que o professor considera que esse formato de competição acaba fazendo com que um estudante que foi incluído na equipe da sua escola seja incluído para jogar duas partidas no ano, caso sua equipe não vença. Para solucionar esse problema, ele afirma que deveriam existir mais competições durante o ano, mas com o mesmo formato dos JEMG. Não é vislumbrada pelo professor, mesmo considerando a competição como excludente e muitas vezes limitada até para os que participam, outra possibilidade de competição esportiva que, de fato, possa permitir uma efetiva participação.

Já o professor André cogita mudanças na forma de disputa dos jogos. Apresenta uma ideia de repescagem, para que as equipes que não consigam se classificar para as outras etapas continuem envolvidas na competição. Mas considera isso utópico, por questões de logística e de dinheiro. O modelo meritocrático não é questionado, os campeões continuam disputando; para os que perderam, questões de logística e de dinheiro impediriam que esses estudantes participassem. Posteriormente, o professor apresenta uma ideia de repescagem dentro da própria competição. Dando exemplo de dois grupos de quatro participantes: na forma atual, classificam-se os dois primeiros de cada grupo, os outros dois não jogam mais. O professor sugere que os quatro participantes, por já estarem no local de competição, continuassem jogando mais uma ou duas partidas para se determinarem as colocações finais. Ele faz considerações a respeito da etapa municipal, em mudanças mais no âmbito de Leopoldina.

> *Mas a gente podia ter uma competição que durasse o ano inteiro. A gente já falou isso várias vezes nesse molde aí, a gente esbarra muito em logística e arbitragem, mas também seria bom para que nossos árbitros tivessem, criassem mais conhecimento com os alunos, mais interação e tivesse mais trabalho também para fazer. É difícil cara porque a gente fica restrito aos finais de semana, ou a sexta-feira, alguma coisa assim, mas eu acho que a gente tinha que reunir, se a gente quiser que o esporte não morra mesmo na cidade, acho que a gente tem que nos mobilizarmos e fazer pelo menos a primeira vez para ver se dá certo. Fazer uma competição anual, de modalidades por período. Vamos fazer agora a semana do badminton, vamos fazer agora as duas semanas do vôlei, as duas semanas do futsal, para que esses meninos parem de achar que a Municipal é o jogo da vida deles, não é cara, eles tem mais um monte de coisa pela frente. [...] Esporte também é aberto, é isso, para quem gosta Felipe, quem quer viver disso aí ou quem tem aptidão para viver. Eu acho que o nosso papel hoje em dia, que eu queria falar, nós temos, nós professores de Educação Física nós temos que tentar nos mobilizar, cobrar um pouquinho da Secretaria de Esportes de Leopoldina, tentar conciliar, esbarramos*

sempre no problema financeiro, vamos esbarrar sempre, mas eu acho que algumas soluções, principalmente módulo I, dá para a gente fazer, porque a gente mesmo controla o módulo I. Mas tem que ter essa continuidade e essa integração o ano inteiro sabe? Já começa com os esportes de menos contato e vamos até o moleque acostumar, para o esporte de mais dificuldade depois, mas acho que nós temos que acampar, pegar essa bola e colocar no colo da gente. (Entrevista com o professor André, 2020).

No modelo atual, a "Municipal" acaba sendo o jogo da vida dos estudantes, pois, se eles a perdem, só jogarão no outro ano. Como só é permitida a participação em uma modalidade esportiva, esse aluno só poderá participar novamente nas modalidades individuais; isso na seletiva municipal (se existir) ou já na etapa estadual dos JEMG. A forma como o professor enxerga para mudar essa situação é fazer competição anual das diversas modalidades; a cada época ou a cada semana, uma diferente. Para isso, existem entraves burocráticos, como o calendário escolar, a logística e os gastos com a competição. Esse modelo, de certa forma, ampliaria as possibilidades de participação de escolas e estudantes, permitiria mais organização e qualidade no trabalho pedagógico, porém as precariedades presentes nas escolas públicas continuariam, talvez até se acentuariam: possível trabalho não remunerado nos fins de semana, mais horas de atividades extraclasse não remuneradas, condições materiais e pedagógicas ruins para a participação em determinadas modalidades, ausência do professor em número maior de aulas de Educação Física escolar são alguns exemplos de possíveis problemas.

Porém, o professor comenta a necessidade de diálogo, para construir uma proposta e efetivar essas ideias. Pressionar os gestores públicos para que se efetive uma política pública de mais qualidade: mas seria para permitir mais participação ou para a formação de atletas? O professor relaciona essas possibilidades elevadas ao surgimento de atletas. Acredito serem antagônicas as duas questões: ou se pensa em uma competição anual que possibilite maior número de participantes ou realizam-se essas atividades apenas para os mais aptos. Acredito que o diálogo tenha de existir no sentido amplo, pensar modelos de competições diferentes, mas que também se discutam os objetivos desses eventos e se efetivem condições mínimas para que eles aconteçam.

O diálogo com o professor Oscar permitiu reflexões próximas às do professor André, pois Oscar também sonha com jogos durante todo o ano, mas pensa em maneiras de torná-los mais inclusivos. Na sua visão, isso começaria com competições de atletismo:

*Os jogos escolares que eu penso. Primeira modalidade a ser trabalhada seria o atletismo, acho que a primeira modalidade, sem ser de competição, seria o atletismo. Coloca todo mundo igual. Acho que é a modalidade mais social possível que acontece, que nós temos né? A gente teria que colocar tudo em prol dos nossos alunos né? O atletismo seria mais fácil. Eu acho que todos os alunos deveriam experimentar todas as modalidades possíveis. Depois a gente teria que ver as modalidades, o quadrado mágico, futebol deveria entrar, deveria entrar todas as modalidades. E ter a execução dos jogos, acontecer os jogos. Agora a melhor forma eu não sei, a melhor forma teria que ser discutida, discutida mesmo entre os professores. Vai fazer tênis de mesa pode fazer em todas as escolas, inclusive tem modalidade que a gente pode fazer durante o ano, sem precisar de estar inserido nos jogos escolares. Nós temos o badminton que é fácil, pode ir pra várias escolas. **Na verdade, nós no município estamos muito presos a JEMG, ao formato de JEMG, aí que dificulta um pouquinho. Formato de JEMG é uma coisa mais profissional, voltada mais para o rendimento.** Mas será que nós estamos em época de só ver o rendimento. Será que os nossos alunos só rendem né? Eu acho que o grande problema é esse. Talvez com essas modalidades menores, fazendo deslocar, indo para as outras escolas, a gente conseguiria até resultados melhores no comportamento dos alunos, quando chegasse no futsal, quando chegasse no handebol né? Eu acho que isso seria ideal. Mas o primeiro carro chefe seria o atletismo, porque coloca todo mundo de igual para igual. Entrevistador (49:00): Aí pelo que eu entendi a ideia seria fazer uma espécie de festival, sem ficar preso ao JEMG, regulamento, forma de disputa... Entrevistado: Isso, festival de esporte. Aí limita muito, limita o nosso trabalho, limita os meninos. Você acaba excluindo muita gente das atividades. Se você fizer festival, mesmo chegando lá na frente, chegando a ser campeão, vai ser campeão. Vai ter um leque maior, vai abranger um número de alunos maior, a aceitação de repente dos jogos seria melhor. A gente fica muito limitado a JEMG, JEMG, JEMG.* (Entrevista com o professor Oscar, 2020).

As considerações do professor Oscar caminham para as competições poderem incluir mais participantes, acontecerem de maneira menos excludentes. O atletismo seria uma maneira de fazer isso, pois "coloca todo mundo igual": de fato, é uma modalidade que, em determinadas provas, consegue se desenvolver com pouco ou nenhum material (é possível praticar até descalço). O professor considera importante o diálogo para se estabelecer a melhor forma de realização, porém sugere que essas competições se aproximem das escolas, sendo realizadas nesses locais durante o ano. Concordo com ele quando afirma que estamos presos ao formato dos JEMG, que realmente, como vimos, é uma competição voltada mais para o rendimento. O festival de esportes daria mais possibilidades de participação, mesmo que "lá na frente" se estabeleça um campeão. O resultado seria uma das consequências; o objetivo maior, a participação e as vivências dos estudantes.

A professora Aline também vislumbra a existência de um festival como modelo diverso ao atual, de jogos escolares. Sobre os JEMG, ela considera que:

> *Dentro do regulamento da competição tem várias coisas que são excludentes, tem várias coisas que são excludentes no próprio regulamento, entendeu? Então assim, tudo tem que ser revisto, não é só o objetivo final, é jogar fora o regulamento dos Jogos Escolares e montar uma outra coisa, uma outra coisa, com outro nome, com outro objetivo, outras regras, com outro regulamento, entendeu? No meu entendimento não cabe mais, no que a gente vive hoje, os jogos escolares, da forma que ele é apresentado hoje.* (Entrevista com a professora Aline, 2020).

Para a professora Aline, teria de ser jogada fora a proposta dos JEMG e ser pensada outra forma de competição, com outros objetivos, regras, regulamento. Para ela, não cabe mais o formato atual dos jogos escolares. Aline então apresenta quais seriam os jogos do seu sonho:

> *Um festival de esporte, por exemplo! Talvez não com esse nome esquisito, mas assim, primeiro tinha que abolir esse negócio de medalha, de primeiro lugar né? Ou tratar de uma outra maneira ou fazer uma releitura desses primeiros lugares, porque eu acho que isso aí reforça, quando você fala em primeiro né? Reforça a seleção, reforça a seletividade, você vai ser seletivo, não tem como, então eu acho que a primeira coisa é para não ter essa classificação né? Talvez o nome mesmo como festival esportivo, alguma coisa nesse sentido, onde as escolas possam competir né, mas um competir saudável né? O competir não no sentido de disputa mesmo, de classificação. Onde as escolas possam competir, mas sem visar resultado né? Ou talvez um resultado diferente, uma premiação entre aspas, de uma outra forma, assim, uma coisa que não está destaque muito o melhor né? Talvez assim, a escola que tiver mais participantes, seja premiada né? Alguma coisa nesse sentido, eu acho que a competição ela é sadia, tem que ser feito, tem que fazer parte da Educação Física, mas não dessa forma seletiva.* (Entrevista com a professora Aline, 2020).

Ao pensar nesse novo tipo de competição, ela direciona o seu olhar para o resultado, assim como fez ao avaliar os motivos da não participação nos JEMG. Afirma que estabelecer o campeão reforça a seletividade. Considera que um festival poderia permitir uma competição mais saudável, que não tenha como foco obter o resultado esportivo. A professora não apresenta outras características desse festival, a não ser a questão do resultado e da premiação.

A questão da competição é bastante controversa e pouco refletida por nós, professores. Muitas vezes a naturalizamos, dizemos que ela está presente na essência do ser humano, outras vezes a demonizamos, como se a competição esportiva fosse essencialmente negativa, visto que ela reproduz valores presentes em nossa sociedade. Ao pensar sobre essa questão, Castellani Filho (1999, p. 38) afirma que:

> [...] por presenciarmos, em nossa sociedade, via de regra, o prevalecer de um sentido de competição, comprometido com os valores hegemônicos na sociedade, que faz por exacerbá-la naquilo que possui de desumanizadora (ao menos para um projeto de sociedade que não este que aí está), nega-se a possibilidade de se olhar a competição como elemento passível de ser construído em outros patamares que não o existente, retirando-se, a priori, a possibilidade de tratá-la pedagogicamente. Tratamento pedagógico esse que venha nela particularizar o princípio do **competir com**, no lugar do **competir contra**/que contemple as diferenças sem camuflá-las, respeitando e valorizando-as igualmente. Dessa maneira, a competição esportiva presente no espaço escolar tende a distinguir-se daquela realizada em outros campos pois, diferentemente daquela, deve estar comprometida com os objetivos da instituição escolar e não com os da instituição esportiva, tornando-se legitimamente possível falarmos do esporte **da** escola - e não **na** escola - da competição esportiva da escola e não do sistema esportivo que, imiscuindo-se nas coisas da escola, a faz perseguir interesses outros que não os dela.

A grande inquietação é se seria possível um tratamento pedagógico que privilegiasse "o competir com, no lugar do competir contra/que contemple as diferenças sem camuflá-las, respeitando e valorizando-as igualmente" em práticas pedagógicas relacionadas aos JEMG. A professora Aline acredita que não. Eu entendo que, apesar de a competição estar mais relacionada aos interesses da instituição esportiva, do esporte de rendimento e essas atividades serem precárias nas escolas, ainda há possibilidades de um tratamento pedagógico a fim de buscar outro sentido no competir e no resultado. Muito embora uma competição esportiva *da* escola possa estar mais relacionada aos interesses da instituição escolar, e os interesses das instituições, em determinadas situações, sejam justamente naturalizar e reforçar a competição na sociedade, nesses casos, as competições esportivas escolares com enfoque no rendimento atenderiam à instituição esportiva e também à escolar.

Resta saber quais sentidos as instituições escolares dão à competição, à exclusão e à meritocracia. Para que o esporte se torne *da* escola, a própria, além das relações com o esporte, deveria se alterar. Não podemos pensar em um esporte *da* escola em uma instituição que seja excludente, naturalize a competição e a meritocracia, em suas outras práticas, em seus espaços, tempos e disciplinas escolares. A participação nos JEMG pode ser fruto dessas características ou até mesmo uma forma de acentuar e naturalizar essas questões.

As inquietações, tensões, contradições presentes em nós, professores de Educação Física, quando refletimos sobre as competições esportivas escolares, estão presentes na narrativa do professor Gustavo, que comentou a possibilidade de montar uma seleção municipal, para que o "Time Leopoldina" representasse e tivesse mais condições de obter melhores resultados; e ao mesmo tempo faz a seguinte reflexão:

> *A gente chama de festivais, aí não poderia ser chamado de jogos cara, não pode ser competição. E então seria talvez os festivais esportivos, aonde você faz, são intercâmbios esportivos e menino recebe pela participação e não pela colocação, seria interessante também né? Agora eu entendo a estrutura dos jogos escolares a nível de Minas e Brasil como uma, vamos dizer, um placebo do que seria estrutura europeia e norte-americana né? De formação esportiva que começa na escola e da sequência do esporte de rendimento e esse tipo de coisa? Mas ao meu ver é equivocada tá? Ao meu ver é equivocado porque tem essas questões todas que a gente discutiu [O professor se refere a discussões sobre a exclusão/formação da cidadania, relacionadas em outro trecho da entrevista] aqui agora pouco né? Mas eu acredito que a existência de festivais poderia ser feita sim o Felipe. Por exemplo, vamos na nossa cidade aqui, a gente pega todas as escolas da cidade, fazemos um sorteio aleatório, todo mundo vai jogar duas vezes, não tem classificação, não tem classificação para semifinal, não tem final, não tem troféu, tem medalha. Jogou duas vezes então toma tua medalha né? Seriam*

festivais esportivos, colocaria as crianças participando de eventos esportivos sem necessariamente ter aquela pressão, de aquela estrutura de competição e por conta disso a gente poderia ter a participação de alunos de aulas de Educação Física ao invés de termos os atletas da escola, só os que treinam. Não sei se é uma viagem na maionese, mas é algo que na natação é feito de vez em quando. (Entrevista com o professor Gustavo, 2020).

Essas duas falas do mesmo professor podem ser entendidas de maneiras contraditórias. Em um momento, ele pensa na possibilidade de criação de seleções municipais; em outro, relacionando a estrutura esportiva de outro país, afirma ser um pensamento equivocado. É interessante perceber que sua reflexão, em sonhar ou pensar na possibilidade desse festival, surgiu durante o diálogo da entrevista. O próprio professor tem esse entendimento, ao afirmar que:

Porque eu queria chegar nesse ponto onde a gente chegou, essa é uma visão particular minha né? Não quer dizer que deva ser esse modelo, esse é o melhor modelo, eu sinto muita falta Felipe é desse tipo de conversa aqui. Quando a gente vai para as reuniões de jogos escolares você percebe que não há espaço para isso porque é sempre em cima da hora, sempre já tirar quem vai participar do que, já montar tabela. Já correr atrás de documento de menino, para apresentar. Sabe aquela coisa que a gente nunca tem tempo? Além do pragmatismo que infelizmente você já percebeu que toma conta dos nossos colegas né? (Entrevista com o professor Gustavo, 2020).

Foi possível fazer uma reflexão de terceira ordem, distanciarmo-nos e refletirmos de maneira mais aprofundada sobre as competições esportivas e a nossa própria prática pedagógica: momentos de ponderação sobre a ação que propiciem práticas reflexivas que proporcionem um ensino aos estudantes, não apenas o "saber fazer", mas também o "saber sobre o fazer" e "saber por que fazer" ou construir um "saber com esse fazer" (GONZALEZ; FENSTENSEIFER, 2010).

Pelas diversas formações e experiências por que passam/passaram os professores, é compreensível que existam conflitos, opiniões divergentes, pragmatismos, porém a possibilidade de construir algo próximo a um "festival esportivo" mais relacionado com uma competição esportiva da escola perpassa pelo diálogo com estudantes, professores e gestores. Por falar em gestores, vamos às reflexões do professor Flávio, que também participa da organização dos Jogos Estudantis de Juiz de Fora.

Ele considera que esse modelo de competição é reflexo de nossa sociedade meritocrática; diz que uma mudança na forma de competir perpassaria por um processo de convencimento. Só assim seria possível pensar em outro modelo de competição, que partiria de discussões entre professores e gestores. O professor afirma que não tem "essa resposta", o que considera uma inquietação. Flávio faz a seguinte reflexão:

> É uma discussão muito complexa. Eu sonho os jogos escolares de uma forma que quem quiser, consiga participar. Essa é a primeira questão, que ela seja uma competição de livre acesso. Para isso, a gente vai ter que desenvolver políticas públicas que permitam esse acesso, então a quantidade de recursos financeiros, várias questões estão envolvidas nisso, não é uma questão de os gestores quererem organizar a competição de uma forma. A gente precisa de uma mudança de pensamento, mudança de compreensão. Porque na verdade, eu não sei se a gente colocar isso para um debate amplo eu não sei se o coletivo vai achar que a gente precisa alterar esse formato, eu não sei se tem essa perspectiva. De pensar numa perspectiva do esporte, porque assim não tem como a gente negar essa questão competitiva do esporte e a gente lutar contra ela no sentido de você coloca uma equipe para disputar contra outra, ela pode cooperar, ela vai ter os seus valores, ela vai ter a sua ética ali. Mas dentro da organização do esporte, como essa prática corporal está organizada. Primeira não sei se há interesse, se as pessoas teriam interesse nessa modificação. Eu não sei se o apelo desses esportes diminuiria, tirando o apelo da competição. (Entrevista com o professor Flávio, 2020).

O professor Flávio sonha com uma competição inclusiva, aberta para quem quiser participar. Pondera que, para que isso aconteça, é necessária uma mudança de compreensão, além de quantidade de recursos financeiros. E faz uma reflexão interessante: se isso fosse colocado para debate, sonhar com outras formas de competições esportivas escolares, o coletivo consideraria que é necessário mudar o formato? Pelas considerações dos nossos entrevistados, podemos afirmar que parte dos professores não alteraria nada. Foram sugeridas melhores condições para a realização das competições, considerando que deveriam existir mais nesse modelo, mas a mudança no formato parte dos professores não considerou. Acredito que isso aconteça porque é desta forma que conhecemos esses eventos, pela influência do esporte-espetáculo, pelas experiências de nossa vida e nossa formação inicial. E por muitos considerarem que dessa forma o evento naturalmente já atinge os objetivos formativos e educacionais. Flávio faz considerações sobre a competição como elemento que caracteriza o esporte; se se retirasse essa característica, considera que talvez o interesse por esses eventos diminuiria. Continua fazendo outras considerações:

> Eu tento trabalhar pedagogicamente a competição, mas eu Flávio, eu gosto da competição, eu enquanto praticante eu gosto do elemento da competição, por mais que eu esteja numa prática, por exemplo, vou jogar o futebol, vou disputar uma pelada no futebol, nunca joguei uma pelada que não tivesse uma contagem de placar, tivesse uma relação ali de competição. Eu acho que a competição ela faz parte da forma como nós compreendemos algumas modalidades esportivas. Então a gente precisa primeiro entender como tratar a competição em termos amplos. Esse é um ponto. Outro ponto é convencer as pessoas de pensar essa competição de uma outra forma né? E aí acho que isso exigiria uma mudança mais radical da sociedade, eu não consigo ver dentro do modelo capitalista que a gente vive, dentro do que o capitalismo nos impõe diariamente, não consigo ver essa mudança dentro do capitalismo. Consigo ver pessoas pensando nela, mas essa mudança efetiva não consigo ver. Porque nós, a forma como o modo de produção está organizado, ele exacerba esse elemento da competição, da meritocracia, do você pode tudo, de uma forma que você é capaz de resolver todos os seus problemas se você tiver vontade, disposição para isso. Então acaba que isso está impregnado no nosso comportamento né? Então assim pensando num sentido ideal dos jogos né? Eu pensaria num jogos que permitisse a participação de todo mundo, não sei te falar agora se eu tiraria o elemento da competição dos jogos, não sei te falar se seria uma indicação, porque aí eu não sei se eu estaria mudando aquela modalidade de uma forma que ela se tornaria uma outra coisa. Mas eu tentaria buscar formas que esse acesso ele fosse ampliado, eu buscaria isso, para que as pessoas pudessem ter mais oportunidades de jogar né. A gente poderia tentar buscar uma fórmula, mas equitativa aí, para permitir uma participação maior de todos. (Entrevista com o professor Flávio, 2020).

Continuando com as reflexões sobre a competição, o professor afirma que busca tratar pedagogicamente essa característica do esporte e que gosta da competição. Acredito que grande parte dos professores também gosta de competir, o que não significa que todos eles naturalizem a competição, que concordem com a meritocracia presente nesses eventos e que pensem que, ao competirem, ao praticarem esporte, reforçariam essas características na sociedade. O que é necessário é pensarmos como tratar a competição em termos amplos; tratar esse elemento em nossa prática pedagógica, mesmo que esteja relacionada a eventos com fortes características do esporte de rendimento, como é o caso dos JEMG.

Flávio considera que, para essas mudanças acontecerem, é necessária uma mudança radical da sociedade, pois o modo de produção capitalista organiza-a de forma que seja reforçado o elemento da competição, da meritocracia, da ideia de que conseguimos resolver nossos problemas com o esforço, com a vontade. Relações tão propagandeadas no esporte-espetáculo, por meio de exemplos de atletas que conseguiram superar grandes adversidades e alcançaram o sucesso com esforço e talento. Terminando suas reflexões, o professor considera ideal jogos escolares que permitam a participação de todos os interessados, mediante uma forma mais equitativa de acesso, e tem dúvidas se tiraria ou não o elemento competitivo.

Após essas considerações, fiz a seguinte provocação: e tentar talvez aproximar esses jogos ao que a gente faz dentro de nossas aulas de Educação Física? O professor fez uma interessante reflexão:

> Sim, também é uma perspectiva. Mas aí entra também uma outra dificuldade é questão de que nós não temos na Educação Física um currículo bem definido e uma forma de abordar o conhecimento bem definida, isso fica ainda muito a critério do próprio professor, como, quando, em qual momento ele vai abordar aquele conhecimento. Isso varia de cada professor, varia de cada escola, varia de cada região. Então nós não temos ainda isso muito bem definido né? Nós não temos ainda uma prática pedagógica que se aproxime, então acho que né? Conseguir levar essa prática para os jogos também passa por definir qual é o objeto que a educação física trata, dentro da liberdade de cada professor. (Entrevista com o professor Flávio, 2020).

Isso foi perceptível ao longo deste trabalho; percebemos que cada professor possui sua prática pedagógica distinta, objetivos para as aulas de Educação Física diversos, relações diferentes com o esporte. O próprio fenômeno esportivo é polissêmico, gerando muitas interpretações. É evidente e, até de certo modo, positivo que as práticas pedagógicas sejam diversas, mas, tratando-se do esporte, a diversidade faz com que algumas práticas busquem ressignificar essa manifestação corporal, enquanto outras buscam reforçar sua forma hegemônica. Isso faz com que as participações nos jogos escolares busquem problematizar, contextualizar, o evento, enquanto outras práticas são consequências ou continuidade das aulas de Educação Física, que buscam a aptidão física e esportiva. Isso tudo dentro da mesma "quadra de jogo" do mesmo evento — em nosso caso, os JEMG. É bem complexo: como jogar com o outro, se o outro, professores e estudantes, entende esse evento de maneira tão diversa? São fatores que limitam práticas pedagógicas, que buscam problematizar, contextualizar e ressignificar a participação nesses jogos. As disputas acontecem também "fora da quadra de jogo", nos vários sentidos que os diferentes atores dão para a participação nos JEMG, que se constituem, ou devem se constituir, em campos de disputa.

O professor Flávio termina suas reflexões com a seguinte consideração sobre os jogos escolares:

> *Apesar das suas lacunas, apesar dos seus pontos a melhorar, ele tem contribuições significativas para os alunos que conseguem ter essa vivência né? Infelizmente ainda não são, ainda não é um acesso permitido a todos né? Todos que tenham interesse porque também nem todos terão interesse né? A gente ainda não consegue fazer com que todos que tem interesse participem. Mas os que conseguem participar eu acho que, aí eu falo isso nas três esferas que eu já trabalhei, tanto quanto professor, quanto gestor e quanto árbitro, acho que quem consegue participar leva uma experiência e uma vivência muito significativa para o resto da sua vida. Muito marcante.* (Entrevista com o professor Flávio, 2020).

Sem dúvida, podemos perceber, nas narrativas e nas minhas próprias experiências, a marca significativa que os estudantes que conseguem participar levam do envolvimento com esses eventos, por mais precárias que sejam essas práticas, principalmente quando nos referimos aos espaços de preparação para a competição. São eventos que possuem oportunidades pedagógicas, por promoverem experiências diversas, que podem se tornar significativas por meio do trato pedagógico e nas mediações entre professores e estudantes. Algo que não acontecerá naturalmente, com a simples participação no evento, mas a ser construído, reconstruído, via diálogo e além do "saber fazer". Duas das possibilidades foram citadas neste trabalho: tratar de questões do machismo na sociedade por meio do futebol feminino e ter dialogado com as estudantes em relação à greve estadual da educação, em uma dessas participações.

Caminhando para encerrar este trabalho, farei considerações sobre os meus sonhos em relação aos jogos escolares. Com base em tudo que foi refletido, estudado, quais são as sínteses provisórias deste trabalho? Provisórias, pois elas não se encerram ao terminarem estas linhas, por ainda existirem dúvidas, incertezas, por permanecer um estranhamento. Por mais que esteja terminando esta obra, admitir o não conhecimento permite novas possibilidades de aprendizagem, por meio do pensamento crítico e "crísico".

Algumas questões fogem ao nosso campo de ação, por exemplo, que seja repensada a formação inicial, no sentido de o ensino dos esportes permitir uma reflexão além do aprender a fazer, no enfoque nas questões técnico/táticas. Além disso, que esse ensino apresente mais proximidade com a formação educacional que deveria acontecer nas escolas, possibilitando uma ampliação do conhecimento dessas práticas, permitindo o que chamei de ruptura, no sentido de buscar novas compreensões sobre o ensino do esporte nos ambientes escolares. Acredito que seja necessário abordar, na formação docente, as diversas dimensões do esporte: técnica, política, econômica, social, midiática etc. Não para se estabelecerem teorias a aplicar, mas para permitir práticas pensantes, reflexivas.

Outra questão é a importância da formação continuada, pois esta pode permitir que os professores parem, façam uma reflexão de terceira ordem, consigam ter uma visão distanciada e crítica de sua prática pedagógica. É essencial, para que seja estabelecido um movimento constante de prática, reflexão e prática, que essa formação continuada não se constitua apenas em espaços, cursos, tão necessários, mas que seja possível também se constituir via experiências profissionais e diálogo com os estudantes e entre nós, professores.

Dentro do nosso campo de atuação, sonhamos baseados em dois movimentos. Vamos considerar dois caminhos em direção a "inéditos viáveis" (FREIRE, 1981). No sentido do que ainda não é, mas pode ser, algo que seja viável, que possa se tornar um horizonte de ação, o que é possível fazer em prol de uma existência coletiva. Algo que Paulo Freire chamou de "ação editanda", cuja viabilidade antes deste trabalho não era percebida. O que Paulo Freire considera a superação da "consciência real" pela "consciência máxima possível". Um desejo que não se constitua apenas em uma prática pedagógica, mas também como prática militante, no sentido de buscar espaços de construção coletiva que pensem alternativas para jogos escolares e a própria Educação Física nas escolas.

O primeiro inédito viável seria partir do que existe atualmente. Há uma prática hegemônica do esporte na sociedade. Os JEMG sofrem e acentuam essa influência, ao estabelecerem em sua estrutura, em sua organização, elementos que reforçam o esporte-espetáculo em detrimento de outras possibilidades. Ao analisar seus documentos, ficam evidentes suas relações com o esporte na sua forma hegemônica em detrimento de objetivos e aspectos educacionais. Entendemos que, apesar disso, esse evento no momento faz parte de nossa cultura escolar, em especial nas instituições de Leopoldina, apesar de não abranger tantas escolas e estudantes como propagandeado. Os JEMG são um evento com o qual nossos estudantes se identificam; e nós, por nossa formação e experiência, também.

Porém, é necessário questionar a adesão naturalizada e abnegada ao evento. Como se a simples participação nesses jogos fosse capaz de proporcionar uma série de benefícios educacionais e sociais naturalmente. Como se a prática do esporte essencialmente trouxesse aspectos positivos, sem a necessidade de uma intencionalidade pedagógica e condições necessárias para o desenvolvimento dessas atividades. Outra questão a ser questionada é a naturalização da abnegação. Como se devêssemos nos sujeitar naturalmente a uma série de precariedades presentes no dia a dia da nossa atividade docente. Paulo Freire afirma que:

> Tenho certeza de que um dos saberes indispensáveis à luta das professoras e professores é o saber que devem forjar neles, que devemos forjar em nós próprios, da dignidade e da importância de nossa tarefa. Sem esta convicção, entramos quase vencidos na luta por nosso salário e contra o desrespeito. Obviamente reconhecer a importância de nossa tarefa não significa pensar que ela é mais importante entre todas. Significa reconhecer que ela é fundamental. (FREIRE, 1995, p. 48).

Portanto, acredito que seja necessário contestar essa "lógica da abnegação" presente em nosso cotidiano escolar e nas relações e na experiência dos professores com os jogos escolares. Não podemos deixar que o "amor ao esporte" seja capaz de bloquear a luta política por uma escola, por práticas pedagógicas e políticas públicas de qualidade. É preciso nos aproximarmos dos estudantes, permitir seu acesso às políticas públicas esportivas, mantendo a dignidade de nossa profissão.

Não é porque coisas boas acontecem por meio da participação nesse evento que temos de concordar e naturalizar suas precariedades, suas limitações, suas contradições e sua dissociação com as questões educacionais. O primeiro inédito viável está relacionando a essa resistência, a uma luta política com o objetivo de transformar a maneira como o evento é organizado.

Precisamos pensar e sonhar com outros modelos, outras possibilidades; nós definitivamente não precisamos conviver com esse modelo de jogos escolares. Mesmo os professores que optam por participar podem buscar fazer alterações no evento, participando dele e tendo consciência de que, mesmo com o que é apresentado atualmente, ainda que aconteçam algumas mudanças, provavelmente ainda seriam insuficientes. Que se estabeleçam tensões nas participações, tanto no trato pedagógico com os estudantes quanto nos espaços de diálogos possíveis com os gestores; e que, por meio das vivências e participações nesses eventos, possam ser debatidas, discutidas, com os estudantes e professores questões como: democracia, inclusão, cidadania, meritocracia, temas tão importantes e tão presentes nas características do esporte moderno.

O outro inédito viável seria a possibilidade de construir, em uma relação micro, ou seja, em nosso campo de atuação profissional, em nossas escolas e em nosso município, um espaço de diálogo com estudantes e outros professores com o objetivo de refletir e organizar competições esportivas escolares sob outros princípios, objetivos e formas. Nesse sentido, existem diversas possibilidades, mas não existe, nem deve existir, nada pronto, nenhuma receita a ser seguida. O processo de construção do evento torna-se tão importante quanto o próprio evento, pois pode permitir que os seus atores (professores, estudantes, gestores) debatam, reflitam e sejam autores desses eventos, numa perspectiva de gestão democrática do esporte nas escolas enquanto direito social.

Os princípios ou ideias que poderiam orientá-los poderiam ser, por exemplo, os que já estão previstos em lei via Decreto 7.984/2013, que, ao mencionar o esporte educacional, estabelece como princípios socioeducativos: inclusão, participação, cooperação, promoção à saúde, coeducação e responsabilidade. Isso, pela lei, estaria em contraposição ao Esporte Escolar, que seria praticado pelos estudantes com talento esportivo. Pensamos que esses princípios deveriam também estar presentes no formato de jogos escolares.

Mas não se deve considerar apenas o que está na lei. Poderíamos apontar princípios manifestados pelos autores que refletiram sobre o esporte no ambiente escolar. Esses eventos poderiam permitir analisar criticamente o fenômeno esportivo (BRACHT, 1986), privilegiar valores coletivos sobre o individual, a solidariedade, o respeito, o jogar com o companheiro, e não contra o adversário; privilegiar valores e normas que garantam o direito à prática do esporte (CASTELLANI *et al.*, 1992); possibilitar uma compreensão crítica das encenações esportivas; primar pela intencionalidade pedagógica, permitindo que os estudantes participem com autonomia e façam reflexões críticas sobre as formas de praticar esportes (KUNZ, 2016).

Fazer com que o esporte passe por um trato pedagógico, tornando-se um saber característico da escola, na perspectiva de um determinado projeto de educação; promovendo um aprendizado além das habilidades esportivas, uma formação plena da cidadania, no sentido de esse conhecimento situar o esporte histórico e socialmente; analisar e perceber os valores que o orientam; possibilitar que a prática instrumentalize os estudantes a compreenderem o fenômeno esportivo. Um esporte praticado sob códigos de sociabilidade, saúde, prazer e divertimento (BRACHT, 2003). Que essa prática possibilite a produção de uma cultura escolar, fazendo com que os estudantes e os professores sejam seus produtores, como sujeitos em/ de formação e experiências; com que possam promover a solidariedade esportiva, a participação e o respeito às diferenças (VAGO, 1996).

Enfim, esses são alguns princípios, algumas possibilidades. Outras poderão ser pensadas, construídas, reconstruídas, por meio de diálogos e reflexões sobre as práticas pedagógicas.

REFERÊNCIAS

ARANTES, A. A. C.; SILVA, F. M.; SARMENTO, J. P. Jogos Escolares Brasileiros: reconstrução histórica. **Motricidade**, [S. l.], v. 8, n. 2, p. 916-924, 2012.

AZEVEDO, M. A. O.; GOMES FILHO, A. Competitividade e inclusão social por meio do esporte. **Rev. Bras. Ciênc. Esporte**, Florianópolis, v. 33, n. 3, p. 589-603, jul./set. 2011.

BARBANTI, Valdir. O que é esporte? **Revista brasileira de atividade física & saúde**, [S. l.], v. 11, n. 1, p. 54-58, 2006.

BARDIN, L. **Análise de conteúdo**. São Paulo: Edições 70, 2011.

BETTI, M. **Educação física e sociedade**. São Paulo: Ed. Movimento, 1991.

BONDÍA, J. L. Notas sobre a experiência e o saber de experiência. **Revista brasileira de educação**, [S. l.], n. 19, p. 20-28, 2002.

BRACHT, V. A constituição das teorias pedagógicas da educação física. **Cadernos Cedes**, [S. l.], v. 19, n. 48, p. 69-88, 1999.

BRACHT, V. A criança que pratica esporte respeita as regras do jogo... capitalista. **Revista Brasileira de Ciências do esporte**, [S. l.], v. 7, n. 2, p. 62-68, 1986.

BRACHT, V. Cultura corporal e esporte escolar: fator de inclusão e desenvolvimento social. *In*: REZER, R. (org.). **O fenômeno esportivo**: ensaios crítico-reflexivos. Chapecó: Argos, 2006. p. 123-129.

BRACHT, V. Esporte na escola e esporte de rendimento. **Movimento**, [S. l.], v. 6, n. 12, p. XIV-XXIV, 2000.

BRACHT, V. **Sociologia crítica do esporte**: uma introdução. 3. ed. rev. Ijuí: Unijuí, 2005.

BRACHT, V. *et al.* A educação física escolar como tema da produção do conhecimento nos periódicos da área no Brasil (1980-2010): parte II. **Movimento**, [S. l.], v. 18, n. 2, p. 11-37, 2012.

BRACHT, V. *et al.* Itinerários da educação física na escola: o caso do Colégio Estadual do Espírito Santo. **Movimento**, [S. l.], v. 11, n. 1, p. 9-21, 2005.

BRACHT, V.; ALMEIDA, F. Q. A política de esporte escolar no Brasil: a pseudovalorização da educação física. **Revista Brasileira de Ciências do Esporte**, Campinas, v. 24, n. 3, p. 87-101, maio 2003.

BRASIL. [Constituição (1988)]. **Constituição da República Federativa do Brasil**. Brasília, DF: Senado Federal; Centro Gráfico, 1988.

BRASIL. **Lei n.º 9.394, de 20 de dezembro de 1996**. Estabelece as diretrizes e bases da educação nacional. Brasília, DF: Congresso Nacional, 1996.

BRASIL. **Lei n.º 9.615, de 24 de março de 1998**. Brasília: Presidência da República, [2018]. Disponível em: http://www.planalto.gov.br/ccivil_03/LEIS/L9615consol.htm. Acesso em: 17 de out. 2019.

BRASIL. Ministério da Educação. Conselho Nacional de Educação. **Parecer CNE/CEB 16/2001 – homologado**. Brasília, DF: MEC/CNE, 3 jul. 2001. Disponível em: http://portal.mec.gov.br/cne/arquivos/pdf/pceb16_01.pdf. Acesso em: 4 out. 2021.

BRASIL. Ministério da Educação. Conselho Nacional de Educação. Câmara de Educação Básica. **Resolução nº 7/10, de 14 de dezembro de 2010**. Fixa as Diretrizes Curriculares Nacionais para o Ensino Fundamental de (nove) anos. [Brasília, DF]: MEC/CNE/CEB, [2010].

CAPARROZ, F. E.; BRACHT, V. O tempo e o lugar de uma didática da educação física. **Revista Brasileira de Ciências do Esporte**, [S. l.], v. 28, n. 2, p. 21-37, 2007.

CASTELLANI FILHO, L. **Política educacional e educação física**. [S. l.]: Autores Associados, 1999.

CENSO escolar. Ano: 2018. **IBGE**. Minas Gerais, [2019]. Disponível em: https://cidades.ibge.gov.br/brasil/mg/pesquisa/13/5908. Acesso em: 14 dez. 2019.

CASTELLANI FILHO, L. et al. **Metodologia do ensino da Educação Física**. São Paulo: Cortez, 1992.

DARIDO, S. C. **A educação física na escola e a formação do cidadão**. Rio Claro: [s. n.], 2001.

DELGADO, L. A. N. História oral e narrativa: tempo, memória e identidades. **História oral**, [S. l.], v. 6, p. 9-25, 2003.

DESTAQUES do esporte mineiro em 2016 serão premiados no "Melhores do Ano". **Observatório do Esporte**. [S. l.], 6 dez. 2016. Disponível em: https://

observatoriodoesporte.mg.gov.br/destaques-do-esporte-mineiro-em-2016-se-rao-premiados-no-melhores-do-ano/. Acesso em: 15 dez. 2019.

ETAPA estadual dos Jogos Escolares 2005 começa em Itajubá. **Agência Minas Gerais**. [*S. l.*], 16 ago. 2005. Disponível em: http://www.2005-2015.agenciaminas.mg.gov.br/noticias/etapa-estadual-dos-jogos-escolares-2005-comeca-em-itajuba/. Acesso em: 10 dez. 2019.

FORELL, L.; STIGGER, M. P. Trabalho voluntário em políticas públicas sociais de esporte e lazer: uma análise a partir de casos do Programa Escola Aberta. **Revista Brasileira de Ciências do Esporte**, [*S. l.*], v. 39, n. 1, p. 24-30, 2017.

FREIRE, P. **Pedagogia do oprimido**. 9. ed. Rio de Janeiro: Paz & Terra, 1981.

FREIRE, P. **Professora, sim; tia, não**: cartas a quem ousa ensinar. 6. ed. São Paulo: Olho d'Água, 1995.

GASKELL, G. Entrevistas individuais e grupais. **Pesquisa qualitativa com texto, imagem e som: um manual prático**, [*S. l.*], v. 2, p. 64-89, 2002.

GODOY, A. S. Introdução à pesquisa qualitativa e suas possibilidades. **ERA-revista de administração de empresas**, [*S. l.*], v. 35, n. 2, p. 57-63, 1995.

GONÇALVES, V. P.; FRAGA, A. B. **A quadra e os cantos**: arquitetura de gênero nas práticas corporais escolares. Trabalho apresentado no GTT04: Educação Física e Escola. Primeiro congresso sul-brasileiro, 2004.

GONZÁLEZ, F. J.; FENSTERSEIFER, P. E. Entre o "não mais" e o "ainda não": pensando saídas do não-lugar da EF escolar I. **Cadernos de formação RBCE**, [*S. l.*], v. 1, n. 1, p. 9-24, 2009.

GONZÁLEZ, F. J.; FENSTERSEIFER, P. E. Entre o "não mais " e o "ainda não": pensando saídas do não-lugar da educação física escolar II. **Cadernos de formação do CBCE**, [*S. l.*], v. 1, n. 2, p. 10-21, 2010.

INSCRIÇÕES para os Jogos Escolares voltam a bater recorde em Minas Gerais. **ESPORTES MG**. [*S. l.*], 13 mar. 2019. Disponível em: http://esportes.social.mg.gov.br/component/gmg/story/4198-inscricoes-para-os-jogos-escolares-voltam-a-ba-ter-recorde-em-minas-gerais. Acesso em: 10 dez. 2019.

INSTITUCIONAL. **SOCIAL MG**. [*S. l.*], [2019]. Disponível em: https://social.mg.gov.br/a-sedese/institucional. Acesso em: 10 dez. 2019.

JOGOS ESCOLARES DE MINAS GERAIS (JEMG). [*S. l.*], [2019]. Disponível em: http://jogosescolares.esportes.mg.gov.br/jemg/. Acesso em: 10 dez. 2019.

JOGOS Escolares de Minas Gerais - JEMG. **SOCIAL MG**. [*S. l.*], [2019]. Disponível em: http://www.social.mg.gov.br/esportes/jogos-escolares-de-minas-gerais-jemg. Acesso em: 10 dez. 2019.

KIOURANIS, T. D. S. **Os jogos escolares brasileiros chegam ao século XXI**: reprodução ou modernização na política de esporte escolar? 2017. 292 f. Tese (Doutorado em Ciências em Educação Física) – Universidade Federal do Paraná, Curitiba, 2017.

KUNZ, E. Ministério da Saúde Adverte: viver é prejudicial à saúde. *In*: A SAÚDE em debate na educação física. [*S. l.: s. n.*], 2007. v. 3.

KUNZ, E. **Transformação didático-pedagógica do esporte**. 8. ed. Ijuí: UNIJUI, 2016.

LETTNIN, C. C. **Esporte escolar**: razão e significados. Florianópolis: [*s. n.*], 2005.

LINHALES, M. A. **A trajetória política do esporte no Brasil**: interesses envolvidos, setores excluídos. 1996. 221 f. Dissertação (Mestrado em Ciência Política) – Faculdade de Filosofia e Ciências Humanas, Universidade Federal de Minas Gerais, Belo Horizonte, 1996.

LINHALES, M. A. Políticas públicas para o esporte no Brasil: interesses e necessidades. *In*: SOUSA, E. S.; VAGO, T. M. (org.). **Trilhas e partilhas**: educação física na cultura escolar e nas práticas sociais. Belo Horizonte: Cultura, 1997. p. 219-230.

LINHALES, M. A.; VAGO, T. M. Esporte escolar: o direito como fundamento de políticas públicas. [*S. l.: s. n.*], 2003. Trabalho apresentado no Congresso Brasileiro de Ciências do Esporte.

MACHADO, T. S. **Sobre o impacto do Movimento Renovador da Educação Física nas identidades docentes**. 2012. 191f. Dissertação (Mestrado em Educação Física) – Universidade Federal do Espírito Santo, 2012.

MARCELLINO, N. **Espaços e equipamentos de lazer em região metropolitana**. [*S. l.: s. n.*], 2007.

MARCHI JÚNIOR, W. O esporte "em cena": perspectivas históricas e interpretações conceituais para a construção de um modelo analítico. **The journal of the Latin American socio-cultural studies of sport (Alesde)**, [*S. l.*], v. 5, n. 1, p. 46-67, 2016.

MARX, K. **O 18 Brumário de Luís Bonaparte**. 1851-1852. Tradução de Nélson Jahr Garcia. [*S. l.*]: Ridendo Castigat Mores, 2000. *E-book*. Disponível em: http://neppec.fe.ufg.br/uploads/4/original_brumario.pdf. Acesso em: jul. 2020.

MOBRAL. **Dicionário inFormal**. [*S. l.*], 8 jul. 2016. Disponível em: https://www.dicionarioinformal.com.br/significado/mobral/16745/. Acesso em: 10 mar. 2020.

MINAS GERAIS. **2º relatório de monitoramento**. Período avaliatório 01 de abril de 2019 a 30 de junho 2019. [*S. l.: s. n.*], 2019a.

MINAS GERAIS. **3º relatório de monitoramento**. 6º período avaliatório 01 de julho de 2019 a 30 de setembro 2019. [*S. l.: s. n.*], 2019b.

MINAS GERAIS. **5º relatório de resultados**. Período avaliatório 01 de abril de 2019 a 30 de junho de 2019. [*S. l.: s. n.*], 2019c.

MINAS GERAIS. **6º relatório de resultados**. Período avaliatório 01 de julho de 2019 a 30 de setembro de 2019. [*S. l.: s. n.*], 2019d.

MINAS GERAIS. **7º relatório de resultados**. Período avaliatório 01 de outubro de 2019 a 31 de dezembro de 2019. [*S. l.: s. n.*], 2019e.

MINAS GERAIS. Secretaria de Estado de Educação. **Currículo referência de Minas Gerais**. [*S. l.*]: Secretaria de Estado de Educação de Minas Gerais, 2018a.

MINAS GERAIS. **Plano plurianual de ação governamental**. Belo Horizonte: [*s. n.*], 2017.

MINAS GERAIS. **Termo de Parceria n.º 046/2018**. Termo de parceria celebrado entre a Secretaria de Estado de Esportes – SEESP e a Federação de Esportes Estudantis de Minas Gerais – FEEMG, com a interveniência da Secretaria de Estado de Educação – SEE. [*S. l.: s. n.*], 2018b.

MINAS GERAIS. **Termo de Parceria n.º 049/2020**. Termo de parceria celebrado entre a Secretaria de Estado de Esportes – SEESP e a Federação de Esportes Estudantis de Minas Gerais – FEEMG, com a interveniência da Secretaria de Estado de Educação – SEE. [*S. l.: s. n.*], 2020.

MINAS GERAIS. **JEMG**. Jogos Escolas de Minas Gerais. Regulamento geral/2019. [*S. l.: s. n.*], 2019f.

MINAS GERAIS. **Relatório de monitoramento**. 7º período avaliatório 01 de outubro de 2019 a 31 de dezembro de 2019. [*S. l.: s. n.*], 2019g.

––MONTEIRO, C. M.; DELGADO, A. C. Crianças, brincar, cultura da infância e cultura lúdica: uma análise dos estudos da infância. **Saber e educar**: educação e trabalho social, [*S. l.*], n. 19, p. 1-9, 2014.

NÓVOA, A. **Os professores e a sua formação**. Lisboa: Publicações Dom Quixote, 1992.

OLIVEIRA, C. M. Do ponto de vista das práticas quotidianas da educação física, quais as metodologias predominantes e os seus pressupostos teóricos subjacentes? **Motrivivência**, Florianópolis, n. 13, p. 151-164, jan. 1999. Disponível em: https://eriódicos.ufsc.br/index.php/motrivivencia/article/view/14403/13206. Acesso em: 12 jul. 2020.

OLIVEIRA, C. M.; ALMEIDA JUNIOR, A. S. Qual a relação entre as teorias críticas da educação física e a prática pedagógica na escola? Uma reflexão a partir de seus sujeitos. **Motrivivência**, [*S. l.*], v. 19, n. 28, p. 12-26, 2007.

PÉREZ GÓMEZ, Á. I.; GIMENO SACRISTÁN, J. Funções sociais da escola: da reprodução à reconstrução crítica do conhecimento e da experiência. *In*: GIMENO SACRISTÁN, José; PERÉZ GÓMEZ, A. I. **Compreender e transformar o ensino**. Porto Alegre: Artmed, 2000. p. 13-26.

PIRES, G. L.; SILVEIRA, J. Esporte educacional... existe? Tarefa e compromisso da educação física com o esporte na escola. *In*: SILVA, Mauricio Roberto da (org.). **Esporte, educação, estado e sociedade**: as políticas públicas em foco. Chapecó: Argos, 2007. p. 35-53.

RODRIGUES, M. A. A.; ISAYAMA, H. F. **Um olhar sobre a trajetória das políticas públicas de esporte em Minas Gerais**: 1927 a 2006. [*S. l.: s. n.*], 2014.

SAIBA mais – EAB. **Ministério da Educação**. [*S. l.*], [2018]. Disponível em: http://portal.mec.gov.br/par?id=16738. Acesso em: 10 mar. 2020.

SECRETARIA de Esporte e Lazer – SEL. **Prefeitura de Juiz de Fora**. [Juiz de Fora], [2020]. Disponível em: https://www.pjf.mg.gov.br/secretarias/sel/programas/bom_de_bola/index.php. Acesso em: 20 fev. 2020.

SILVA, M. R. da **O assalto à infância no mundo amargo da cana-de-açúcar**: onde está o lazer/lúdico? o gato comeu? Tese (Doutorado em Ciências Sociais Aplicadas à Educação) – Faculdade de Educação, Universidade Estadual de Campinas, 2000.

STAREPRAVO, F. A.; NUNES R. S. **Surgimento do esporte moderno e o processo civilizador**. [*S. l.*]: UFPR, 2007.

STIGGER, M. P. **Educação física, esporte e diversidade**. [*S. l.*]: Autores Associados, 2011.

TAFFAREL, C. Z. A formação de professores de educação física e a licenciatura ampliada. In: XVII SEMANA DE EDUCAÇÃO FÍSICA/UFMS IV JORNADA DE INICIAÇÃO CIENTIFICA DO CURSO DE EDUCAÇÃO FÍSICA/UFMS, 2012. **Anais [...]**, jun. 2012.

THOMPSON, E. P. **A miséria da teoria ou um planetário de erros**: uma crítica ao pensamento de Althusser. Rio de Janeiro: Zahar, 1981.

TUBINO, M. J. G. **Estudos brasileiros sobre o esporte**: ênfase no esporte-educação. Maringá: Eduem, 2010.

VAGO, T. M. O "esporte na escola" e o "esporte da escola": da negação radical para uma relação de tensão permanente – um diálogo com Valter Bracht. **Movimento**, Porto Alegre, ano 3, n. 5, p. 4-17, 2 set. 1996.

VAGO, T. M. Pensar a educação física na escola: para uma formação cultural da infância e da juventude. **Cadernos de formação RBCE**, [*S. l.*], v. 1, n. 1, p. 25-42, 2009.

VIEIRA, C. L. N. **Experiências (corporais) da infância em memórias de professoras**. 2016. 188 f. 2017. Tese (Doutorado em Educação) – Centro de Ciências da Educação, Universidade Federal de Santa Catarina, Florianópolis, 2016.

VIEIRA, C. L. N. **Memória esporte e formação docente em educação física**. Dissertação (Mestrado em Educação) – CED, Ufsc, Florianópolis, 2007.

VIEIRA, C. L. N.; WELSCH, N. L. N. de A. O lugar da infância e da formação humana na formação inicial em educação física. **Motrivivência**, [*S. l.*], v. 19, n. 29, p. 129-140, 2007.

ZALUAR, A. **Cidadãos não vão ao paraíso**. São Paulo: Escuta, 1994.